Frank Reintgen/Klaus Vellguth

Menschen-Leben-Träume

Frank Reintgen
Klaus Vellguth

Menschen-Leben-Träume

Werkbuch für die Kursbegleitung

DER FIRMKURS

HERDER
FREIBURG · BASEL · WIEN

Völlig überarbeitete Neuausgabe 2018

www.herder.de

Coverbild:
aldomurillo – iStock (Gruppe),
Jacob Lund – shutterstock (Hände)

Gesamtgestaltung:
Berres-Stenzel,
Freiburg im Breisgau,
www.berres-stenzel.de

Herstellung:
Polygraf Print, Prešov

Printed in Slovakia

ISBN 978-3-451-38112-6

EINLEITUNG

IDENTITÄT Seite 11–50

GOTT Seite 51–78

JESUS CHRISTUS Seite 79–112

HEILIGER GEIST Seite 113–142

KIRCHE Seite 143–172

WEGENTSCHEIDUNG Seite 173–187

VORWORT

„Der Fromme von morgen wird ein Mystiker sein, einer, der etwas erfahren hat, oder er wird nicht mehr sein."

Karl Rahner

Firmbegleitung zeigt heute ein buntes Gesicht. Sie reicht vom einstündigen Einzelgespräch im Büro des Pastoralreferenten über ein erlebnispädagogisches Bergsteigen mit meditativen Impulsen bis hin zum Zweijahreskurs mit fünf Phasen. In den meisten Gemeinden wird viel Energie und Fantasie aufgewendet, um trotz aller Schwierigkeiten und Unsicherheiten eine lebendige Firmvorbereitung zu gestalten. Und dennoch bleibt häufig am Schluss bei den Katecheten und Seelsorgern ein fades Gefühl der Unsicherheit oder gar Enttäuschung zurück: Ist es überhaupt gelungen, die Jugendlichen für die Gegenwart des Heiligen Geistes in der Kirche zu öffnen? Oder müssen kleinere Brötchen gebacken werden, nach der Devise, dass man schon zufrieden sein muss, wenn die Jugendlichen ihren Spaß hatten?

Natürlich kann sich eine Firmvorbereitung nicht mit solch einem Minimalismus der Spaß-Gesellschaft begnügen. Doch sie muss sich realistische Ziele setzen, damit es nicht zur Überforderung der Katecheten kommt, die zwangsläufig zur Frustration führt. Vorprogrammiert ist eine solche Enttäuschung, wenn die Vorbereitung der Jugendlichen mit der heimlichen Erwartung verknüpft wird, junge Menschen wieder für die Kirche zu rekrutieren, was sich möglichst auch in den Besucherzahlen des Sonntagsgottesdienstes ausdrücken soll. Eine Firmbegleitung kann heute nicht mehr solch ein vordergründiges Ziel haben. Sie muss im 21. Jahrhundert nach anderen Sternen greifen. Eine anspruchsvolle Firmbegleitung darf sich zunächst drei Anforderungen stellen:

1. Firmbegleitung muss den Jugendlichen religiöse Erfahrung ermöglichen und dabei helfen, diese zu reflektieren.

2. Firmbegleitung muss den Jugendlichen Berührungspunkte zur Kirche bieten, damit sie erleben, aus welchem Geist heraus Menschen leben, die religiöse Erfahrungen gemacht haben, und für welche Gemeinschaft sie sich im Sakrament der Firmung entscheiden.

3. Firmbegleitung muss den Jugendlichen Glaubenswissen vermitteln, damit sie sich an dem Kommunikationsgeschehen in der Kirche beteiligen können und befähigt werden, ihre religiösen Erfahrungen mit dem Erfahrungsschatz der Kirche zu reflektieren und zu bereichern.

Mit diesen hoch gesteckten Zielen darf und soll eine Gemeinde heute mit Jugendlichen ins Gespräch kommen, die sich auf das Sakrament der Firmung vorbereiten möchten. Doch wie erreicht eine Gemeinde nun mit den Jugendlichen diese Ziele? Die Vielfalt der vorliegenden Firmkonzepte zeigt, dass es denWeg zu diesen Zielen nicht gibt. Dazu ist der Glaubensweg eines jeden Menschen viel zu persönlich und individuell. Der Weg hängt letztlich davon ab, von wo Menschen losgehen und in welcher Geländeform sich die Katecheten und Jugendlichen wohl fühlen. Jede Gemeinde und jeder Katechet muss einen Weg zum Ziel zusammen mit den Jugendlichen selbst bahnen.
Der vollständig neu überarbeitete Firmkurs „Menschen-Leben-Träume" soll dabei helfen. Er beschreibt das Ziel eines solchen Weges, bahnt die einzelnen Wegstrecken und gibt in der Einleitung Anregungen, wie Gemeinden aus den einzelnen Wegstrecken einen individuellen Routenplan entwerfen können. Wichtiger Orientierungspunkt für die einzelnen Wegstrecken dieser Katechese ist das visionäre Zitat von Karl Rahner, dass Menschen sich nur dann für eine christliche Existenz entscheiden werden, wenn es in ihrem Leben zu nachhaltigen Glaubenserfahrungen kommt: „Der Fromme von morgen wird ein Mystiker sein, einer, der etwas erfahren hat, oder er wird nicht mehr sein." Die folgenden „Wegweiser" werden diesen so genannten „mystagogischen Ansatz" detailliert beleuchten und auf seine Chancen hinweisen.

Vor allem möchte der Firmkurs Menschen ermutigen, sich als Katecheten mit den Jugendlichen, die sich auf das Firmsakrament vorbereiten, gemeinsam auf den Weg des Glaubens zu machen. So wie Abraham, der den Ruf Gottes vernahm: „Zieh weg in das Land, das ich dir zeigen werde." Am Ende solch eines Weges werden die Jugendlichen und Katecheten gleichermaßen feststellen, dass ihr Glaube gewachsen und ihr Leben reicher geworden sind.

Viele Ideen, die in diese Firmkatechese eingeflossen sind, wurden im Rahmen eines Studienseminars an der Katholischen Fachhochschule Mainz unter der Leitung von Prof. Dr. Hanneliese Steichele geboren. Wichtig war bei der Grundkonzeption des Firmkurses „Menschen-Leben-Träume", dass er an der Lebensrealität Jugendlicher anknüpft und von dort aus korrelative Bezüge zum christlichen Glauben anbietet. Eine besondere Bedeutung kam dabei zunächst der Musik zu, da diese in besonderer Weise einen identitätsstiftenden Charakter für Jugendliche besitzt. Inzwischen wurde der Firmkurs jedoch vollständig überarbeitet, weil neben der Musik insbesondere die Sozialen Medien diese identitätsstiftende Funktion übernommen haben. Die für junge Menschen notwendigen Prozesse der Abgrenzung und Gemeinschaftsbildung vollziehen Jugendliche ebenso wie die Identitätsbildung immer stärker über die Sozialen Medien. Umso wichtiger ist es deshalb, die Sozialen Medien in eine zeitgemäße Firmkatechese einzubinden und die Jugendlichen dadurch in ihrer Lebensrealität, die „online" ebenso wie „offline" geprägt ist, auf dem Weg zur Entdeckung ihres eigenen Glaubens zu begleiten.

„Zieh weg aus deinem Land, von deiner Verwandtschaft und aus deinem Vaterhaus in das Land, das ich dir zeigen werde!' (Gen 12,1). Diese Worte sind heute auch an euch gerichtet: Ich lade euch ein, auf die Stimme Gottes zu hören, die durch das Wehen des Heiligen Geistes in euren Herzen wiederhallt."

Papst Franziskus, Brief an die Jugendlichen

Unser Dank gilt allen, die mit ihren Anregungen zum Gelingen des Firmkurses beigetragen haben. Und wir hoffen, dass das Material dazu beiträgt, die Chancen der Firmvorbereitung in vielen Gemeinden neu zu entdecken.

P.S.: Ein sprachlicher Kompromiss wurde in dieser Firmkatechese getroffen, der natürlich unbefriedigend bleiben muss: Um die Lesbarkeit zu fördern, wurde im Text auf die inklusive Sprachform verzichtet. Vor allem die Leserinnen bitten wir dafür um Verständnis.

Klaus Vellguth

Frank Reintgen

WEGWEISER FÜR DEN FIRMKURS

Eine Übersicht

Keine Sorge: Gute Katecheten müssen nicht erst dicke Bücher lesen, um sich im Rahmen einer Firmvorbereitung mit Jugendlichen auf den Weg zu machen. Sie sind nicht angewiesen auf eine kluge Theorie, wie Jungen und Mädchen heute erfolgreich in die Welt des Glaubens eingeführt werden können. Sie brauchen auch keine seitenlangen Kommentare darüber, wie die Inhalte des Katechismus heute noch als appetitliche Häppchen zubereitet und an Jugendliche verfüttert werden können. Wenn Katecheten sich mit den Jugendlichen auf den Weg machen, sollten sie sich nicht zu schwer mit grauer Theorie und eigenen Anforderungen belasten. Sie dürfen beruhigt mit leeren Händen losziehen.

Viel wichtiger als das, was sie in den Händen halten, ist die Frage, wie sie den Jugendlichen ihre Hände entgegenstrecken. Wird es fordernd wirken oder fördernd, vorwurfsvoll oder verständnisvoll, distanzierend oder einladend? Und werden die Katecheten mit ihren Händen permanent die Richtung vorgeben? Oder begegnen sie den Jugendlichen mit offenen Ohren, aufmerksamen Blicken und behutsamen Händen? Zu einer offenen Haltung den Jugendlichen gegenüber will dieser Firmkurs die Katecheten ermutigen. Solch eine Einstellung wird den Jugendlichen am ehesten vermitteln, wie wohltuend es ist, sich gemeinsam mit anderen Menschen auf den Glaubensweg zu machen, der Kirche heißt.

Manchen Katecheten hilft es, sich vor oder während des Firmkurses intensiv mit den Fragen rund um das Thema Firmvorbereitung auseinander zu setzen. Für sie sind am Ende dieser Handreichung die Wegweiser ausführlich beschrieben (siehe S. 188). Eine schnelle Orientierung über das gesamte Terrain der Firmkatechese bieten aber schon die folgenden Überlegungen.

Wegweiser der Sakramententheologie

Ursprünglich war die Firmung noch fester Bestandteil eines einzigen Aufnahmeritus in die Kirche, in dessen Zentrum drei Zeichenhandlungen standen: Eintauchen in das Wasser („Taufe"), Handauflegung durch den Bischof („Firmung") und eucharistisches Mahl („Kommunion"). Diese liturgische Einheit fiel im vierten Jahrhundert auseinander. Mit dem Auseinanderfallen der einen Aufnahmefeier in drei „Stationen der Aufnahme" veränderte sich die Bedeutung der einzelnen Stationen, die jeweils ein eigenes Profil gewannen. Die Firmung wurde immer mehr als das Sakrament der (religiösen) Reife verstanden. Sie begleitet den Jugendlichen auf dem Weg des Erwachsenwerdens und markiert die Station der religiösen Entscheidung, die ein Jugendlicher fällt.

Wegweiser der Jugendsoziologie

Die Jugendkultur ist überraschend bunt. Den Jugendlichen an sich hat es noch nie gegeben und gibt es auch heute nicht. Dennoch liegen Untersuchungen vor, denen man Trends über die religiöse Gemütslage vieler Jugendlicher entnehmen kann. So besuchten zu Beginn des 3. Jahrtausends 83 Prozent der Jugendlichen laut der Shell-Studie in den letzten Wochen keinen Gottesdienst. Fast die Hälfte von ihnen (46 Prozent) gibt an, nur ungern über religiöse Dinge zu reden. Doch auf der anderen Seite schlummert in vielen Jugendlichen auch eine unausgesprochene Sehnsucht. Immerhin 27 Prozent aller Jugendlichen beten manchmal oder regelmäßig, ein Drittel von ihnen glaubt an ein Weiterleben nach dem Tod. Und: 7 Prozent aller Jugendlichen gehörten einer kirchlich-konfessionellen Jugendgruppe an.

Wegweiser der Religionssoziologie

Jugendliche behaupten mehrheitlich von sich, nicht kirchlich geprägt zu sein. Gerade das Verhältnis zur katholischen Kirche ist konfliktbelastet. In der Firmpastoral sammeln sich nun all die Fragen und Herausforderungen, die im Spannungsverhältnis zwischen Jugendlichen und Religion (bzw. Kirche) entstehen. Umso erstaunlicher ist, dass Jugendliche sich heute noch in relativ großer Zahl zur Firmvorbereitung entschließen. Die Frage ist berechtigt: Was motiviert die scheinbar religionsverdrossenen

Jugendlichen in einer scheinbar glaubensarmen Gesellschaft dazu, sich für ein solches scheinbar unattraktives Angebot zu entscheiden? Eine erste Antwort gibt eine Untersuchung aus dem Erzbistum Köln: „Der christliche Glaube wie auch die religiöse Erfahrung treten als Einflussgrößen auf die Firmentscheidung in den Hintergrund ... Ob sich einer der mehrheitlich 15- bis 16-jährigen Jugendlichen in diesen Seelsorgebereichen firmen lässt, ist von seiner religiösen Praxis und den Meinungen von Personen abhängig, die dem Jugendlichen nahe stehen. In erster Linie sind dies Eltern und Freunde."

Wegweiser der Entwicklungspsychologie

Typisch für das Jugendalter sind Gefühlsschwankungen. Tiefe Niedergeschlagenheit wird von überschäumender Ausgelassenheit abgelöst. Der Jugendliche erscheint mal kindlich, mal sprunghaft-dynamisch. In der späteren Jugendzeit stabilisieren sich die Gefühle wieder. Das Interesse für das andere Geschlecht erwacht.

Wegweisende Katecheten

Manche Katecheten – und zwar oft gerade die Frauen und Männer, die sich später als hervorragende Wegbegleiter herausstellen – zweifeln zu Beginn ihres Engagements, ob sie den Erwartungen gerecht werden können, die ein Katechet erfüllen muss. Doch zunächst einmal muss auch hier vom Bild des „Idealkatecheten" Abschied genommen werden. Genauso wenig wie es „den Jugendlichen" gibt, existiert der „ideale Katechet". Und das ist gut, denn die Jugendlichen erfahren so, dass ganz unterschiedliche Frauen und Männer sich auf einen Weg des Glaubens gemacht haben, von dem sie sich Lebenssinn versprechen. Oft sind jene Frauen und Männer als Firmbegleiter besonders gut geeignet, die mit Jugendlichen ungezwungen kommunizieren können. Dabei geht es nicht darum, rhetorisch zu brillieren oder ein besonderes didaktisches Geschick an den Tag zu legen. Wichtig ist es, eine Dialogbereitschaft an den Tag zu legen. Häufig besitzen gerade die Christen solch eine kommunikative Fähigkeit, die selbst nicht in einem kirchlichen Milieu aufgewachsen sind. Ihnen fällt es aufgrund der eigenen Lebensgeschichte leichter, mit den (meist kirchenfernen) Jugendlichen über das Leben und den Glauben ins Gespräch zu kommen

Jugendliche werden zum Wegweiser

Die im Verborgenen existierende Religiosität Jugendlicher ist der eigentliche Proviant auf dem Weg der Firmvorbereitung. Die Wegbegleitung kann davon ausgehen, dass Gott sich im Leben eines jeden Menschen finden lässt. Der Firmkurs will die Jugendlichen ermutigen, ihr Leben bewusst einmal mit den Augen eines Christen zu betrachten. Die Katechese verlässt dabei den religiösen Bereich im engeren Sinn und öffnet sich für den gesamten Lebensvollzug der Jugendlichen, der aus dem Glauben gedeutet und gestaltet werden soll.

Solch ein Verständnis von Katechese bedeutet, dass es vor allem der Katechet ist, der sich im Firmkurs auf ungewohntes Terrain einlässt. Er wagt es, den von den Jugendlichen eingeschlagenen Weg mitzugehen und auf deren Pfaden zu wandeln. Im Leben der Jugendlichen, vor allem in der Jugendkultur und in der Gesellschaft, wird er Glaubenszeichen finden, die er zum Ort religiöser Erfahrung werden lässt. Einige dieser religiösen Elemente aus der Jugendkultur sind bereits in den einzelnen „Wegstrecken" aufgenommen worden und können direkt aufgegriffen werden. Da die Jugendkultur jedoch extrem schnelllebig ist, ist die Wachheit des Katecheten wichtig, um im Gespräch mit den Jugendlichen solche religiöse Wegzeichen zu entdecken. Er wird überrascht sein, an welch unvermuteten Orten (z. B. in der Musik oder in den Sozialen Medien) er fündig wird.

Die Wegstrecken als alternative Angebote

Einzelne Wegstrecken enthält dieser Firmkurs, die jeder Katechet im Rahmen der Firmkatechese variabel kombinieren kann. Die Wegstrecken sind in sechs Themenbereiche aufgeteilt und orientieren sich einerseits an den Jugendlichen und andererseits an den Säulen des christlichen Glaubens:

1. Identität: Der Glaube daran, dass sich hinter dem eigenen Leben und der eigenen Identität ein Geheimnis verbirgt, das größer ist als das Leben selbst. Um dieses Geheimnis zu erahnen, müssen Jugendliche die Möglichkeit erhalten, zunächst dem eigenen Leben auf die Spur zu kommen.

2. Gott: Der Glaube an Gott, den Anfang und das Ende allen Seins. Dieser christliche Gott ist nicht der strafende Buchhaltergott, sondern ein liebevoller Gott, der alles zum Guten wenden will und verletztes Leben heilt.

3. Jesus Christus: Der Glaube an Jesus, den Sohn Gottes, der den Menschen den liebenden Gott verkündet hat. An seinem Leben kann man ablesen, wozu Menschen fähig sind, die auf einen liebenden Vatergott vertrauen.

4. Heiliger Geist: Der Glaube an den Geist Gottes, der die Menschen mit Gott und untereinander als Kirche verbindet. Wenn Menschen diese Verbindung in ihrem Leben erfahren, ermatten sie nicht in Isolation, sondern werden in der Gemeinschaft für das Leben gestärkt.

5. Kirche: Ein weiteres Kapitel umfasst Bausteine zum Themenbereich „Kirche". Die Zugehörigkeit zu ihr können die Jugendlichen am Ende der Firmvorbereitung bewusst bestätigen.

6. Wegentscheidung: In diesem Kapitel finden sich Wegstrecken, die bewusst machen, dass nun die Zeit für eine Entscheidung gekommen ist.

Natürlich wird niemand alle hier vorgestellten Wegstrecken verwenden. Die Wegstrecken der einzelnen Themenbereiche sind als Alternativen gedacht. Die Katecheten sind bei ihrer Routenplanung frei und können selbst entscheiden, wie viele Wegstrecken sie aus welchem Themenbereich wählen und welche Wegstrecken sie miteinander kombinieren. Dies wird wesentlich davon abhängen, wie viel Zeit für die gesamte Firmvorbereitung zur Verfügung steht. Zwei Kriterien sollten jedoch bei der Auswahl der Wegstrecken berücksichtigt werden:

- Mindestens eine Wegstrecke aus jedem Themenbereich sollte im Rahmen der Firmkatechese vorkommen.
- Bevorzugt sollten die Wegstrecken ausgewählt werden, auf denen sich am ehesten Glaubensspuren finden lassen.

Soziale Medien als Wegweiser

Jugendliche integrieren – oft viel selbstverständlicher als Erwachsene – die Online- und Offline-Welten miteinander. Gerade den Soziale Medien kommt in ihrem Leben eine besondere Bedeutung zu, da sie diese nicht nur zur Information nutzen, sondern insbesondere auch Prozesse der Gemeinschaftsbildung einerseits und Abgrenzung andererseits über Soziale Medien realisieren. Da der Firmkurs an der Lebensrealität Jugendlicher anknüpft, werden von den einzelnen Wegstrecken oft auch Bezüge zu den Sozialen Medien hergestellt. Dadurch tauchen evtl. Begriffe auf, die nicht allen Katecheten vertraut sind. Aber keine Sorge – alle diese Begriffe aus der Medien-, Methoden- und Alltagswelt junger Menschen werden in einem Glossar (auf den Seiten 204 bis 206) erläutert. Die Tatsache, dass den Jugendlichen als „Digital Nativs" manche Begriffe geläufiger sind als den Katecheten, weist aber auch auf eine andere Chance hin. Für die Jugendlichen ist es längst zur Selbstverständlichkeit geworden, online zu sein, im Netz zu surfen, Kontakte über das Internet zu pflegen, Teile ihres Lebens „online" zu genießen und ihren digitalen Fingerabdruck in den für sie faszinierenden, unendlichen Weiten des Internet zu hinterlassen. Die Jugendlichen können eingeladen werden, im Rahmen der Firmvorbereitung immer wieder das Tor in die Online-Welt weit zu öffnen und dabei eigene Wege in die Welt der Soziale Medien zu bahnen.

Tipp

Alle Lieder (und auch weitere Videos), die als Medien in den einzelnen Wegstrecken eingesetzt werden, finden sich auf Youtube. Mit Hilfe des bei den jeweiligen Wegstrecke angegebenen QR Codes gelangen Sie ganz einfach zu den entsprechenden Youtube-Videos.

Gemeinsam unterwegs

Vier Module beinhaltet der Firmkurs „Menschen-Leben-Träume", um Jugendliche auf ihrem Lebens- und Glaubensweg hin zur Firmung zu begleiten:

Das **Werkbuch für die Kursbegleitung** stellt komplett ausgearbeitete Wegstrecken vor und zeigt auf, wie Glaubensfragen mit Jugendlichen thematisiert werden können. Es gliedert sich in die Themenbereiche „Identität", „Gott", „Jesus Christus", „Heiliger Geist", „Kirche" und „Wegentscheidung" und stellt eine umfangreiche Materialsammlung zur Vorbereitung auf die Firmung vor. QR-Codes verweisen auf Medien im Internet.

Das **Begleitbuch für die Jugendlichen** präsentiert Texte mit Tiefgang, die zum Nach- und Selberdenken anregen. Dabei ist das Buch mehr als ein Begleitbuch für junge Menschen auf dem Weg zur Sakramentenfeier. Ergänzend zum Austausch in der Firmgruppe lädt es dazu ein, sich ganz persönlich (und unabhängig von den Aussagen der anderen Jugendlichen) mit dem eigenen Leben und Glauben auseinanderzusetzen.

Das **Buch mit Jugendgottesdiensten** beinhaltet komplett ausformulierte Gottesdienstentwürfe, in denen der Glaube junger Menschen authentisch zur Sprache gebracht wird. Es umfasst Vorschläge für Wortgottesdienste und Andachten ebenso wie für Eucharistiefeiern und orientiert sich thematisch an den Themenbereichen des Firmkurses. Die bewusst „niederschwellig" konzipierten liturgischen Feiern helfen den Jugendlichen, ein Gespür für den Reichtum der Liturgie zu gewinnen und liturgische Formen emotional zu schätzen.

Das Kartenset mit **Jugendgebeten** ist ein wertvolles Impulsmedium zum Firmkurs und bietet den Katechten zu allen Themenbrechen des Firmkurses nicht nur eine Fülle an Gebeten und Textimpulsen, sondern auch ansprechende Bilder, um mit den Jugendlichen in das Thema einer Einheit einzusteigen. Es hilft, Jugendliche auf dem Weg zur Firmung in ihrer Firmgruppe sprachfähig zu machen. Methodisch bietet es sich an, dass die Jugendlichen zu Beginn einer Einheit zunächst einmal einen Text oder ein Fotomotiv auswählen und dann jeweils kurz erläutern, was der Text oder das Bild jeweils für sie bedeuten. Das Kartenset ist eine wertvolle Hilfe das Jugendliche befähigt, über sich selbst und den eigenen Glauben zu sprechen. Darüber hinaus ist es ein sinn-volles Geschenk für die Jugendlichen zur Firmung.

IDENTITÄT

Wegstrecke: Unsere Gruppenregeln

bis zu 10 Personen
1–2 Stunden

- Tonpapier DIN A2
- Stifte, Papier
- Text: Profil zeigen
- Smartphone mit Kamera

Anlässe/Themen

- **Gruppenfindung**
- **Kommunikation in der Gruppe**
- **Wünsche an den Vorbereitungskurs**

Charakter der Einheit

Reflexion – Gespräch

Chancen

- Die Jugendlichen reflektieren ihre aktuelle Situation.
- Die Jugendlichen stellen einen Verhaltenskodex auf, der Sicherheit für folgende Treffen gibt.
- Die Jugendlichen lernen, sich im Gespräch zu öffnen.
- Die Jugendlichen lernen, sich gegenseitig zuzuhören.

Biblisch-theologischer Kontext

Regeln ermöglichen das Zusammenleben der Menschen. Dabei entsteht eine Spannung zwischen Rücksichtnahme auf der einen und Selbstverwirklichung auf der anderen Seite.
Auch die Bibel kennt diesen Zusammenhang. Ziel der zehn Gebote ist es nicht, die Freiheit des Einzelnen zu beschneiden, sondern eine möglichst große Freiheit für jedes Gruppenmitglied zu ermöglichen.

?! Mögliche Schwierigkeiten/weitere Hinweise

Jugendliche tun sich schwer, über die dunkle Seite ihrer Gefühlswelt zu sprechen. Sie betrachten Ängste als Schwäche und werden sie nur ungern zugeben. Wichtig ist, darauf hinzuweisen, dass der bewusste und behutsame Umgang mit seinen Ängsten ein Schritt zum Erwachsenwerden darstellt. Die gemeinsam entworfenen Gruppenregeln sollen auch künftig verbindlich bleiben.
Es ist Aufgabe der Jugendlichen und des Katecheten, darauf zu achten und hinzuwirken, dass der hier geschlossene Kontrakt eingehalten wird.

Social-Media/Internet

WhatsApp hat sich zu einem zentralen Kommunikationskanal für Jugendliche entwickelt. Auf den ersten Wegstrecken sollte geklärt werden, ob ein WhatsApp-Gruppen-Chat eingerichtet wird. Reizvoll ist dazu auch, ein Gruppenfoto zu erstellen, das als Symbolfoto für den Gruppen-Chat genutzt werden kann. Alternativ oder ergänzend kann auch eine Facebook-Gruppe eingerichtet werden. Diese Wegstrecke enthält hierzu einen konkreten Vorschlag, der aber auch ohne Schwierigkeiten an einer anderen Stelle während der Gruppenfindungsphase eingesetzt werden kann (siehe auch Hinweise zur Nutzung von WhatsApp im Glossar).

Verlauf der Einheit

Zwischen Hoffen …

Der Katechet verteilt Blätter im Raum. Auf ihnen stehen Satzanfänge, die von den Jugendlichen komplettiert werden sollen:

- Von der Firmvorbereitung erhoffe ich mir, dass …
- Von den anderen Firmlingen erwarte ich, dass …
- Vom Katecheten wünsche ich mir, dass …
- Von der Gemeinde wünsche ich mir, dass …
- Vom Pfarrer (Seelsorger) wünsche ich mir, dass …
- Von meinen Eltern wünsche ich mir, dass …
- Ich freue mich auf …
- Ich wünsche mir, dass …

Die Jugendlichen gehen nun schweigend durch den Raum und notieren dabei auf den Blättern, wie sie die Sätze vervollständigen wollen. Während dieser Phase kann im Hintergrund Musik laufen. Wenn die Musik nach ca. zehn Minuten ausgeschaltet wird, sammelt der Katechet die Blätter ein. Im folgenden Gespräch werden die Erwartungen und Hoffnungen der Jugendlichen vorgelesen und miteinander besprochen.

… und Bangen

Gerade zu Beginn eines Gruppenprozesses sind die Jugendlichen nicht nur voller Hoffnung, sondern oft auch ängstlich und unsicher. Nach der Präsentation und dem Gespräch über die Erwartungen der Jugendlichen legt der Katechet deshalb nun andere Blätter auf den Boden. Auch auf ihnen stehen Satzanfänge, die jedoch die Befürchtungen der Jugendlichen ausdrücken sollen:

- Schlimm fände ich, wenn …
- Zwischen Hoffen …
- Ich möchte nicht, dass die anderen Jugendlichen …
- Ich möchte nicht, dass der Katechet …
- Ich möchte nicht, dass der Pfarrer (Seelsorger) …
- Ich möchte nicht, dass die Gemeinde …
- Ich möchte nicht, dass meine Eltern …

Wiederum haben die Jugendlichen die Möglichkeit, einige Minuten lang durch den Raum zu gehen und ihre Befürchtungen auf die Blätter zu schreiben.
Anschließend werden auch die Sorgen der Jugendlichen vorgetragen: Jeder liest vor, was er auf den Blättern notiert hat. Dabei sollte darauf geachtet werden, dass die Äußerungen der Jugendlichen nicht kommentiert werden.

Gruppenregeln

Damit der Firmkurs gelingt und den Erwartungen der Jugendlichen möglichst entspricht, sollen die Jugendlichen verbindliche Regeln für die Kurstreffen aufstellen. Der Katechet bittet sie, sich zunächst paarweise zusammenzufinden und zu zweit auf einem Blatt zu notieren, was erwünscht bzw. verboten ist. Als mögliche Regeln können die Jugendlichen nennen:

1. Jeder soll versuchen, offen und ehrlich zu den anderen zu sein!
2. Jeder soll ganz persönlich von sich selbst sprechen (Ich-Aussagen) und nicht verallgemeinern (Man-Aussagen)!
3. Niemand muss etwas sagen, wenn es ihm unangenehm ist!
4. Was in der Gruppe gesagt wird, bleibt in der Gruppe und wird nicht weitererzählt!
5. …

Nachdem die Zweiergruppen ihre Regeln aufgeschrieben haben, kommen alle wieder zusammen. Sie entscheiden sich, welche zehn Regeln ihnen am wichtigsten sind, und schreiben sie auf ein Tonpapier im Format DIN A2.
Der Katechet erläutert, wie wichtig klare Absprachen sind, um in einer Gruppe vertrauensvoll zusammenzuarbeiten. Diese „Zehn Gebote“ werden deshalb zur verbindlichen Gruppenregel erklärt. Um dies deutlich zu machen, unterschreiben die Jugendlichen und der Katechet das zusammen erstellte Plakat. Wenn es möglich ist, wird die Gruppenregel aufgehängt, damit die Absprachen auch bei den folgenden Treffen präsent sind.

Gruppen-Chat einrichten

Der Katechet schlägt vor, für eine einfache Kommunikation während des Firmkurses einen WhatsApp-Gruppen-Chat einzurichten. Alternativ könnte überlegt werden, eine Facebook-Gruppe zu bilden.
Hierfür wird mit einem Smartphone ein Foto erstellt, das als Symbolfoto für den Gruppenchat bzw. die Facebook-Gruppe dienen kann (Gerne gewählte Motive sind z. B. Hände aller Gruppenmitglieder, die einen Kreis bilden, oder Füße der Gruppenmitglieder, die im Kreis stehen).

Profil zeigen

Zum Abschluss des Treffens wird vom Katecheten der Text **„Profil zeigen“** vorgelesen.

PROFIL ZEIGEN

Du hast einen Account bei Facebook,
bei Instagram bist du angemeldet
und Snapchat nutzt du natürlich auch.

Du postest gerne deinen aktuellen Status.
Du likest und teilst und kommentierst.
Du hast unzählige Freunde und Follower.

Du sagst,
du bist so
mit Gott und der Welt vernetzt.

Wirklich?

Ich denke:
Schön wär's,
denn darum geht es:

Glücklich der Mensch,
der
mit Gott und der Welt
in Verbindung steht.

fr

Wegstrecke: Mein Lebenspuzzle

bis zu 10 Personen
2 Stunden

- CD-Player
- CD mit meditativer Musik
- weiße Blätter (DIN A4)
- Plakatkarton (DIN A2)
- Stifte, Wasserfarben, Schere, Klebstoff
- Text „Wer bin ich?"
- Liedtext „Einsam bist du klein"

Anlässe/Themen

- **Gruppenfindung**
- **spätere Integration eines „Neueinsteigers"**

Charakter der Einheit

Meditation – Stille – Kreativität – Gespräch

Chancen

- Die Jugendlichen erfahren etwas über das Leben der anderen.
- Die Jugendlichen reflektieren das eigene Leben.
- Die Jugendlichen lernen, sich im Gespräch zu öffnen.
- Die Jugendlichen lernen, sich gegenseitig zuzuhören.

Biblisch-theologischer Kontext

Der Mensch als Gottes Ebenbild (Gen 1,26a.27.31a).
Das Kreuz ist Symbol christlichen Lebens. Es ist Zeichen der Treue Jesu zu den Menschen und zu Gott. Jesus bleibt authentisch in seinem Tun – auch in Angst und Todesgefahr.

?! Mögliche Schwierigkeiten/weitere Hinweise

Gerade zu Beginn der Firmvorbereitung ist diese Einheit sinnvoll. Die Katecheten müssen jedoch damit rechnen, dass es den Jugendlichen zunächst schwerfallen kann, sich auf die Auseinandersetzung mit ihrem Leben einzulassen. Sie wollen evtl. „cool" wirken und werden die Methode „banalisieren". Wichtig ist es, diese Störungen aufzugreifen und deutlich zu machen, dass es bei der Firmung um eine personale Entscheidung geht, die das ganze Leben betrifft.

Social-Media/Internet

Der Film „Die letzte Stufe" thematisiert den letzten Abschnitt der Lebensgeschichte von Dietrich Bonhoeffer. In einer eindrücklichen Szene des Films wird der Text „Wer bin ich?" von Ulrich Turkur in der Rolle als Dietrich Bonhoeffer in Szene gesetzt. Statt den Text, der als Einstieg in diese Wegstrecke dient, vorzulesen, kann diese Szene als Youtube-Video per Laptop eingespielt werden.

Video: „Wer bin ich?"

Verlauf der Einheit

Wer bin ich?

Der Katechet liest als Einstieg den Text **„Wer bin ich?“** von Dietrich Bonhoeffer vor. Er informiert über die Entstehungsgeschichte dieses Textes (Der protestantische Pfarrer Dietrich Bonhoeffer war während des Dritten Reichs Mitglied der Bekennenden Kirche und Direktor des Prediger-Seminars in Finkenwalde. Als Gegner der nationalsozialistischen Terrorherrschaft suchte er nach Wegen, den Zweiten Weltkrieg zu beenden. Für dieses Engagement wurde Bonhoeffer verhaftet und nach einem anderthalbjährigen Gefängnisaufenthalt kurz vor Kriegsende am 9. April 1945 im KZ Flossenbürg hingerichtet).

Anschließend leitet er auf das Lebenspuzzle über. Im Hintergrund läuft meditative Musik. Jeder Teilnehmer erstellt ein Bild vom eigenen Lebensweg. Es kommt nicht auf die künstlerische Virtuosität an, sondern darauf, mit Symbolen wichtige Stationen des Lebens zu markieren. Die Jugendlichen sollten darauf hingewiesen werden, dass dieser erste Schritt in einer ruhigen Atmosphäre stattfinden soll, in der sich alle ganz auf ihren eigenen Lebensweg konzentrieren. Die Bilder der anderen dürfen nicht gewertet werden. Wenn die Bilder fertiggestellt sind, sollen die Jugendlichen das eigene Bild in ein Puzzle mit höchstens 20 Teilen zerschneiden.

Das Lebenspuzzle

Nun werden alle Puzzles auf den Tisch gelegt und mit nummerierten Zetteln versehen. Die Jugendlichen ziehen daraufhin vorbereitete, ebenfalls nummerierte „Lose“. Die Zahl auf dem Los zeigt an, wer welches Puzzle zusammenlegen soll. Wenn alle Puzzles so ausgelost und verteilt sind, setzen die Jugendlichen jeweils ein Lebenspuzzle zusammen.

Lebensstationen

Sobald alle Puzzles zusammengesetzt sind, werden sie in der Gesamtgruppe vorgestellt. Bewährt hat sich dabei folgendes Vorgehen: Ein Puzzle wird gemeinsam betrachtet. Der Jugendliche, der das Puzzle zusammengesetzt hat, darf nacheinander fünf Fragen zum Lebenspuzzle stellen, die dann vom jeweiligen Zeichner beantwortet werden. Die anderen Jugendlichen können bis zu drei Zusatzfragen stellen. Natürlich müssen nicht alle Fragen beantwortet werden. Sinnvoll ist es, wenn der Katechet zu Beginn dieser Phase darauf hinweist, dass jeder das Recht hat, die Antwort auf eine Frage zu verweigern, wenn sie ihm unangenehm oder zu persönlich ist.

Das Kreuz des Lebens

Im nächsten Schritt werden alle Puzzleteile auf dem Plakatkarton zu einem Kreuz gelegt. Die Jugendlichen sollen selbst entscheiden, ob sie die Kreuzform als Collage aus den zusammengesetzten Lebenswegen gestalten oder alle Puzzleteile miteinander vermischen und anschließend zu einem bunten Kreuz zusammenkleben. Der Katechet sollte in dieser Einheit darauf hinweisen, dass das Kreuz Symbol des christlichen Glaubens ist. Jeder Christ ist ein wichtiger Teil der Kirche als Glaubensgemeinschaft. Erst wenn sich alle einbringen, wird der Glaube farbig. Wenn es möglich ist, sollte dieses„ Kreuz des Lebens“ anschließend in der Kirche aufgehängt werden. So wird deutlich, dass die Firmgruppe ein Teil der Gemeinde ist, in die sie hineinwächst. Auch die Gemeinde sollte auf die „Lebenskreuze“ aufmerksam gemacht werden. So wird ihr bewusst, dass auch sie sich für die Jugendlichen und ihr Leben öffnen muss.

Einsam bist du klein

Das Lied **„Einsam bist du klein“** nimmt den zuvor erarbeiteten Gemeinschaftsaspekt auf und rundet die Einheit ab. Oft wird es jedoch schwierig sein, die Jugendlichen zum Singen zu motivieren. Dann kann ein anderer Abschluss gewählt werden: Der Katechet bittet die Jugendlichen, sich nochmals ihr Lebenspuzzle zu vergegenwärtigen. Anschließend soll jeder sagen, welches Puzzlesteinchen ihm in seinem Leben (welche Eigenschaft, welcher Charakterzug) so wichtig ist, dass er es gerne in die Firmgruppe oder in das Gemeindeleben einbringen möchte.

Wer bin ich?

Wer bin ich?
Sie sagen mir oft,
ich träte aus meiner Zelle gelassen
gelassen und heiter und fest
wie ein Gutsherr aus seinem Schloss.

Wer bin ich?
Sie sagen mir oft,
ich spräche mit meinen Bewachern
frei und freundlich und klar,
als hätte ich zu gebieten.

Wer bin ich?
Sie sagen mir auch,
ich trage die Tage des Unglücks
gleichmütig, lächelnd und stolz
wie einer, der siegen gewohnt ist.

Bin ich das wirklich, was andere von mir sagen?
Oder bin ich nur das, was ich selbst von mir weiß?
Unruhig, sehnsüchtig, krank, wie ein Vogel im Käfig,
ringend nach Lebensatem, als würge mir einer die Kehle,
hungernd nach Farben, nach Blumen, nach Vogelstimmen,
dürstend nach guten Worten, nach menschlicher Nähe,
zitternd vor Zorn über Willkür und kleinlichste Kränkung,
umgetrieben vom Warten auf große Dinge,
ohnmächtig bangend um Freunde in endloser Ferne,
müde und leer zum Beten, zum Denken, zum Schaffen,
matt und bereit, von allem Abschied zu nehmen?

Wer bin ich? Der oder jener?
Bin ich heute dieser und morgen ein andrer?
Bin ich beides zugleich? Vor Menschen ein Heuchler und vor mir selbst ein verächtlich wehleidiger Schwächling?
Oder gleicht, was in mir noch ist, dem geschlagenen Heer,
das in Unordnung weicht vor schon gewonnenem Sieg?

Wer bin ich? Einsames Fragen treibt mir Spott.
Wer ich auch bin, Du kennst mich, Dein bin ich,
o Gott!

Dietrich Bonhoeffer

Einsam bist du klein

Kanon zu 5 Stimmen

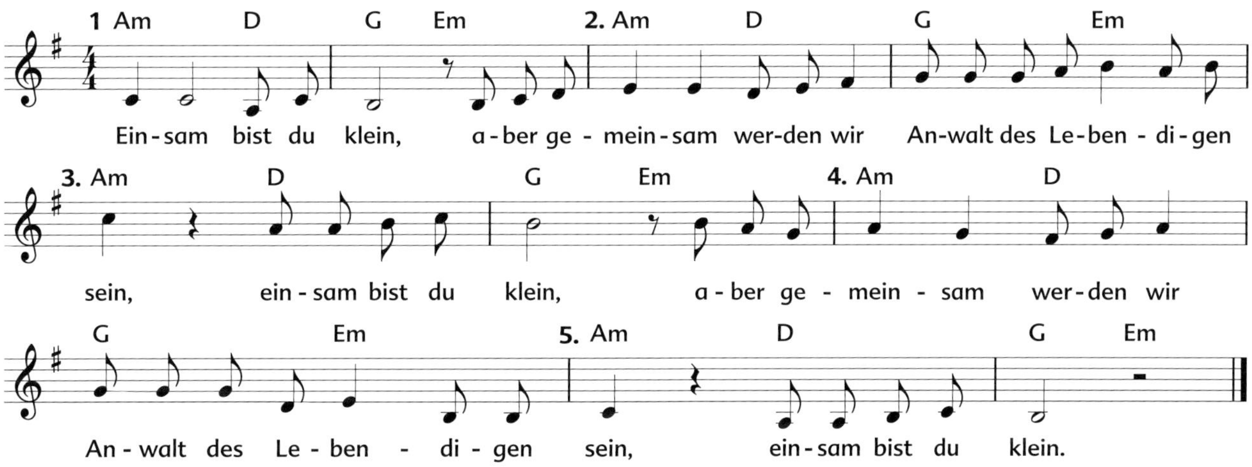

Text: Friedrich Karl Barth, Peter Horst; Musik: Peter Janssens aus: Ich liebe das Leben, 1981

Zur Musik
Das Lied unbedingt in dieser Tonart lassen, da der Tonumfang sehr groß ist. Den letzten Takt auszählen! Der Kanon hat keinen gemeinsamen Schluss, daher müssen die Stimmen nacheinander ausklingen. Langsam singen! Sich einfühlen in die Stimmung des Liedes. Den Text „Einsam bist du klein" leise, zaghaft singen, und das „Gemeinsam" auch hörbar machen. Diese Dynamik zwischen Laut und Leise ergibt beim Kanon-Singen eine schöne Wellenbewegung.

Wegstrecke: Lebenslinie

bis zu 20 Personen
1 Stunde

- Spielfiguren
- Würfel
- Spielfeld
- Spielkarten
- Laptop/Beamer

Anlässe/Themen

- **Kennenlernen in der Gruppe**
- **Gruppenfindung**
- **spätere Integration eines Neueinsteigers**
- **Einheit im Kontext eines Wochenendes mit den Jugendlichen**

Charakter der Einheit

Gespräch – Spiel – Diskussion

Chancen

- Die Jugendlichen lernen die anderen Gruppenmitglieder kennen.
- Die Jugendlichen entwerfen ein Selbstkonzept.
- Die Jugendlichen erfahren, dass sie viele Eigenschaften mit anderen teilen.
- Die Jugendlichen erfahren, dass sie sich in einigen Charakterzügen von anderen unterscheiden.
- Die Jugendlichen lernen, dass sie mit ihren Charakterzügen akzeptiert werden.

Biblisch-theologischer Kontext

Der Mensch als Gottes Ebenbild (Gen 1,26a.27.31a).
Jeder hat seine eigenen Begabungen (1 Kor 12,1ff).

?! Mögliche Schwierigkeiten/weitere Hinweise

Diese Wegstrecke braucht eine intensivere Vorbereitung im Hinblick auf die Erstellung der benötigten Materialien. Der spielerische Charakter kann den Jugendlichen helfen, Details über die eigene Person zu verraten. Bewusst werden sie sowohl zu ihren Stärken als auch zu ihren Schwächen befragt. Wichtig ist, dass die Fragen zu ihren Stärken überwiegen. Dies sollte auch dann bedacht werden, wenn weitere Karten hinzugefügt werden. Denn zum einen soll das Spiel dazu beitragen, dass die Jugendlichen ihre Identität akzeptieren. Zum anderen wird es ihnen gerade zu Anfang des Gruppenprozesses leichterfallen, über eigene Stärken zu sprechen.

Social-Media/Internet

Spiel zur Auflockerung eines Firmtreffens: Bei Google werden christliche Begriffe in die Suchmaschine eingegeben (Gott, Jesus, Heiliger Geist, Kirche ...). Die Jugendlichen schätzen, wie viele Treffer Google findet. Wer am besten geschätzt hat, erhält einen Punkt.

Verlauf der Einheit

Online-Umfrage

Im Vorfeld der Einheit wird bei Google-Forms (oder mit Hilfe vergleichbarer Tools) eine Online-Umfrage erstellt (siehe hierzu auch Glossar). Die Jugendlichen erhalten dazu im Vorfeld einen Link, der zu der Umfrage führt. Sie werden gebeten, bis zum Gruppentreffen die Fragen zu beantworten.

Mögliche Fragen könnten sein:
Frage 1:
Wie groß ist die Motivation, am Firmkurs teilzunehmen?
a) sehr groß
b) groß
c) geht so
d) kaum vorhanden

Frage 2:
Welche Bedeutung hat Gott in meinem Leben?
a) sehr hohe Bedeutung
b) hohe Bedeutung
c) wenig Bedeutung
d) keine Bedeutung

Frage 3:
Wie wichtig ist mir die Kirche?
a) sehr wichtig
b) wichtig
c) wenig wichtig
d) kaum wichtig

Frage 4:
Wie gläubig bist du?
a) sehr gläubig
b) gläubig
c) wenig gläubig
d) nicht gläubig

Zu Beginn der Einheit schaut sich die Gruppe gemeinsam das Ergebnis an und wertet es aus. Folgende Fragen können dabei als Gesprächsimpulse dienen.

- Was fällt uns bei den Antworten auf?
- Wie bewerten wir das?
- War es einfach, die Fragen zu beantworten?
- …

Spielvorbereitung

Die Blätter mit den Spielkarten werden auf ein farbiges, stärkeres Papier (ideal ist ein 150 g-Papier) kopiert und ausgeschnitten. Der Spielplan wird vergrößert und anschließend auf Tonpapier (Format DIN A3) kopiert.

Spielregeln

Jeder Teilnehmer erhält eine Spielfigur. Sollten mehr Teilnehmer als verschiedenfarbige Spielfiguren zur Verfügung stehen, so müssen die Figuren durch einen aufgeklebten Farbpunkt zusätzlich individuell gekennzeichnet werden. Zu Beginn stehen alle Figuren auf dem Startfeld. Im Uhrzeigersinn wird gewürfelt. Die Spielfiguren werden analog zur gewürfelten Zahl vorgerückt.
Ziel des Spiels ist es, möglichst schnell auf dem Zielfeld anzukommen.

Kommt eine Spielfigur auf ein mit einem Fingerabdruck markiertes Feld, so zieht der Spieler eine Fragekarte und liest sie laut vor. Wenn er sie anschließend beantwortet, darf er um so viele Felder vorrücken, wie auf der Karte angegeben ist. Verzichtet er auf die Beantwortung, so bleibt er auf seinem Feld stehen.

Kommt eine Spielfigur auf ein Feld mit Blitzzeichen, darf der Spieler einem Mitspieler seiner Wahl eine selbst formulierte Frage stellen. Beantwortet der Mitspieler die Frage, darf der befragte Mitspieler zwei Felder vorrücken. Wenn er sie jedoch nicht beantworten möchte, bleibt er auf seinem Feld stehen.

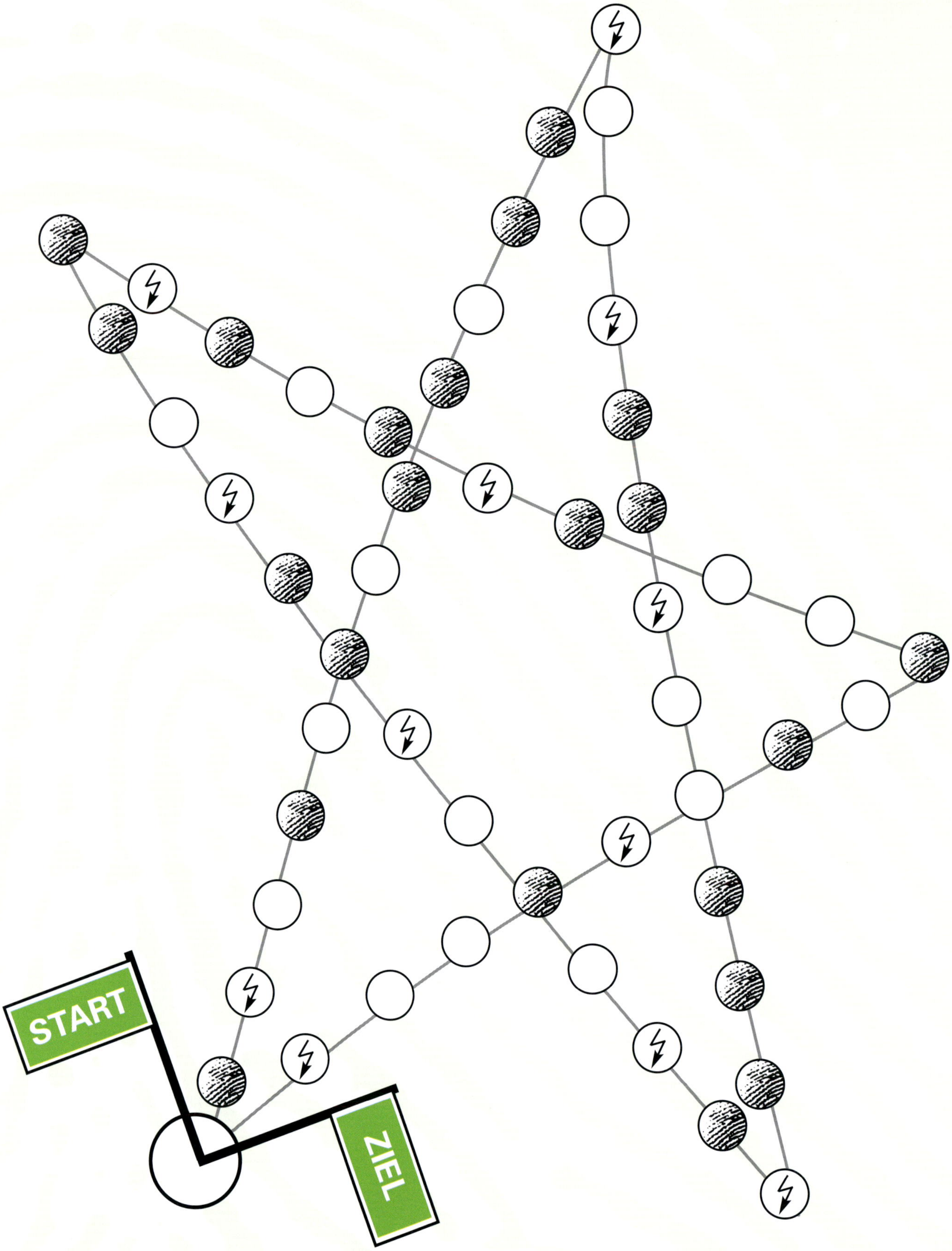
START
ZIEL

Welche Hobbys hast du? 1 Feld vorrücken	**Wie viele Geschwister hast du? 1 Feld vorrücken**	**Gefällt dir dein Vorname? 1 Feld vorrücken**
Gehst du gerne zur Schule? 2 Felder vorrücken	**Was ist dein Lieblingsfach? 1 Feld vorrücken**	**Welchen Sportler oder welche Sportlerin findest du besonders gut? 1 Feld vorrücken**
Welchen Sänger oder welche Sängerin findest du besonders gut? 1 Feld vorrücken	**Was möchtest du später werden? 1 Feld vorrücken**	**Wie wichtig sind dir Klamotten? 1 Feld vorrücken**
Woran hängst du besonders? 2 Felder vorrücken	**In welchem Land möchtest du deinen Traumurlaub machen? 1 Feld vorrücken**	**Wie kommst du in der Schule zurecht? 2 Felder vorrücken**
Fühlst du dich von deinen Eltern verstanden? 3 Felder vorrücken	**Was stört dich an deinen Eltern? 3 Felder vorrücken**	**Worüber ärgern sich deine Eltern bei dir? 3 Felder vorrücken**
Was kannst du besonders gut? 2 Felder vorrücken	**Was würdest du gerne können? 2 Felder vorrücken**	**Nenne zwei Dinge, die dich an dir selbst stören! 2 Felder vorrücken**
Was würdest du gerne in deinem Leben ändern? 3 Felder vorrücken	**Was ist dein größter Wunsch? 2 Felder vorrücken**	**Stell dir vor, du begegnest einer Fee und hast drei Wünsche frei. Um was würdest du sie bitten? 1 Feld vorrücken**
Welcher Mensch beeindruckt dich besonders? Warum? 1 Feld vorrücken	**Was gefällt dir an deinem Aussehen? 3 Felder vorrücken**	**Was stört dich an deinem Aussehen? 3 Felder vorrücken**

Weinst du manchmal? 3 Felder vorrücken	**Bist du ein fröhlicher Mensch? 2 Felder vorrücken**	**Was macht dich besonders glücklich? 3 Felder vorrücken**
Wann bist du traurig? 3 Felder vorrücken	**Was macht dich richtig wütend? 3 Felder vorrücken**	**Wovor hast du Angst? 3 Felder vorrücken**
Welches Erlebnis fandest du besonders schön? 2 Felder vorrücken	**Welches Erlebnis war besonders schlimm für dich? 3 Felder vorrücken**	**Wie träumst du dir deine Zukunft? 2 Felder vorrücken**
Glaubst du an Gott? 1 Feld vorrücken	**Betest du manchmal? 2 Felder vorrücken**	**Gehst du gerne in den Gottesdienst? 2 Felder vorrücken**
Was findest du an der Kirche gut? 2 Felder vorrücken	**Was stört dich an der Kirche? 2 Felder vorrücken**	**Wie müsste ein Gottesdienst aussehen, damit er dir gefällt? 3 Felder vorrücken**
Was kannst du tun, damit dir deine Gemeinde gefällt? 3 Felder vorrücken	**Welche Gruppen kennst du in unserer Gemeinde? 1 Feld vorrücken**	**Warum willst du dich firmen lassen? 2 Felder vorrücken**
Freust du dich auf die Firmvorbereitung? 1 Feld vorrücken	**Kennst du Christen, deren Leben dich beeindruckt? 1 Feld vorrücken**	

Wegstrecke: Magier des 21. Jahrhunderts

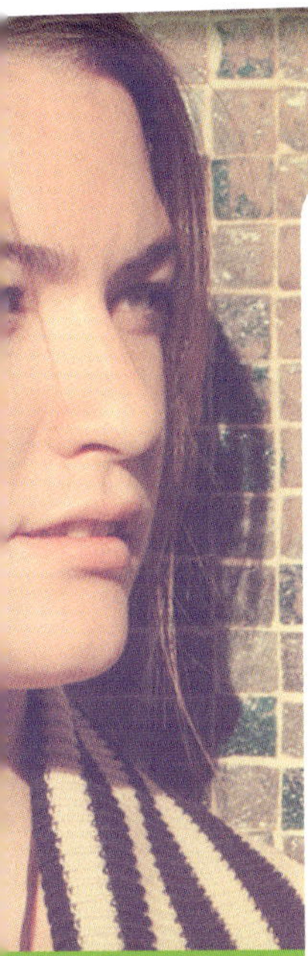

bis zu 10 Personen
2 Stunden

- Karton DIN A1
- bunte Zettel
- Klebstoff
- Stifte
- Text „Magier des 21. Jahrhunderts“

Anlässe/Themen

- **Gruppenfindung**
- **Lebensgestaltung**
- **Auseinandersetzung mit der eigenen Identität**

Charakter der Einheit

Stille – Textarbeit – Gespräch

Chancen

- Die Jugendlichen setzen sich mit Werten auseinander.
- Die Jugendlichen werden sich bewusst, welche Werte ihr Leben bestimmen.
- Die Jugendlichen lernen fremde Wertvorstellungen kennen und tolerieren.
- Die Jugendlichen lernen, sich über ihre Lebensentwürfe auszutauschen.

Biblisch-theologischer Kontext

In den Versuchungserzählungen (z. B. Lk 4,1-13) setzen sich die Evangelien mit dem Spannungsverhältnis des Menschen auseinander, der sich an den irdischen Gütern orientiert und nach Macht, Geld und Anerkennung strebt. Eine bewusste Auseinandersetzung mit dem eigenen Wertekanon ist die Voraussetzung, um das eigene Leben in eine Balance zwischen den Werten und Pseudo-Werten zu bringen.

Mögliche Schwierigkeiten/weitere Hinweise

Für die Einheit ist es hilfreich, wenn sich die Gruppenmitglieder bereits kennen bzw. sich schon in anderen Einheiten dem Thema „Identität“ genähert haben. Die Wahl der Magier sollte nicht vorschnell abgewertet werden, da sich in ihnen tiefe Sehnsüchte der Jugendlichen ausdrücken können.

Social-Media/Internet

Alle Jugendliche des Firmkurses werden zu einem Instawalk in eine Kirche eingeladen. Die Jugendlichen streifen mit dem Smartphone durch die Kirche und fotografieren Motive, die sie ansprechen. Anschließend werden die Fotos bei Instagram hochgeladen und mit einem Hashtag versehen. Nach der Aktion können die Bilder gemeinsam (am besten mit einem Beamer) angesehen werden.

Verlauf der Einheit

Begegnung mit den Magiern

Die Jugendlichen erhalten eine Kopie des Textes **„Magier des 21. Jahrhunderts“**. Reihum stellt jeder nun einen der Magier vor, indem er die entsprechende Textpassage laut vorträgt. Wenn alle Magier genannt wurden, überlegen die Jugendlichen in einer Stillephase, welche Magier sie am meisten schätzen bzw. ablehnen. Sie tragen die von ihnen favorisierten bzw. verworfenen Magier in das Arbeitsblatt ein.

Präsentation

Die Jugendlichen stellen sich gegenseitig die von ihnen ausgewählten Magier vor und erläutern ihre Auswahl. Da es sich um persönliche und individuelle Entscheidungen handelt, sollten bei der Präsentation keine Wertungen erfolgen. Als Gesprächsimpuls können folgende Fragen dienen:

- Was verbindet die fünf Magier, die du am meisten schätzt?
- Was verbindet die fünf Magier, die du am wenigsten schätzt?
- Welche Lebensziele erreichst du mithilfe deiner Magier?
- Worin unterscheidet sich deine Magierwahl von der Wahl der anderen Gruppenmitglieder?

Wenn es keine Magier gibt?

Abschließend bilden die Jugendlichen Dreiergruppen. Der Katechet weist darauf hin, dass es in der Realität keine Magier gibt. Die Lebensgestaltung liegt vor allem in den Händen der Jugendlichen selbst. In den Kleingruppen sollen die Jugendlichen deshalb nun überlegen, was sie tun können, um auch ohne die von ihnen favorisierten fünf Magier ihre Lebensziele zu erreichen. Die Gruppenergebnisse werden anschließend ins Plenum getragen.
Abgerundet wird diese Einheit von einer Auswertungsrunde, die unter folgender Fragestellung geschieht:

- Was ist mir heute deutlich geworden?
- Was nehme ich für mich als wichtigsten Impuls mit?

Magier des 21. Jahrhunderts

Eine Gruppe von 15 Expertinnen und Experten, die über außergewöhnliche Fähigkeiten verfügen, hat sich bereit erklärt, Jugendlichen bei der Gestaltung ihres Lebens zu helfen. Mit ihren übernatürlichen Fähigkeiten helfen sie auch in außergewöhnlichen Fällen. Wähle zunächst fünf Magier aus, deren Hilfe dir persönlich am wichtigsten ist. Nenne anschließend die fünf Magier, auf deren Hilfe du am wenigsten Wert legst.

1. Prof. Beauty – Spezialistin für Schönheit und gutes Aussehen

Durch eine schmerzfreie Operation kann sie dir jedes beliebige Aussehen geben. Dein Körper sieht künftig so aus, wie du es dir selber wünschst. Narben, Pickel, Kurzsichtigkeit und Figur sind nie wieder ein Problem für dich.

2. Dr. h. c. B. Ruf – Expertin für Beruf und Job

Sie verschafft dir jeden gewünschten Ausbildungs- oder Studienplatz. Dazu erhältst du eine Garantie, in dem von dir gewählten Beruf nie arbeitslos zu werden.

3. Scheich Methu-Salem – Spezialist für angenehmes Altern

Durch seine Hilfe erreichst du mühelos ein hohes Alter. Und was noch besser ist: Dein Körper bleibt fit und deine Gesundheit tadellos. Schmerzen und Krankheit im Alter oder ein Dahinsiechen im Altersheim wirst du nie kennenlernen.

4. Prof. Superbrain – Expertin für überdurchschnittliche Intelligenz

Sie trainiert deine Intelligenz. Lernen macht dir überhaupt keine Mühe mehr. Du hast einen hohen Intelligenzquotienten und kapierst immer sofort, um was es geht.

5. Sex-Hexy und Don Juan – Fachleute für Sexualität

Sie garantieren, dass du ein Mensch wirst, der sich auf sexuellen Gebieten gut auskennt und hier nie Schwierigkeiten haben wird. Du kannst ganz nach Belieben Sex genießen und auch andere damit glücklich machen.

6. Dr. Tai-Gin-Seng – fernöstlicher Experte für Vitalität

Sein Angebot: hervorragende Gesundheit und Immunität gegen jede Art von Krankheit oder Seuche. Weder Cholera, BSE oder Aids sind für dich eine Gefahr. Und nach Unfällen bist du nach kürzester Zeit wieder fit.

7. Dipl. Päd. Luise Liberty – erfahrene Freiheitskämpferin

Sie garantiert dir lebenslange Freiheit. Es gibt für dich, deine Familie und deine Freunde keinerlei Unterdrückung oder Unfreiheit. Selbst mächtige Politikerinnen und Politiker, die Polizei, Behörden oder Gesetze können dich nicht einengen.

8. Lucky Friend – Experte für Freundschaft

Bei ihm lernst du, wie man Freundinnen und Freunde findet und auch behält. Er zeigt dir, wie Freundschaften gelingen, so dass du ein Leben lang immer gute Freundinnen und Freunde haben wirst und nie allein bist.

9. Michael Mighty – ein Könner auf dem Gebiet der Verteidigung

Nach einer Begegnung mit ihm beherrschst du die Kunst, dich in jeder Situation perfekt zu verteidigen. Ob im dunklen Wald, im Parkhaus oder in der schmierigen Kneipe – niemand wird dir jemals Gewalt antun oder dich demütigen. Du bleibst Sieger, ohne die anderen verletzen zu müssen. Angst vor Gewalt kannst du künftig vergessen.

10. Bert-Dago Duck – das As der Finanzwelt

Er verschafft dir ein hohes Einkommen und alles Wissen über Geldanlagen und Börsenbewegungen. Mit ihm an deiner Seite gibt es eines für dich nie mehr wieder: Geldsorgen.

11. Zuzu Nai Gung – Spezialistin für liebevolle Beziehungen

Sie hilft dir, die Liebe derjenigen zu gewinnen, die dir wichtig sind. Dein Leben wird von Liebe und Zärtlichkeit erfüllt sein.

12. Prof. Dr. O. Rakel – Experte für Zukunfsfragen

Du erlernst die Kunst, ein klein wenig in die Zukunft zu schauen. Außerdem beantwortet der Magier dir gerne Fragen zu deiner eigenen Zukunft und erteilt dir Ratschläge, wie du schlimme Schicksalsschläge vermeiden kannst.

13. Dr. Anna Lytika – Spezialistin fürs Seelenwesen

Sie hilft dir, dich selbst ausgezeichnet kennenzulernen. Das gibt dir ein hohes Maß an Selbsterkenntnis und Selbstvertrauen. Du weißt genau, wer du bist und was du kannst.

14. Mutter Manitu – indianische Naturexpertin

Sie öffnet dir die Augen und Ohren für die ganze Schöpfung. Du lernst die Sprache der Tiere und der Pflanzen und kannst anschließend mit ihnen in Kontakt treten. Du lebst in völligem Frieden mit der gesamten Schöpfung.

15. Telly Pathikus – Expertin für übersinnliche Fähigkeiten

Du lernst bei ihr, die Kräfte deines Geistes zu entfalten. Nur durch deine Willenskraft kannst du mit anderen auf telepatischem Weg in Kontakt treten, die Gedanken anderer teilweise lesen und manche Krankheit heilen.

Notiere hier die fünf Magier, die du am meisten schätzt!

1. ....
2. ....
3. ....
4. ....
5. ....

Notiere hier die fünf Magier, die du am wenigsten schätzt!

1. ....
2. ....
3. ....
4. ....
5. ....

Wegstrecke: Das ist mein Leben

bis zu 16 Personen
2 Stunden

- zwei Plakate DIN A3
- Kreppband
- Kopien „Fragebogen"
- Arbeitsblatt „Ganz deiner Meinung?"

Anlässe/Themen
- **Gruppenfindung**
- **spätere Integration eines Neueinsteigers**
- **Kennenlernen der anderen Gruppenmitglieder**
- **Werte und Einstellungen**

Charakter der Einheit
Spiel – Aktion – Stille – Diskussion

Chancen
- Die Jugendlichen reflektieren das eigene Leben.
- Die Jugendlichen erfahren etwas über das Leben der anderen Gruppenmitglieder.
- Die Jugendlichen lernen, sich im Gespräch zu öffnen und anderen zuzuhören.
- Die Jugendlichen können sich Aussagen zuordnen, statt selbst „Ich"-Aussagen zu formulieren.

Biblisch-theologischer Kontext
Im Verlauf seines Lebens durchläuft der Mensch unterschiedliche Phasen, die auch sein Glaubensleben prägen.

Mögliche Schwierigkeiten/weitere Hinweise
Beim „prominenten Meinungsbarometer" zu Beginn der Einheit beziehen die Jugendlichen Stellung für oder gegen Aussagen. Gerade sprachlich weniger Begabten fällt dies leichter, als eigene „Ich"-Aussagen zu treffen. Der Katechet sollte darauf achten, dass diese Phase nicht zu turbulent verläuft. Sonst könnte es schwierig werden, in der folgenden Phase eine angemessene Arbeitsatmosphäre zu finden.

Social-Media/Internet
Alle Jugendlichen bekommen einen Tag (oder mehrere Tage) zugelost, an dem sie einen spirituellen Impuls im Firmchat posten. Das können ein Foto, ein Text, ein Video etc. sein.

Verlauf der Einheit

Prominentes Meinungsbarometer

Viel Platz benötigt das Meinungsbarometer. Der Raum wird mit dem Kreppband in zwei gleich große Hälften geteilt. An die eine Stirnseite des Raumes wird ein Plakat aufgehängt mit der Aufschrift „Ja!", auf der gegenüberliegenden Stirnseite ein Plakat mit der Aufschrift „Nein!". Nun verteilen sich die Jugendlichen gleichmäßig im Raum. Der Katechet liest anschließend Aussagen bekannter Persönlichkeiten **„Ganz deiner Meinung?"** vor. Die Jugendlichen überlegen bei jedem Statement, ob sie der Aussage zustimmen oder ob sie das Gesagte ablehnen.
Sie suchen sich einen Platz im Raum, der ihren Standpunkt ausdrücken kann: Wer der Aussage völlig zustimmt, geht zum Plakat „Ja", wer ganz anderer Meinung ist, stellt sich zum Plakat „Nein". Jugendliche, die ihre unentschiedene Haltung ausdrücken möchten, stellen sich auf die Kreppband-Linie in der Mitte des Raumes. Natürlich stehen nicht nur diese klar markierten Zuordnungen im Raum zur Verfügung. Die Jugendlichen können bei den Fragen auch sämtliche Zwischenpositionen einnehmen.

Ja - völlige Zustimmung,

unentschieden

Nein - völlige Ablehnung

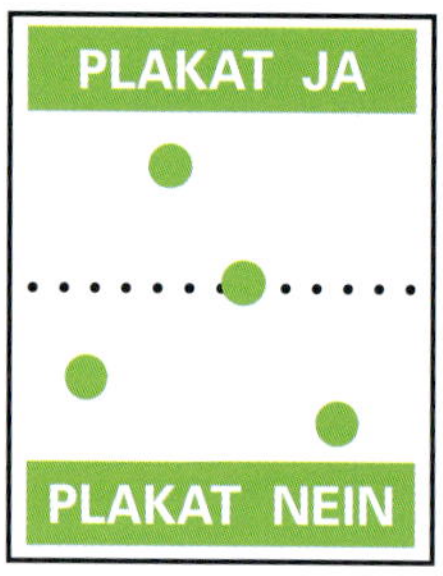

Wenn alle Jugendlichen einen Standpunkt gefunden haben, kann der Katechet einzelne Jugendliche befragen. Mögliche Impulsfragen:

- Warum hast du diesen Standpunkt gewählt?
- Fühlst du dich mit deinem Standpunkt wohl?
- War dir sofort klar, was du von dem Statement hältst?

Das ist mein Leben

Die Jugendlichen finden sich paarweise zusammen. Sie erhalten jeweils das Arbeitsblatt **„Fragebogen"** und füllen es aus. Anhand des Bogens stellen sie sich ihrem Partner vor. Um die Hemmschwelle möglichst niedrig zu halten, geschieht dies zunächst in einem Zweier-Gespräch. Den meisten Jugendlichen fällt es in der Regel leichter, sich einer Person zu öffnen und nicht der ganzen Gruppe. Für dieses Gespräch sollte genügend Zeit vorgesehen werden. Sinnvoll ist es, dass sich die Jugendlichen für dieses Zweier-Gespräch auf verschiedene Räume verteilen. So können sie sich ungestört austauschen. Häufig werden die Jugendlichen bei diesem Gespräch das Raster des Fragebogens verlassen und frei von sich selbst erzählen. Dies ist erwünscht und intensiviert die Kennenlernphase.

Präsentation

Anschließend kommen die Jugendlichen wieder in der Gesamtgruppe zusammen und hängen alle ausgefüllten Fragebögen gut sichtbar an die Wand. Reihum stellen die Jugendlichen nun ihren Partner vor, mit dem sie sich im zweiten Schritt ausgetauscht haben. Dadurch erfahren sie, dass es wichtig ist, dem Gesprächspartner aufmerksam zuzuhören. Außerdem fällt es vielen Jugendlichen leichter, vor einer größeren Gruppe nicht über sich selbst, sondern über einen Dritten zu sprechen. Möglich ist es, diese Präsentationsphase als „Talkshow" zu gestalten. Der Katechet oder ein sprachbegabter Jugendlicher ist Moderator und bereitet eine Sitzecke für die Talkshow und Sitzplätze für die „Zuschauer" vor. Nachdem alle im Zuschauerbereich einen Platz gefunden haben, ruft der Moderator anschließend seine Talkgäste paarweise zu sich in die Sitzecke und leitet möglichst virtuos und locker über zur Präsentation der einzelnen Fragebögen.

Ganz deiner Meinung?

Wir sind niemals am Ziel, sondern immer auf dem Weg.

Vincenz von Paul

Man muss zeitlebens die Welt mit Kinderaugen betrachten.

Henri Matisse

Wir sind die Leute, vor denen uns unsere Eltern immer gewarnt haben.

Graffito

Viele leistungsstarke Menschen sind innerlich passiv, weil sie gar nicht mehr über den Sinn des Lebens nachdenken.

Gerda Jun

In dieser Welt muss alles hart erarbeitet werden. Die Jungen sollen das lernen, sonst sind ihre Proteste Makulatur.

Gerd Bucerius

Die Liebe ist das Gewürz des Lebens: Sie kann versüßen, aber auch versalzen.

Konfuzius

Die Liebe ist nichts anderes als ein Kampf, in dem beide gewinnen.

Madonna

Heimat sind die Menschen, die wir verstehen und die uns verstehen.

Max Frisch

Einen Menschen lieben heißt, ihn so zu sehen, wie Gott ihn gemeint hat.

Fjodor Dostojewski

Liebe ist, wenn man die Fehler des Partners ohne Verbesserungsvorschläge akzeptiert.

Paul Watzlawick

Die Gerechtigkeit ist das Recht des Schwächeren.

Joseph Joubert

Es wird der Gesellschaft nicht möglich sein, die wenigen Reichen zu retten, wenn sie nicht in der Lage ist, den vielen Armen zu helfen.

John F. Kennedy

Es ist einfach falsch, sich unter Glückseligkeit die Erfüllung aller Träume vorzustellen.

Leo Tolstoi

Das Glück wohnt in uns, es fliegt nicht um uns herum.

Russisches Sprichwort

Willst du glücklich werden, dann steigere nicht den Besitz, sondern mindere die Wünsche.

Seneca

Nur durch das Todesbewusstsein erfahren wir das Leben als das, was es ist.

Max Frisch

Der Tod ist kein Unglück für den, der stirbt, sondern für den, der überlebt.

Karl Marx

Probleme sind Gelegenheiten, zu zeigen, was man kann.

Duke Ellington

Der Tod ist die uns zugewandte Seite jenes Ganzen, dessen andere Seite Auferstehung heißt.

Romano Guardini

In jedem Menschen kann mir Gott erscheinen.

Novalis

Die längste Reise ist die Reise nach innen.

Dag Hammarskjöld

Wenn der Mensch betet, so atmet Gott in ihm.

Friedrich Hebel

Fragebogen:

	stimmt genau	stimmt	weiß nicht	stimmt so nicht	stimmt ganz und gar nicht
Ich gehe gern zur Schule.					
Ich höre viel Musik.					
Sport macht mir Spaß.					
Gute Klamotten sind mir wichtig.					
Am Wochenende bin ich oft unterwegs.					
Meine Eltern verstehen mich.					
Ich habe gute Freunde.					
Ich wünsche mir eine(n) Partner(in).					
Ich glaube an Gott.					
Ich komme freiwillig zur Firmvorbereitung.					
Ich weiß, worum es bei der Firmung geht.					
Ich gehe gerne in die Kirche.					
Ich fühle mich in der Gemeinde wohl.					
Ich traue mich, anderen von mir zu erzählen.					

Wegstrecke: Wenn ich nur noch einen Tag zu leben hätte

bis zu 15 Personen
1 Stunde

- MP3-/CD-Player oder Laptop mit Beamer und Boxen
- Plakat
- Textblatt
- Stifte
- Song „Wenn ich nur noch 1 Tag zu leben hätte" von „Basis"
- Kurzfilm „More" von Mark Osborne
- Liedtext „Wenn ich nur noch 1 Tag zu leben hätte"

Anlässe/Themen

- **Gruppenfindung**
- **Auseinandersetzung mit Sinnfrage**
- **Leben nach dem Tod**

Charakter der Einheit

Musik – Diskussion – Kreativität

Chancen

- Die Jugendlichen reflektieren, was ihnen in ihrem Leben wichtig ist.
- Die Jugendlichen setzen sich mit der Sinnfrage auseinander.
- Die Jugendlichen erkennen religiöse Inhalte in der Popmusik.

Biblisch-theologischer Kontext

Welche Werte und Lebensinhalte sind angesichts der Endlichkeit des Lebens wirklich wichtig? Die Bibel wendet sich klar gegen einen Lebensstil, der auf Kosten anderer Menschen geht (vgl. z. B. Lk 12,13–21).
Im biblischen Sinn kann jeder Augenblick im Leben zum erfüllten Leben führen. Wachsam sein für das Kommen Gottes ist wesentliche Bedingung für Glück und Erfüllung (Mt 24,42).

Mögliche Schwierigkeiten/weitere Hinweise

More wurde erstmals 1998 in IMAX gezeigt und erlebte im Januar 1999 auf dem Sundance Film Festival seine Festivalpremiere. Der Film wurde 1999 für einen Oscar in der Kategorie „Bester animierter Kurzfilm" nominiert.
Rap ist bei vielen Jugendlichen in seinen unterschiedlichen Spielarten sehr beliebt. Mit ihrem Titel „Wenn ich nur noch einen Tag zu leben hätte" tauchte die bis dahin unbekannte Gruppe „Basis" 1997 in den Hitparaden auf. Ihr Rap ist musikalisch konventionell und klar strukturiert. Auf die im Lied aufgeworfene Hypothese „Wenn ich nur noch einen Tag zu leben hätte" gibt das Lied recht profane Antworten („Tüte bauen" – Hasch rauchen, „Freund flachlegen" – Geschlechtsverkehr etc.). Dennoch ermöglicht das Lied einen einfachen Einstieg in die Frage nach dem Sinn des Lebens.

Social-Media/Internet

Der Song „Wenn ich nur noch 1 Tag zu leben hätte" findet sich auf Youtube. Neben Text und Musik bieten Musikvideos immer auch eine Chance, über die Bildsprache der Videos ins Gespräch zu kommen. Es fällt auf, wie oft hier mit religiösen Symbolen gespielt wird.

Verlauf der Einheit

More

Die Gruppe schaut gemeinsam den Kurzfilm „More“ von Mark Osborne.
In einer ersten Runde tauschen sich die Jugendlichen darüber aus, welche Szenen an dem Film sie besonders beeindruckt haben.
Danach teilt der Katechet das Arbeitsblatt **„More – Mehr als alles“** aus. Die Jugendlichen gehen den Impulsfragen zunächst alleine in einer fünfminütigen Stillephase nach. Nach einiger Zeit finden sie sich in Zweier- oder Dreier-Gruppen zusammen und tauschen sich zehn Minuten über ihre Ergebnisse aus.
Im Plenum findet unter der Fragestellung, welcher Gedanke in den letzten Minuten wichtig geworden ist, eine Austauschrunde statt.

Wenn ich nur noch einen Tag zu leben hätte

Die Jugendlichen hören das **Lied „Wenn ich nur noch 1 Tag zu leben hätte“**. Anschließend erhalten sie den kopierten Liedtext, bevor das Lied ein zweites Mal vorgespielt wird. Beim Zuhören sollen die Jugendlichen auf dem Textblatt die Aussagen mit einem Ausrufezeichen versehen, die sie am ehesten teilen würden. Mit einem Fragezeichen kennzeichnen sie, was sie gar nicht nachvollziehen können.

Eigene Antworten formulieren

Ein Plakat wird in die Mitte gelegt. Es trägt die Aufschrift „Wenn ich nur noch einen Tag zu leben hätte“. Die Jugendlichen schreiben nun ihre eigenen Antworten auf das Plakat. Es können so banale Vorhaben benannt werden wie im Lied der Gruppe Basis. Der Katechet sollte die Jugendlichen jedoch auch dazu ermutigen, tiefsinnigere Antwortversuche zu geben. Während dieser Phase sollte möglichst nicht gesprochen werden. Verboten sind in jedem Fall wertende Kommentare zu den schriftlichen Äußerungen der anderen.
Nachdem die Jugendlichen ihre Antworten niedergeschrieben haben, werden sie nochmals laut vorgelesen. Wertungen sind auch dabei nicht gestattet. Erlaubt sind aber Rückfragen zu den Äußerungen der anderen Jugendlichen.
Nachdem alle Antworten vorgetragen wurden, lenkt der Katechet die Aufmerksamkeit der Jugendlichen auf die letzte Textzeile des Liedes: „Warum leb ich dann nicht immer so?“ Er erinnert an das lateinische „Carpe diem“ (Nutze den Tag) oder an die Umkehrrufe der Bibel (Mt 3,2). In der folgenden Diskussion sollen die Jugendlichen der Frage nachgehen, was sie an einem sinnvollen Leben hindert.

Alle Jugendliche werden zu einer abschließenden Runde unter folgender Fragestellung eingeladen:

- Hat das Thema von heute eine Bedeutung für meinen Glauben?
- Welchen Gedanken, welchen Impuls nehme ich aus diesem Zusammenkommen mit?

Der Katechet beendet diese Wegstrecke mit dem Text **Bitte**.

Kopiervorlage — Wegstrecke: Wenn ich nur noch einen Tag zu leben hätte

Der Film thematisiert unter anderem auch die Frage, was unser Leben sinnvoll macht.

Was sind deine Sehnsüchte?
Welches Feuer brennt in dir?
Was tust du, damit dieses Feuer nicht erlischt?
Ist dein Feuer schon erloschen? Wodurch?
Bist du auf dem „richtigen“ Weg?

Wenn ich nur noch 1 Tag zu leben hätte

Hey, was'n mit dir los?
Ich weiß nicht, was das soll
Was mein krankes Hirn ausspucken kann
Was wär, wenn ich nur noch einen Tag hätte, was wär dann?
Am letzten Tag würd' ich mit Sicherheit nicht zur Schule gehen
Warum mich ärgern lassen
Von Lehrern, die mich nicht verstehen
Stattdessen will ich meinen Ex-Freund nicht vergessen
Wir haben noch 'ne Rechnung offen
Ich werd' ihn richtig stressen
Ich würd' mit meinen Jungs eine kleine Tüte baun
Es gäbe keinen Grund, die letzten Stunden zu versaun
Verhau'n ham' wir oft genug den Typ, den alle fertig machen
Ich würd' ihn einladen und nicht über, sondern mit ihm lachen
Wenn ich nur noch ein
Wenn ich nur noch einen Tag
Wenn ich nur noch ein
Wenn ich nur noch einen Tag
Zu leben hätte, ah, ah
Was würd' ich tun, was würd' ich tun?
Was dann, was dann?
Ich würd' gern mit Michael J. um ein paar Körbe spielen
Und um mein letztes Taschengeld mit meiner Mutter dealen
Ich würd' noch einmal Klamotten kaufen gehen
Damit lass ich mich dann auf meiner letzten Party sehen
Den letzten Tag will ich mit meinem Freund verbringen
Ich leg ihn flach
Es mag komisch klingen
Aber außerdem würd' ich gern mit Ex-Schwester S auftreten
Am liebsten gleichzeitig in allen Städten
Was dann, was ist denn schon'n Tag?
Ich würd'ne Party geben und feiern bis zum Schluss
Will nochmal fett abgehn, bevor ich weggehn muss
Doch was für'n Stuss
Das alles macht mich froh
Warum leb' ich dann nicht immer so, immer so?
Was würd' ich tun, was würd' ich tun?
Was ist denn schon'n Tag?
Warum leb ich dann nicht immer so?

Basis

„**Bitte** hängt euch nicht hinten
an den Schwanz der Geschichte an.
Seid die Hauptdarsteller!
Spielt im Sturm!
Schießt nach vorne!

Baut eine bessere Welt auf,
eine Welt von Brüdern und Schwestern,
eine Welt der Gerechtigkeit,
der Liebe, des Friedens,
der Brüderlichkeit, der Solidarität!

Spielt immer im Sturm!“

Papst Franziskus

(Vigilfeier mit den Jugendlichen beim
Weltjugendtag 2013, 27.07.2013)

Wegstrecke: Lebenskuchen

bis zu 15 Personen
1 Stunde

- Stifte, Papier
- Text „Ein zweites Mal"
- Arbeitsblatt „Was mir im Leben schmeckt" (vergrößert auf DIN A3)
- Arbeitsblatt „Was mir im Leben nicht schmeckt" (vergrößert auf DIN A3)

Anlässe/Themen

- **Gruppenfindung**
- **Identitätsfindung**
- **Werte**
- **Sinn des Lebens**

Charakter der Einheit

Reflexion – Gespräch

Chancen

- Die Jugendlichen reflektieren das eigene Leben.
- Die Jugendlichen werden sich bewusst, wie sie sich ihr Leben wünschen und welche Träume sie haben.
- Die Jugendlichen erfahren etwas über das Leben der anderen Gruppenmitglieder.
- Die Jugendlichen lernen, sich im Gespräch zu öffnen.

Biblisch-theologischer Kontext

Alles hat seine Zeit (Koh 3,1ff). Carpe Diem – Nicht im Sinne von Genusssucht, sondern als Fähigkeit, jeden Augenblick des Lebens zu spüren und zu erleben.

?! Mögliche Schwierigkeiten/weitere Hinweise

Einigen Jugendlichen wird es schwerfallen, sich frei in der Gruppe zu ihrem eigenen Leben zu äußern. Möglich ist dann folgende Alternative: Die Jugendlichen präsentieren nicht ihren eigenen „Lebenskuchen". Stattdessen werden nach dem Gestalten der Lebenskuchen alle ausgefüllten Arbeitsblätter eingesammelt und anonym in die Mitte gelegt. Im gemeinsamen Gespräch werden nun die verschiedenen Lebenskuchen ausgewertet.

Social-Media/Internet

„Firmung und Social Media" heißt eine geschlossene Facebook-Gruppe. Hier tauschen sich am Thema Interessierte aus und vernetzen sich. Zu finden ist die Facebook-Gruppe unter dem Kurzlink http://bit.ly/FB_Firmung oder unter „Firmung und Social Media" über die Facebook-Suche.

Verlauf der Einheit

Was mir schmeckt

Der Katechet hat die Figuren auf dem Arbeitsblatt mit dem Kopierer auf zwei verschiedenfarbige Plakate im Format DIN A3 kopiert. Auf dem helleren Blatt steht **„Was mir im Leben schmeckt"**, auf das dunklere Blatt ist die Überschrift **„Was mir im Leben nicht schmeckt"** geschrieben. Diese beiden Blätter werden gut sichtbar an eine Wand gehängt. Zu Beginn der Einheit überlegen die Jugendlichen miteinander, was alles zu ihrem Alltag gehört: Schule/Lehre, Essen, Schlafen, Fernsehen, Musik hören, mit Freunden etwas unternehmen, Eltern, Sport, Partner/in, Urlaub ... Sie notieren die Lebensbereiche, die ihnen zusagen, auf dem helleren Plakat, während sie die weniger beliebten Lebensbereiche auf das dunklere Plakat schreiben.

Die Lebensstruktur

Anschließend nehmen die Jugendlichen ein Blatt Papier, auf dem sie einen Kreis einzeichnen, der ihr gesamtes Leben symbolisiert. Dann überlegen sie, welche Lebensbereiche bei ihnen wie viel Zeit in Anspruch nehmen, und gestalten aus dem Kreis ein Tortendiagramm: Sie unterteilen den Kreis und tragen ein, wie sie sich ihren „Lebenskuchen" gestalten. Nachdem alle ihr Leben so dargestellt haben, stellen sie die Aufteilung der Gruppe vor und vergleichen die verschiedenen Lebenskuchen miteinander.

So will ich leben

Die Jugendlichen malen einen zweiten Kreis. Diesmal sollen sie darin nicht ihren tatsächlichen Lebenskuchen eintragen, sondern einen Wunsch-Lebenskuchen zeichnen. Sie überlegen, wie sie die Bereiche ihres Lebens am liebsten gewichten würden. Die Jugendlichen legen anschließend die beiden von ihnen gezeichneten Lebenskuchen nebeneinander und stellen der Gruppe vor, wie ihr Wunsch-Leben im Vergleich zu ihrem tatsächlichen Leben aussieht.

Möglich ist, dass die Diskrepanz zwischen beiden Kuchen dazu führt, dass Jugendliche ihr eigenes Leben negativ bewerten und zu dem Schluss kommen, dass sie mit ihrem Leben nicht zufrieden sind. In diesem Fall sollte der Firmkatechet das Gespräch auf die Frage lenken, was die Jugendlichen tun können, um ihren realen Lebenskuchen ihrem Wunsch-Kuchen etwas mehr anzugleichen. Die Diskrepanz zwischen beiden Verteilungen kann natürlich auch daran liegen, dass der Wunsch-Kuchen zu unrealistisch entworfen wurde.

Ein zweites Mal

Zum Abschluss liest der Katechet den Text **„Ein zweites Mal"** von Gertrude Wilkinson vor. Alternativ könnte auch der Text „Wenn ich nur noch 1 Tag zu leben hätte" (Seite 33) vorgelesen bzw. das Lied vorgespielt werden.

Was mir im Leben schmeckt

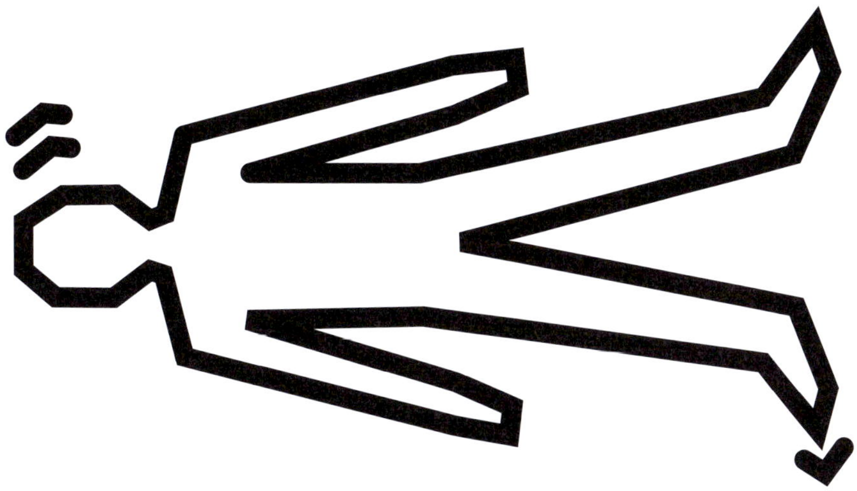

Was mir im Leben nicht schmeckt

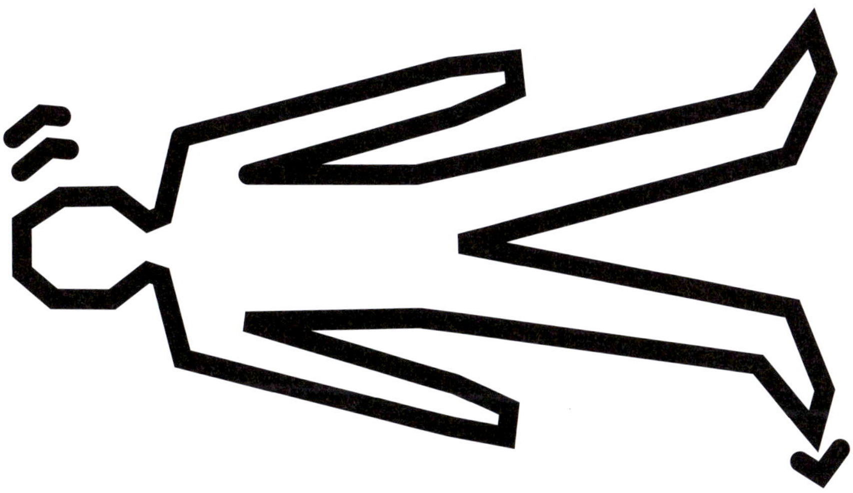

Ein zweites Mal

Könnte ich mein Leben noch einmal von vorn beginnen,
würde ich versuchen, mehr Fehler zu machen.
Ich würde alberner sein, würde ganz locker werden,
nur noch ganz wenige Dinge ernst nehmen.
Ich würde entschieden verrückter sein und weniger reinlich.
Ich würde mehr Gelegenheiten beim Schopfe ergreifen
und öfter auf Reisen gehen.
Ich würde mehr Berge ersteigen,
mehr Flüsse durchschwimmen
und mehr Sonnenaufgänge auf mich wirken lassen.
Ich würde mehr Schuhsohlen durchlaufen,
mehr Eis und weniger Bohnen essen.
Ich würde mehr echte Probleme und weniger eingebildete Nöte haben.
Wie Sie bemerkt haben werden,
bin ich eine von denen, die vorsorglich, vernünftig und gesund leben.
Stunde für Stunde, Tag für Tag.

Nun, ich habe meine verrückten Augenblicke,
aber wenn ich noch einmal von vorn anfangen könnte,
würde ich mehr verrückte Augenblicke haben -
genau gesagt: Augenblicke, einen nach dem anderen, und nichts mehr
von Plänen zehn Jahre voraus.
Wissen Sie, ich bin eine von denen, die für alle Fälle Thermometer, Wärmflasche,
Gurgelwasser, Regenmantel und Fallschirm bei sich haben.
Hätte ich ein zweites Leben, ich würde sie zu Hause lassen.

Könnte ich mein Leben noch einmal von vorn beginnen,
ich würde in aller Herrgottsfrühe barfuß in den Frühlingsmorgen laufen
und als Letzte sagen: Jetzt ist der Herbst dahin.
Ich würde mehr Hockey spielen, und vom Karussell würden Sie mich nicht mehr
herunterbringen.

Gertrude Wilkinson

Wegstrecke: Wofür sollen wir leben

bis zu 10 Personen
1–2 Stunden

- Text „Worauf sollen wir hören"
- ausgeschnittene Verse des Bibeltextes
- Arbeitsblatt „Fünf Dinge, die Sterbende am meisten bereuen"

Anlässe/Themen

- **Wer bin ich, wer möchte ich sein**
- **Entscheidungen treffen**
- **Verantwortung**

Charakter der Einheit

Reflexion – Gebet – Austausch

Chancen

- Die Jugendlichen werden sich bewusst, dass sie Menschen mit einem freien Willen sind. Sie erfahren, dass daraus Verantwortung wächst.
- Viele Jugendliche in diesem Lebensalter sind in einer Lebensphase, in der sie über ihren zukünftigen Lebensweg entscheiden müssen. Sie lernen Kriterien kennen, die bei einer Entscheidungsfindung zu berücksichtigen sind.
- Die Jugendlichen lernen die biblische Botschaft als Reflexionsfläche für ihre eigene Lebenssituation kennen und erleben im gemeinsamen Teilen des Bibeltextes die Kraft, die aus Gottes Wort erwachsen kann.

Biblisch-theologischer Kontext

Nachfolge Jesu bleibt nicht im Vagen oder Theoretischen, sondern verlangt eine radikale Entschiedenheit. Die Bibelstelle Lk 13,18 ist einer der Texte, in dem dieser unbedingte Anspruch Jesu thematisiert wird.

?! Mögliche Schwierigkeiten/weitere Hinweise

Oft besteht seitens der Katecheten eine Scheu, biblische Texte einzusetzen. Einerseits haben sie die Sorge, dass das bei den Jugendlichen als altmodisch und langweilig abgetan wird, andererseits fühlen sie sich nicht kompetent genug, auf mögliche Fragen der Jugendlichen einzugehen. Die in dieser Einheit genutzte Methode ist eine Spielart des Bibel-Teilens, die stark auf die Erfahrungsebene der Jugendlichen abzielt und zu einer existenziellen Auseinandersetzung mit dem Bibeltext einlädt, bei der es kein Richtig und Falsch gibt.

Social-Media/Internet

Statt den Text „Fünf Dinge, die Sterbende am meisten bereuen" zu lesen, kann auch das folgende Youtube-Video genutzt werden, in dem die Youtuberin Sahar Liz die Inhalte in einer sehr persönlichen und jugendgemäßen Weise vermittelt.

Video: „Funf Dinge, die Sterbende am meisten bereuen"

Verlauf der Einheit

Worauf sollen wir hören

Der Text **Worauf sollen wir hören** von Lothar Zenetti wird vorgelesen. Der Katechet weist darauf hin, dass wir als Menschen immer wieder Entscheidungen treffen müssen. An den Entscheidungen, die wir treffen, kann man ablesen, welche Werte für uns wesentlich sind. Ein Leben lang stehen wir vor der Aufgabe, herauszufinden, was wirklich wichtig ist, was uns (und den anderen) in einem ganz tiefen Sinne guttut. Manche Werte wie Menschlichkeit, Nächstenliebe, Gerechtigkeit sind immer wieder bedroht. Es braucht Menschen, die mit Entschiedenheit für Gottes Traum von einer Welt des Friedens und der Gerechtigkeit einstehen. Mit diesem Thema setzt sich der Bibeltext auseinander, der im Folgenden miteinander entdeckt werden soll.

Entschiedenheit

Der Katechet lädt einen der Jugendlichen ein, den Bibeltext Lk 18,18 vorzulesen (alternativ kann der Text Vers für Vers reihum gelesen werden).
Der Bibeltext wird Vers für Vers im Raum ausgelegt. Die Jugendlichen werden eingeladen, den Text Vers für Vers in Stille abzugehen und bei dem Vers zu verweilen, der sie am meisten anspricht. Dann bilden die Jugendlichen, die bei einem Vers stehen, eine Gruppe. Sollten mehr als drei Jugendliche bei einem Vers stehen, wird die Gruppe nochmal unterteilt. Jugendliche, die bei einem Vers alleine stehen, bilden mit Jugendlichen, die an einem benachbarten Vers stehen, eine Gruppe.
In den Kleingruppen findet ein Austausch darüber statt, warum die Einzelnen gerade diesen Vers ausgewählt haben und was ihnen daran wichtig ist. Nach einigen Minuten werden die Gruppen reihum gebeten, wichtige Gedanken im Plenum auszutauschen.

Anschließend berichtet Gruppe für Gruppe, was in den Gesprächen wichtig war. Oft ist dies der Impuls, um in einen weiteren Austausch zu kommen.

Zum Abschluss der Bibelarbeit wird der Bibeltext noch einmal gelesen.

Fünf Dinge, die Sterbende am meisten bereuen

Der Katechet teilt an die Jugendlichen das Blatt **„Fünf Dinge, die Sterbende am meisten bereuen“** aus. Der Text wird laut gelesen (alternativ kann auch das Video angeschaut werden).
In einer Stillephase denken die Jugendlichen über die Impulsfragen nach und halten für sich wichtige Gedanken stichwortartig fest.
In Zweier- oder Dreier-Gruppen tauschen sich die Jugendlichen über ihre Gedanken aus. Dabei sollte der Katechet darauf hinweisen, dass jeder selber bestimmt, was und wie viel er von sich preisgeben will.
Im Plenum sind die Jugendlichen dann eingeladen, wichtige Gedanken aus der Gruppenarbeit mitzuteilen. In kleineren Gruppen kann die Kleingruppenarbeit auch übersprungen werden und der Austausch direkt im Plenum stattfinden.

Abschlussrunde

In der Abschlussrunde teilen sich die Jugendlichen mit, welcher Impuls aus dieser Einheit sie besonders berührt hat. Je nach Möglichkeit der Jugendlichen kann diese Abschlussrunde auch als freies Gebet gestaltet werden. Dazu lädt der Katechet die Jugendlichen ein, angeregt durch diese Einheit eine Bitte oder einen Dank vor Gott zu tragen.

Worauf sollen wir hören

Worauf sollen wir hören, sag uns worauf?
So viele Geräusche – welches ist wichtig?
So viele Beweise – welcher ist richtig?
So viele Reden – ein Wort ist wahr.

Wohin sollen wir gehen, sag uns wohin?
So viele Termine – welcher ist wichtig?
So viele Parolen – welche ist richtig?
So viele Straßen – ein Weg ist wahr.

Wofür sollen wir leben, sag uns wofür?
So viele Gedanken – welcher ist wichtig?
So viele Programme – welches ist richtig?
So viele Fragen – die Liebe zählt.

Lothar Zenetti

Entschiedenheit

**Einer von den führenden Männern fragte ihn:
Guter Meister, was muss ich tun, um das ewige Leben zu gewinnen?**

Jesus antwortete: Warum nennst du mich gut? Niemand ist gut außer Gott, dem Einen.

Du kennst doch die Gebote: Du sollst nicht die Ehe brechen, du sollst nicht töten, du sollst nicht stehlen, du sollst nicht falsch aussagen; ehre deinen Vater und deine Mutter!

Er erwiderte: Alle diese Gebote habe ich von Jugend an befolgt.

Als Jesus das hörte, sagte er: Eines fehlt dir noch: Verkauf alles, was du hast, verteil das Geld an die Armen und du wirst einen bleibenden Schatz im Himmel haben;

dann komm und folge mir nach!

Der Mann aber wurde sehr traurig, als er das hörte; denn er war überaus reich.

Jesus sah ihn an und sagte: Wie schwer ist es für Menschen, die viel besitzen, in das Reich Gottes zu kommen! Denn eher geht ein Kamel durch ein Nadelöhr, als dass ein Reicher in das Reich Gottes gelangt.

Die Leute, die das hörten, fragten: Wer kann dann noch gerettet werden? Er erwiderte: Was für Menschen unmöglich ist, ist für Gott möglich.

Da sagte Petrus: Du weißt, wir haben unser Eigentum verlassen und sind dir nachgefolgt.

Jesus antwortete ihnen: Amen, ich sage euch: Jeder, der um des Reiches Gottes willen Haus oder Frau, Brüder, Eltern oder Kinder verlassen hat, wird dafür schon in dieser Zeit das Vielfache erhalten und in der kommenden Welt das ewige Leben. (Lk 13,18)

Fünf Dinge, die Sterbende am meisten bereuen

Was bereuen wir, wenn unser Leben zu Ende geht? Dieser Frage ging die australische Palliativpflegerin Bronnie Ware nach.
Sie begleitete ihre Patienten zu Hause in den Tod. Dabei führte sie viele Gespräche mit den Sterbenden. Angesichts des nahen Todes äußerten die Sterbenden immer wieder dasselbe Bedauern und dieselben Vorwürfe gegen sich selbst. Sie bedauerten, nicht das Leben gelebt zu haben, das sie sich gewünscht hatten. Sie bereuten Entscheidungen, die sie in ihrem Leben getroffen oder nicht getroffen haben, und machten sich Vorwürfe, weil sie dies erst erkannten, als es bereits zu spät war.

Die folgenden fünf Dinge sprachen die Sterbenden dabei immer wieder an:

1. **„Ich wünschte, ich hätte den Mut gehabt, mein eigenes Leben zu leben."**
2. **„Ich wünschte, ich hätte nicht so viel gearbeitet."**
3. **„Ich wünschte, ich hätte den Mut gehabt, meine Gefühle auszudrücken."**
4. **„Ich wünschte mir, ich hätte den Kontakt zu meinen Freunden aufrechterhalten."**
5. **„Ich wünschte, ich hätte mir erlaubt, glücklicher zu sein."**

Denke über die folgenden Fragen nach und notiere dir Stichworte:

- Was hat dich am meisten angesprochen?
- Was macht dich nachdenklich?
- Was siehst du anders?
- Was hält dich davon ab, das Leben zu leben, das du leben willst?

Wegstrecke: Und der Mensch ist Mensch

bis zu 10 Personen
1 Stunde

- MP3-/CD-Player oder Laptop mit Beamer und Boxen
- Plakat
- Papier für alle Teilnehmer
- Stifte
- Song „Mensch“ von Herbert Grönemeyer
- Liedtext „Mensch“
- Kopien der Bibeltexte

Anlässe/Themen

- **Mensch als Geschöpf Gottes**
- **Einzigartigkeit des Menschen**
- **Emotionalität des Menschen**
- **Christliche Rede vom Menschen**

Charakter der Einheit

Musik – Diskussion – Einzelarbeit

Chancen

- Die Jugendlichen lernen wesentliche Bestandteile des christlich-biblischen Menschenbildes kennen.
- Die Jugendlichen setzen sich mit ihrem Menschenbild auseinander, werden mit der Sinnfrage konfrontiert und werden zum Nachdenken angeregt über die Frage: „Was ist der Mensch?“

Biblisch-theologischer Kontext

Die Frage „Was ist der Mensch?“ gehört zu den Grundfragen menschlicher Existenz. In der biblischen Anthropologie wird der Mensch vor allem als Geschöpf und Ebenbild Gottes gesehen (vgl. Gen 1,27f). Hieraus folgt aus biblischer Perspektive die herausragende Stellung des Menschen im Kosmos, aus der sowohl seine besondere Würde als auch seine besondere Verantwortung herrühren. Als soziales Wesen findet der Mensch in der Liebe zu Gott zu sich selber und zu anderen Menschen seine Erfüllung.

Mögliche Schwierigkeiten/weitere Hinweise

Der Song „Mensch“ stellt den Menschen in seiner emotionalen Zerrissenheit dar. Scheinbar unverbundene Gedankenfetzen führen in die tiefsten Schichten menschlicher Existenz. Sie schwingen zwischen der Bestimmung des Menschen, seinen Sehnsüchten und seinem Alltagserleben. Irgendwie scheinen die Worte und Töne in ihrem Suchen zwischen verschiedenen Welten zu schweben. Sie öffnen den Spielraum für eigene Gedanken.

Social-Media/Internet

Angestoßen durch diesen Baustein kann eine Befragung (z. B. nach dem Sonntagsgottesdienst) zu der Frage „Was macht den Menschen zum Menschen?“ durchgeführt werden. Die Interviews werden per Handykamera oder Videokamera aufgezeichnet und nachher zu einem kleinen Film zusammengeschnitten. Dieser Film kann im weiteren Verlauf des Kurses nochmals als Gesprächsimpuls dienen oder aber auch in einem späteren Gottesdienst im Kontext einer Katechese/Predigt genutzt werden.

Verlauf der Einheit

Mensch

Der Katechet erläutert kurz den Hintergrund des Liedtextes: Nach dem Tod seiner Frau und seines Bruders hat Herbert Grönemeyer lange Zeit keine Musik mehr für die Öffentlichkeit und in der Öffentlichkeit gemacht. Dann hat er 2002 eine CD produziert, auf der auch der Song „Mensch" zu finden ist. Der Katechet spielt den Song „Mensch" von Herbert Grönemeyer ein. Dazu wird der Text **„Mensch"** verteilt.

Einzelbesinnung: Mein Grabstein

Der Katechet erläutert, dass Herbert Grönemeyer in Interviews davon erzählt hat, wie ihn die beiden Todesfälle in eine tiefe Krise geworfen hatten. Durch die Konfrontation mit dem Tod begann für ihn ein intensives Nachdenken über den Sinn des Lebens. Lange hat er über die Frage nachgedacht, was den Menschen zum Menschen macht.

Der Katechet lädt die Jugendlichen ein, darüber nachzudenken, was in ihrem Leben wichtig ist, was für sie eine wichtige Rolle spielt. Er erklärt, dass auf einem Grabstein oft in ganz wenigen Sätzen oder in Schlagworten steht, was das Leben des Verstorbenen ausgezeichnet hat („war eine gute Mutter", „hat sich für das Vaterland verdient gemacht" usw.). Die Jugendlichen sollen sich ca. zehn Minuten Zeit nehmen und überlegen, welche Inschrift auf ihrem Grabstein stehen sollte.

Gespräch

Anschließend lesen sich die Jugendlichen gegenseitig vor, was sie geschrieben haben. Es findet ein auswertendes Gespräch über diese Übung statt:

- Ist es dir eher leicht- oder eher schwergefallen, etwas für dich Passendes zu finden?
- Was kannst du jetzt schon dafür tun, dass sich deine Lebensträume erfüllen?
- Spielte der Glaube bei deinen Überlegungen eine Rolle?
- …

Der Mensch aus Sicht der Bibel

Der Katechet verteilt im Raum Zettel mit **Bibelzitaten**. Die Jugendlichen gehen im Raum umher, lesen die Bibelzitate und suchen sich zwei Zitate aus, die sie besonders ansprechen. Dazu kann ruhige Musik laufen. Anschließend lesen die Jugendlichen die von ihnen ausgewählten Bibelstellen vor.

Der Mensch ist Mensch, weil …

In einer weiteren Runde wird ein Plakat in die Mitte gelegt. Dort steht der Satz „Der Mensch ist Mensch, weil …". Nun sollen die Jugendlichen versuchen, diesen Satz, ausgehend von den Bibelstellen, die sie sich ausgesucht haben, zu ergänzen. Dann findet ein Austausch über das Ergebnis statt. Folgende Fragen können als Impuls dienen:

- Fehlen dir noch wichtige Eigenschaften/Tätigkeiten?
- Welche Eigenschaften findest du besonders wichtig/ eher unwichtig?
- Gibt es Eigenschaften, die nur dem Menschen eigen sind, die ihn von allen anderen Lebewesen unterscheiden?
- Hat dich eine Bibelstelle überrascht?
- …

Wenn die Jugendlichen es nicht von sich aus sagen, kann der Katechet darauf hinweisen, dass aus einer biblisch-christlichen Perspektive folgende Merkmale wesentlich für den Menschen sind:

- Der Mensch ist Geschöpf Gottes. Menschliches Leben kann man nicht machen, sondern es ist Geschenk (Gen 1,1ff).
- Zum Menschen gehören Leib und Seele.
- Als Ebenbild Gottes kommt dem Menschen eine besondere Würde zu. Er ist kreativ und kann schöpferisch die Welt gestalten.
- Der Mensch hat die Fähigkeit zum Mitleiden, Mitfühlen und Lieben.
- Der Mensch ist ein soziales Wesen. Er lebt in der Beziehung zu seinen Mitmenschen und zu Gott.

Abschluss

In einer Abschlussrunde teilen sich die Jugendlichen gegenseitig mit, welcher Gedanke ihnen in dieser Einheit besonders wichtig geworden ist. Zum Ausklang kann der Song von Herbert Grönemeyer noch einmal eingespielt werden.

Bibelzitate zum Thema Menschenbild in der Bibel

Gott segnete sie und Gott sprach zu ihnen: Seid fruchtbar und mehrt euch, füllt die Erde und unterwerft sie euch und herrscht über die Fische des Meeres, über die Vögel des Himmels und über alle Tiere, die auf der Erde kriechen! Dann sprach Gott: Siehe, ich gebe euch alles Gewächs, das Samen bildet auf der ganzen Erde, und alle Bäume, die Früchte tragen mit Samen darin. Euch sollen sie zur Nahrung dienen. (Gen 1,28–29)

Gott sah alles an, was er gemacht hatte: Und siehe, es war sehr gut. Es wurde Abend und es wurde Morgen: der sechste Tag. (Gen 1,31)

Da formte Gott, der HERR, den Menschen, Staub vom Erdboden, und blies in seine Nase den Lebensatem. So wurde der Mensch zu einem lebendigen Wesen. (Gen 2,7)

Dann sprach Gott, der HERR: Es ist nicht gut, dass der Mensch allein ist. Ich will ihm eine Hilfe machen, die ihm ebenbürtig ist. (Gen 2,18)

Seh ich deine Himmel, die Werke deiner Finger,
Mond und Sterne, die du befestigt:
Was ist der Mensch, dass du seiner gedenkst,
des Menschen Kind, dass du dich seiner annimmst?
Du hast ihn nur wenig geringer gemacht als Gott,
du hast ihn gekrönt mit Pracht und Herrlichkeit.
Du hast ihn als Herrscher eingesetzt über die Werke deiner Hände. (Ps 8,4–7a)

Siehe: Du machtest meine Tage nur eine Spanne lang,
meine Lebenszeit ist vor dir wie ein Nichts.
Nur als Hauch steht jeder Mensch da. (Ps 39,6)

HERR, was ist der Mensch, dass du ihn wahrnimmst,
des Menschen Kind, dass du es beachtest?
Der Mensch gleicht einem Hauch,
seine Tage sind wie ein flüchtiger Schatten. (Ps 144, 3–4)

Also: Iss freudig dein Brot und trink vergnügt deinen Wein; denn das, was du tust, hat Gott längst so festgelegt, wie es ihm gefiel. Trag jederzeit frische Kleider und nie fehle duftendes Öl auf deinem Haupt! Mit einer Frau, die du liebst, genieß das Leben alle Tage deines Lebens voll Windhauch, die er dir unter der Sonne geschenkt hat, alle deine Tage voll Windhauch! Denn das ist dein Anteil am Leben und an dem Besitz, für den du dich unter der Sonne anstrengst. (Koh 9,7–9)

Was ist der Mensch, dass du groß ihn achtest und deinen Sinn auf ihn richtest,
dass du ihn musterst jeden Morgen und jeden Augenblick ihn prüfst?
Wie lange schon schaust du nicht weg von mir, lässt mich nicht los, sodass ich meinen Speichel schlucke?
Habe ich gefehlt? Was tat ich dir, du Menschenwächter?
Warum hast du mich zu deiner Zielscheibe gemacht, sodass ich mir selbst zu einer Last geworden bin?
Warum nimmst du mein Vergehen nicht weg, lässt du meine Schuld nicht nach? Nun denn – zum Staub bette ich mich, und suchst du mich, dann bin ich nicht mehr da.
(Ijob 7,17–21)

Sondern so wird der Bund sein, den ich nach diesen Tagen mit dem Haus Israel schließe – Spruch des HERRN: Ich habe meine Weisung in ihre Mitte gegeben und werde sie auf ihr Herz schreiben. Ich werde ihnen Gott sein und sie werden mir Volk sein. (Jer 31,33)

Was ist ein Mensch und was ist sein Nutzen?
Was ist gut an ihm und was ist schlecht an ihm?
Die Zahl der Tage eines Menschen beträgt höchstens hundert Jahre,
aber unberechenbar ist für einen jeden der Schlaf.
Wie ein Wassertropfen aus dem Meer und wie ein Sandkorn,
so gleichen wenige Jahre einem Tag der Ewigkeit.
Deswegen war der Herr mit ihnen geduldig
und goss über sie sein Erbarmen aus.
Er sah ihren Untergang und erkannte, dass er schlimm ist,
deswegen vermehrte er seine Bereitschaft zur Versöhnung.
Das Erbarmen eines Menschen gilt seinem Nächsten,
das Erbarmen des Herrn aber gilt allen Lebewesen.
Er weist zurecht, erzieht und lehrt
und führt wie ein Hirt seine Herde zurück.
Er zeigt Erbarmen mit denen, die Erziehung annehmen,
und mit denen, die sich um seine Entscheidungen mühen.
(Sir 18,8–40)

Ihr seid das Salz der Erde. Wenn das Salz seinen Geschmack verliert, womit kann man es wieder salzig machen? Es taugt zu nichts mehr, außer weggeworfen und von den Leuten zertreten zu werden. Ihr seid das Licht der Welt. Eine Stadt, die auf einem Berg liegt, kann nicht verborgen bleiben. (Mt 5,13–14)

Der Beistand aber, der Heilige Geist, den der Vater in meinem Namen senden wird, der wird euch alles lehren und euch an alles erinnern, was ich euch gesagt habe. Frieden hinterlasse ich euch, meinen Frieden gebe ich euch; nicht, wie die Welt ihn gibt, gebe ich ihn euch. Euer Herz beunruhige sich nicht und verzage nicht. (Joh 14,26–27)

In den letzten Tagen wird es geschehen, so spricht Gott:
Ich werde von meinem Geist ausgießen über alles Fleisch.
Eure Söhne und eure Töchter werden prophetisch reden,
eure jungen Männer werden Visionen haben und eure Alten werden Träume haben.
Auch über meine Knechte und Mägde werde ich von meinem Geist ausgießen in jenen Tagen und sie werden prophetisch reden. (Apg 2,17–18)

Wenn ich in den Sprachen der Menschen und Engel redete, hätte aber die Liebe nicht, wäre ich dröhnendes Erz oder eine lärmende Pauke.
Und wenn ich prophetisch reden könnte und alle Geheimnisse wüsste und alle Erkenntnis hätte; wenn ich alle Glaubenskraft besäße und Berge damit versetzen könnte, hätte aber die Liebe nicht, wäre ich nichts. (1 Kor 13,1–2)

Seht, welche Liebe uns der Vater geschenkt hat: Wir heißen Kinder Gottes und wir sind es. Deshalb erkennt die Welt uns nicht, weil sie ihn nicht erkannt hat. (1 Joh 3,1)

Wegstrecke: Deine Schuld – meine Schuld

bis zu 10 Personen
1 Stunde

- MP3-/CD-Player oder Laptop mit Beamer und Boxen
- Song: „Deine Schuld" von den Ärzten, zu finden auf Youtube.
- Liedtext „Deine Schuld"
- Textkopie „Der eine Geist und die vielen Gaben"

Anlässe/Themen

- **Schuld**
- **Verantwortung**
- **Zivilcourage**

Charakter der Einheit

Selbsterfahrung – Diskussion – Bibelgespräch – Musik

Chancen

- Die Jugendlichen werden sich ihrer eigenen Verantwortung für ein funktionierendes Gemeinwesen bewusst.
- Die Jugendlichen kommen ins Gespräch über die Tabuthemen Schuld, Beichte, Versöhnung.
- Den Jugendlichen werden ihre eigenen Stärken und Fähigkeiten bewusst.

Biblisch-theologischer Kontext

Diese Katechese rückt den Bibeltext 1 Kor 1,2 in den Mittelpunkt. In der Bibelstelle vom Leib Christi und den vielen Gliedern wird deutlich, dass der Leib Christi von den Gaben jedes Einzelnen lebt. Damit wird dem Einzelnen eine besondere Bedeutung zugesprochen. Andererseits erwächst aus diesem Zuspruch auch ein Anspruch: Der Einzelne trägt eine besondere Verantwortung, seine Gaben und Talente zum Wohl der anderen einzusetzen. Es gilt weniger, darauf zu schauen, was einer nicht kann, als vielmehr in den Blick zu nehmen, welche Möglichkeiten und welches Potenzial Menschen (und auch mir selber) mitgegeben ist.

Mögliche Schwierigkeiten/weitere Hinweise

„Die Ärzte" ist eine der ältesten deutschen Punk-Bands. War die Band Anfang der 1990er-Jahre fast von der Bildfläche verschwunden, so feierte sie Ende der 1990er-Jahre ihr Comeback und landete 2004 mit dem Titel „Deine Schuld" wieder einen Hit. Der sozialkritische Text dieses Songs ist allerdings für die Band eher untypisch.

Social-Media/Internet

Auf Youtube findet sich der Film „Balance", der 1990 den Oscar in der Kategorie „Bester animierter Kurzfilm" erhielt. Der Film zeigt fünf Figuren, die auf einer schwebenden Plattform stehen und diese durch ihr eigenes Gewicht in perfekter Balance halten. Als eine geheimnisvolle, begehrenswerte Truhe auf die Plattform gezogen wird, werden Besitzgier, Egoismus und Neid in den Figuren wach. Das Gleichgewicht gerät immer mehr in Gefahr. Der Film entwirft ein Gegenbild zu 1 Kor 12. Er zeigt, was geschehen kann, wenn Menschen sich nicht in den Dienst des anderen stellen, sondern nur auf den Vorteil des Einzelnen bedacht sind. Ein anregender Film, der gut ergänzend in diesem Baustein eingesetzt werden kann.

Film: „Balance"

Verlauf der Einheit

Das kann ich!

Die Jugendlichen werden eingeladen, sich zu zweit zusammenzutun. Sie sollen sich gegenseitig mitteilen, was sie besonders gut können, welche Talente sie an sich entdecken, wo sie glauben, besondere Begabungen zu haben. Aufgabe ist es dann, den jeweils anderen mit einer Laudatio vorzustellen: Dass ist xy, xy ist besonders gut im Sport, er hat Humor und kann gut zuhören, ...
Die Großgruppe kann ggf. aus ihrer Sicht noch Dinge ergänzen.
Durch diese Übung soll deutlich werden, dass jeder in der Gruppe eigene Fähigkeiten und Begabungen besitzt. In einem auswertenden Gespräch sollte auch auf die Gefühlsebene abgehoben werden. Wie war es, vor den anderen gelobt zu werden und positive Zuschreibungen zu bekommen? Wo werden die Jugendlichen in ihrem Alltag gelobt?

Bibelgespräch

Der **Bibeltext 1 Kor 12,4ff** wird verteilt und vorgelesen. Ähnlich wie beim Bibel-Teilen äußern die Jugendlichen in einer ersten Runde, immer wieder durch Pausen unterbrochen, Worte oder Sätze, die sie besonders ansprechen. Anschließend findet zu folgenden Impulsen ein Gespräch statt:

- Was spricht dich an diesem Text besonders an, was stößt dich ab?
- Was ist für dich die Kernaussage des Texts?
- Kannst du einen Zusammenhang herstellen zwischen der Bibelstelle und der Übung, die wir zu Beginn gemacht haben?

„Deine Schuld"

Der Katechet weist die Jugendlichen daraufhin, dass in dem Bibeltext die Verantwortung des Einzelnen für ein gelingendes Zusammenleben und Miteinander angesprochen wird. Dieses Thema hat auch die Punk-Band „Die Ärzte" in ihrem Song **„Deine Schuld"** aufgegriffen. Die Gruppe hört sich den Song an. Dazu werden die Textblätter verteilt.

Anschließend findet eine Diskussion zu folgenden Themen statt:

- Das Lied geht davon aus, dass wir Menschen die Welt beeinflussen können. Stimmt das eigentlich?
- Im Schuldbekenntnis der Messe heißt es: „Ich bekenne, dass ich Gutes unterlassen und Böses getan habe." Kann man durch Nicht-Tun schuldig werden?
- Kennst du auch Situationen, in denen du das Gefühl hattest, schuldig zu werden, weil du selber nicht aktiv geworden bist?
- Wie gehst du damit um, wenn du das Gefühl hast, schuldig geworden oder deiner Verantwortung nicht gerecht geworden zu sein? Gibt es Menschen, mit denen du darüber reden kannst?
- Spielt Gott für dich bei dem Thema Schuld und Verantwortung eine Rolle?
- Die Kirche bietet das Sakrament der Buße und Versöhnung an. Menschen, die Schuld auf sich geladen haben, wird in der Beichte Gottes Segen zugesprochen, dass sie Mut und Kraft für einen Neubeginn bekommen.

Deine Schuld

Hast du dich heute schon geärgert? War es heute wieder schlimm?
Hast du dich wieder gefragt, warum kein Mensch was unternimmt?
Du musst nicht akzeptieren, was dir überhaupt nicht passt,
wenn du deinen Kopf nicht nur zum Tragen einer Mütze hast.

Es ist nicht deine Schuld, dass die Welt ist, wie sie ist.
Es wär nur deine Schuld, wenn sie so bleibt.

Trau keinem, der dir sagt, dass du nichts verändern kannst.
Die, die das behaupten, haben nur vor Veränderung Angst.
Es sind dieselben, die erklären, es sei gut so, wie es ist.
Und wenn du etwas ändern willst, dann bist du automatisch Terrorist.

Es ist nicht deine Schuld, dass die Welt ist, wie sie ist.
Es wär nur deine Schuld, wenn sie so bleibt.
Weil jeder, der die Welt nicht ändern will,
ihr Todesurteil unterschreibt.

Lass uns diskutieren, denn in unserm schönen Land
sind zumindest theoretisch alle furchtbar tolerant.
Worte wollen nichts bewegen, Worte tun niemandem weh.
Darum lass uns drüber reden! Diskussionen sind o.k.

Geh mal wieder auf die Straße, geh mal wieder demonstrieren!
Denn wer nicht mehr versucht zu kämpfen, kann nur verliern.
Die dich verarschen, die hast du selbst gewählt,
darum lass sie deine Stimme hören, weil jede Stimme zählt!

Es ist nicht deine Schuld, dass die Welt ist, wie sie ist.
Es wär nur deine Schuld, wenn sie so bleibt.

Die Ärzte

Der eine Geist und die vielen Gaben (1 Kor 12, 1-27)

Es gibt verschiedene Gnadengaben, aber nur den einen Geist. Es gibt verschiedene Dienste, aber nur den einen Herrn. Es gibt verschiedene Kräfte, die wirken, aber nur den einen Gott: Er bewirkt alles in allen. Jedem aber wird die Offenbarung des Geistes geschenkt, damit sie anderen nützt.

Dem einen wird vom Geist die Gabe geschenkt, Weisheit mitzuteilen, dem andern durch den gleichen Geist die Gabe, Erkenntnis zu vermitteln, dem Dritten im gleichen Geist Glaubenskraft, einem andern – immer in dem einen Geist – die Gabe, Krankheiten zu heilen, einem andern Wunderkräfte, einem andern prophetisches Reden, einem andern die Fähigkeit, die Geister zu unterscheiden, wieder einem andern verschiedene Arten von Zungenrede, einem andern schließlich die Gabe, sie zu deuten.

Das alles bewirkt ein und derselbe Geist; einem jeden teilt er seine besondere Gabe zu, wie er will.

Denn wie der Leib eine Einheit ist, doch viele Glieder hat, alle Glieder des Leibes aber, obgleich es viele sind, einen einzigen Leib bilden: So ist es auch mit Christus. Durch den einen Geist wurden wir in der Taufe alle in einen einzigen Leib aufgenommen, Juden und Griechen, Sklaven und Freie; und alle wurden wir mit dem einen Geist getränkt. Auch der Leib besteht nicht nur aus einem Glied, sondern aus vielen Gliedern. Wenn der Fuß sagt: Ich bin keine Hand, ich gehöre nicht zum Leib!, so gehört er doch zum Leib. Und wenn das Ohr sagt: Ich bin kein Auge, ich gehöre nicht zum Leib!, so gehört es doch zum Leib. Wenn der ganze Leib nur Auge wäre, wo bliebe dann das Gehör? Wenn er nur Gehör wäre, wo bliebe dann der Geruchssinn?

Nun aber hat Gott jedes einzelne Glied so in den Leib eingefügt, wie es seiner Absicht entsprach. Wären alle zusammen nur ein Glied, wo bliebe dann der Leib? So aber gibt es viele Glieder und doch nur einen Leib. Das Auge kann nicht zur Hand sagen: Ich bin nicht auf dich angewiesen. Der Kopf kann nicht zu den Füßen sagen: Ich brauche euch nicht. Im Gegenteil, gerade die schwächer scheinenden Glieder des Leibes sind unentbehrlich.

Denen, die wir für weniger edel ansehen, erweisen wir umso mehr Ehre und unseren weniger anständigen Gliedern begegnen wir mit mehr Anstand, während die anständigen das nicht nötig haben. Gott aber hat den Leib so zusammengefügt, dass er dem geringsten Glied mehr Ehre zukommen ließ, damit im Leib kein Zwiespalt entstehe, sondern alle Glieder einträchtig füreinander sorgen. Wenn darum ein Glied leidet, leiden alle Glieder mit; wenn ein Glied geehrt wird, freuen sich alle an deren mit ihm. Ihr aber seid der Leib Christi und jeder Einzelne ist ein Glied an ihm.

GOTT

Wegstrecke: Mein Gottesbild

bis zu 10 Personen
1 Stunde

- Papier mit Aufschrift „früher" - „heute"- „morgen"
- evtl. CD oder MP3-Soundfiles mit instrumentaler Musik und MP3- oder CD-Player
- Zettel mit Gottesbildern

Anlässe/Themen

- **Gottesbilder**
- **Veränderungen des Gottesbildes**

Charakter der Einheit

Reflexion – Gespräch

Chancen

- Die Jugendlichen erkennen, dass Gottesbilder nur gedankliche Annäherungen sind.
- Die Jugendlichen erkennen, dass sich die Gottesbilder im Lauf ihres Lebens verändern.
- Sie überlegen, mit welchem Gottesbild sie gerne durch das Leben gehen möchten.
- Die Jugendlichen lernen, sich über ihren Glauben an Gott auszutauschen.

Biblisch-theologischer Kontext

Gott ist anders, als Menschen ihn sich denken. Kein Mensch hat Gott je gesehen (1 Joh 4,12). Es ist wichtig, sich immer wieder neu seines eigenen Gottesbildes bewusst zu werden. Ein wichtiges Korrektiv für das eigene Gottesbild ist nach christlichem Verständnis die Bibel. In der Auseinandersetzung mit den biblischen Texten kann das persönliche Gottesbild reifen.

?! Mögliche Schwierigkeiten/weitere Hinweise

Die Einheit eignet sich gut an der Nahtstelle zwischen den Themenkomplexen „Identität" und „Gott".

Social-Media/Internet

Im Vorfeld der Wegstrecke lädt der Katechet im Gruppenchat zu einer Metaphermeditation ein. Die Jugendlichen posten ihre Gedanken zum Impuls „Gott ist für mich wie ..." Die einzelnen Posts können im Kontext dieser Wegstrecke nochmals gesammelt vorgelesen werden. Dazu sollte eine ruhige, meditative Atmosphäre hergestellt werden. Anschließend kann ein kurzer Austausch stattfinden:

- Welche Metapher hat mich besonders angesprochen?
- Welche fand ich schwierig?

Verlauf der Einheit

Gottesbilder

Der Katechet hat die **Karten mit den verschiedenen Gottesbildern** für jeden Jugendlichen kopiert und ausgeschnitten. Auf einem Zettel ist Platz für eine alternative, persönliche Beschreibung des eigenen Gottesbildes. Die Jugendlichen erhalten nun die acht kleinen Zettel und überlegen sich, woher ihnen die skizzierten Gottesbilder bekannt sind und in welchen Lebensphasen sie mit welchem Gottesbild konfrontiert wurden.
Während dieser Phase sollten die Jugendlichen schweigen. Im Hintergrund kann ruhige Musik gespielt werden.

Gott in meinem Leben

Der Katechet hat drei farbige Blätter im Format DIN A4 auf den Tisch gelegt. Auf ihnen steht jeweils ein Begriff: **„früher“ – „heute“ – „morgen“**. Der Katechet bittet die Jugendlichen, auf jedes Blatt einen Zettel zu legen, der etwas über das Gottesbild in der jeweiligen Lebensphase aussagt. Früher: Wie sah als Kind mein Gottesbild aus? Heute: Welches Gottesbild trifft heute am ehesten zu? Morgen: Mit welchem Gottesbild möchte ich durchs Leben gehen?

Gruppenregeln

Zum Abschluss der Einheit liest der Katechet ein Zitat des Künstlers Ernst Barlach (Bildhauer, Grafiker und Dichter, geb. 1870 in Wedel, gest. 1938 in Rostock) vor, der sich mit sakraler Kunst im 20. Jahrhundert einen Namen gemacht hat. Barlach sagte:

„Ich habe keinen Gott, aber er sei gepriesen, dass es so ist. Ich habe keinen Gott, aber Gott hat mich.“

Gemeinsam mit den Jugendlichen überlegt der Katechet, was Barlach mit dieser Aussage gemeint haben könnte. Wenn die Jugendlichen gerne singen, kann die Einheit im Anschluss an diese Gesprächsrunde mit dem Kanon „Ich will dir danken“ ausklingen.

© Dietrich Dorenbeck

Gottesbilder

Der alte Opa
Gott muss „von gestern“ sein, denn von ihm wird hauptsächlich in der Vergangenheit gesprochen: Am Anfang hat er die Welt erschaffen. Er hat mit Abraham, Mose und vielen anderen Menschen gesprochen. Früher haben die Menschen noch an ihn geglaubt und zu ihm gebetet. Heute lässt er sich aber nur noch selten blicken.

Der anstrengende Begleiter
Ach, der schon wieder. Manchmal ist er richtig lästig. Denn am Sonntag will er, dass die Menschen in die Kirche gehen. Wenn das Essen in der Schüssel dampft, muss er noch sein Tischgebet vorgesetzt bekommen. Und wenn die Augen abends zufallen, hat er noch das Recht auf sein Abendgebet. Die vielen religiösen Bilder bei uns zu Hause haben wohl auch etwas mit ihm zu tun.

Der große Zampano
Gott kann alles. Er ist der große Alleskönner. Am Anfang hat er die Erde erschaffen. Als es ihm zu bunt wurde, hat er die Erde mit einer Sintflut in eine große Pfütze verwandelt. Und später ließ er noch so manches Mal die Puppen tanzen. Auch die Menschen sind nur Gottes Marionetten. Er bewegt sie nach Lust und Laune. Und manchmal gelingt es den Menschen, dem großen Meister vorzuschreiben, an welchen Fäden er gerade ziehen soll.

Der gute Freund
Ich bin nie ganz einsam und allein. Ich weiß, dass es da einen gibt, der bei mir ist. Ganz egal, ob mir nach Lachen oder Weinen zumute ist. Manchmal habe ich das Gefühl, ich könnte mich bei ihm ankuscheln. Manchmal bin ich auf ihn auch sauer, weil alles nicht so läuft, wie ich es mir vorstelle. Aber das nimmt er mir nicht richtig übel. Ich bin froh, dass es ihn gibt.

Der himmlische Buchhalter
O Gott, der sieht ja alles und vergisst nichts. Also, aufgepasst. Gott residiert über allem und notiert fein säuberlich die Bewegungen der Menschen auf Schritt und Tritt. Jede falsche Bewegung kann fatale Folgen haben. Denn genauso, wie gutes Verhalten eines Tages belohnt wird, gibt es für die bösen Taten die gerechte Strafe. Schade, dass man noch nicht mal „zwischendurch“ unbemerkt sündigen kann.

Das große Fragezeichen
Verstehen kann ich ihn ja nicht. Ich finde, er müsste manches anders machen. Warum lässt er denn zu, dass schon kleine Kinder sterben müssen? Und dass es immer neue Kriege auf der Erde gibt? Gegen die Umweltzerstörung scheint er auch nichts zu tun. Manchmal frage ich mich, ob Gott so blind sein kann und ob es ihn wirklich gibt.

Der nützliche Helfer
Gott ist so eine Art Serviceadresse. Wenn es in der Schule hapert – Gott wird schon helfen. Wenn das Wetter beim Gartenfest mitspielen soll – Gott macht das schon (vielleicht in Kooperation mit Petrus, dem himmlischen Sonnenmacher). Wenn die Sache mit der Liebe nicht so klappen will – Gott wird's schon richten. Wenn die Lieblingsmannschaft nicht absteigen soll – mit ein bisschen Bitten, Betteln und Flehen wird er schon ein Einsehen haben.

Mein Gottesbild:

____

____

____

____

____

Wegstrecke: Sehnsucht in dir

Anlässe/Themen
- **Gott**
- **Sehnsucht**
- **Religiöse Texte in moderner Pop- und Rockmusik**
- **Gebet in Notsituationen**

bis zu 10 Personen
1,5–2 Stunden

- MP3-/CD-Player oder Laptop mit Beamer und Boxen
- Stifte, Papier
- Song „Ich bin die Sehnsucht in dir" von den Toten Hosen
- Liedtext „Ich bin die Sehnsucht in dir"
- Kopien der Zitatkärtchen

Charakter der Einheit

Gespräch – Selbsterfahrung – Reflexion

Chancen

- Die Jugendlichen spüren ihrer Sehnsucht nach und bringen sie in Verbindung mit ihrem Glauben.
- Die Jugendlichen reflektieren ihre eigene Glaubensgeschichte.
- Die Jugendlichen werden ermutigt, ihre eigene Gottesbeziehung zu reflektieren und auszubauen.

Biblisch-theologischer Kontext

Der Gott, der uns in den biblischen Texten begegnet, ist ein menschenfreundlicher Gott, der gerade auch dann Menschen nahe ist, wenn sie sich ängstigen oder wenn sie sich in einer Notsituation befinden.
Dies belegen auch die Zitate, die in dieser Wegstrecke verwendet werden (siehe Kopiervorlage).

Mögliche Schwierigkeiten/weitere Hinweise

Die Jugendlichen werden ihre Sehnsüchte nicht direkt mit ihrem Glauben bzw. der Gottesfrage in Verbindung bringen. Wichtig ist, dass der Katechet die Jugendlichen ermutigt, eigene Sehnsüchte in ihrem Alltag zu entdecken und zur Sprache zu bringen.

Social-Media/Internet

Die App „Gott offen" bietet für unterschiedliche Situationen Gebete und Impulstexte an. Immer wieder kann diese App auch in den unterschiedlichen Wegstrecken Verwendung finden, wenn es darum geht, ein Gebet zu sprechen. So kann z. B. statt des Impulstextes „Gott ganz leise" am Ende dieser Wegstrecke auf den Text „Jedes Jahr die Sehnsucht" in der App zurückgegriffen werden (zu finden über Gebete, Lebensgebete, Gebet in Gemeinschaft, Advent). Eine Einbindung einer solchen App ist auch deshalb sinnvoll, weil Jugendliche auf diese Art und Weise darauf hinweisen werden, dass es inzwischen auch einige „christliche" Apps gibt, die dabei unterstützen, den eigenen Glauben zu leben.

App: „Gott offen" für iOS

App: „Gott offen" für Android

Verlauf der Einheit

Ich bin die Sehnsucht in dir

Das Lied „Ich bin die Sehnsucht in dir“ kann als Hintergrundmusik gespielt werden, während die Jugendlichen ankommen. Zu Beginn der Arbeitsphase spielt der Katechet das Lied zunächst noch einmal und bittet die Jugendlichen, beim Zuhören bewusst auf den Text des Liedes zu achten. Er fragt sie, wie ihnen das Lied gefällt und was ihnen beim Hören aufgefallen ist. Anschließend teilt er **Kopien mit dem Liedtext** aus, den die Jugendlichen verfolgen können, während sie das Lied ein drittes Mal hören.

Gespräch

Der Katechet hat Fragen auf Zettel geschrieben. Die Jugendlichen ziehen reihum einen der Zettel, lesen die Frage laut vor und beantworten sie.

- Wovon handelt der Liedtext?
- Wie charakterisiert der Sänger seine Sehnsucht?
- Welche Sehnsüchte prägen dein Leben?
- Was haben die Sehnsüchte der Menschen mit Religion zu tun?
- Gibt es in deinem Leben eine Sehnsucht nach Gott?
- Wann spürst du diese Sehnsucht nach Gott?
- Wie würdest du das Gefühl deiner Sehnsucht beschreiben?

Nachdem eine Frage von einem Jugendlichen beantwortet wurde, dürfen die anderen Gruppenmitglieder ergänzende, bestätigende oder widersprüchliche Aussagen hinzufügen. Wichtig ist, dass die Aussage des Liedtextes in dieser Phase auch kritisch hinterfragt werden darf.

Gottesbeziehungen

Die Sehnsucht nach Gott ist bei Jugendlichen mit spezifischen Gottesbeziehungen verbunden. Der Katechet hat mehrfach das **Blatt mit den biblischen Zitaten** kopiert, die etwas über verschiedene Gottesbeziehungen aussagen. Sinnvoll ist, dass von jedem Statement mehrere Exemplare vorliegen, wenn die ausgeschnittenen Zitate auf dem Tisch verteilt werden. Der Katechet bittet die Jugendlichen, sich die Aussagen in Ruhe durchzulesen und jeweils eine auszusuchen, die ihnen persönlich zusagt. Während dieser Phase sollte es möglichst ruhig sein, es darf nicht gesprochen werden. Evtl. kann im Hintergrund eine ruhige Musik gespielt werden. Im anschließenden Gespräch stellen die Jugendlichen das von ihnen gewählte Zitat vor und begründen, was sie an diesem Statement angesprochen hat. Die Jugendlichen können Vermutungen äußern, in welcher Situation das Zitat entstanden sein könnte.

Partnergespräch

Der Katechet erinnert an das zu Anfang gehörte Lied und legt in die Mitte ein Plakat, das die Überschrift **„Gott meiner Sehnsucht“** trägt. Die Jugendlichen überlegen gemeinsam, wie sie den Gott ihrer Sehnsucht beschreiben würden. Sie halten ihre Gedanken auf dem Plakat fest. Dann gehen sie paarweise zusammen und tauschen sich darüber aus, was sie sich von Gott erhoffen und wie sie mit ihrer Sehnsucht nach Gott umgehen. Die Ergebnisse können abschließend in der Gruppe vorgestellt werden.

Gott ganz leise

Der Katechet liest das Gebet **Gott ganz leise** vor und schließt diese Werkstrecke ab.

Ich bin die Sehnsucht in dir

Wir kennen uns ein Leben lang
Ich hab dich schon als Kind umarmt
Ich hab mit dir die Jahre gezählt
Mit deinen Träumen habe ich gespielt

Ich hab dir deine Wege gesucht
Ich bin dein Glück und ich bin dein Fluch
Hab dir fast den Verstand geraubt
Du hast trotzdem an mich geglaubt

Ich bin die Sehnsucht in dir
Ich bin die Sehnsucht in dir
Ich bin die Sehnsucht

Immer wenn ich bei dir war
Hast du alles nur für mich getan
Ich hab dich in die Irre geführt
Meine Versprechen waren so oft leer

Wegen mir hast du vor Wut geweint
Wegen mir hast du dich selbst zum Feind
Es ist meine Schuld du kannst nichts dafür
Ich bin die Hoffnung und du stirbst mit mir

Ich bin die Sehnsucht in dir
Ich bin die Sehnsucht in dir
Ich bin die Sehnsucht – Sehnsucht – Sehnsucht

Ich bin die Sehnsucht in dir
Ich bin die Sehnsucht in dir
Ich bin die Sehnsucht in dir
Ich bin die Sehnsucht in dir (und du stirbst mit mir)
Ich bin die Sehnsucht in dir (und du stirbst mit mir)
Ich bin die Sehnsucht in dir

Ich hab die Welt um dich gedreht
Stehl dir die Zeit bin dein Tagedieb
War oft genug dein Alibi
Was auch passiert ich verlass dich nie

Die Toten Hosen

Gottesbilder

Da antwortete Gott dem Mose: Ich bin der „Ich bin da“.
Ex 3,14

Gott ist die Liebe.
1 Joh 4,16

Wie eine Mutter ihren Sohn tröstet, so tröste ich euch.
Jes 66,13

So sollt ihr beten: Unser Vater im Himmel,
dein Name werde geheiligt.
Mt 6,9

Kann denn eine Frau ihr Kind vergessen,
eine Mutter ihren leiblichen Sohn?
Und selbst wenn sie ihn vergessen würde:
Ich vergesse dich nicht.
Jes 49,15

Wenn mich auch Vater und Mutter verlassen,
der Herr nimmt mich auf.
Ps 27,10

Der Herr ist mein Hirte, nichts wird mir fehlen.
Ps 23,1

Mein Gott macht meine Finsternis hell.
Ps 18,29

Der Herr ist mein Licht und mein Heil.
Vor wem sollte ich mich fürchten?
Ps 27,1

Und doch bist du, Herr, unser Vater.
Wir sind der Ton und du bist unser Töpfer,
wir alle sind das Werk deiner Hände.
Jes 64,7

Denn ich bin der Herr, dein Arzt.
Ex 15,26

Gott ganz leise

Gott
Sehnsucht tief in mir
Fragezeichen meines Lebens
Geheimnis meiner Fragen
Leere meines Verstehens
Schweigen wenn ich dich brauche
Hoffnung wenn alles zerbricht
Stimme tief in mir
Ganz leise
Du

kv

Wegstrecke: God is a DJ

Anlässe/Themen
- **Umgang mit Leid**
- **Gotteserfahrung**

bis zu 20 Personen
1–1,5 Stunden

- Laptop (möglichst mit Beamer und Boxen)
- Film: „Spin – God is a DJ"
- Video vom Papst: Christlicher Einsatz, Dienst an der Menschheit – Januar 2017
- Kopien des Bibeltextes: Psalm 139

Charakter der Einheit
Bibel-Teilen – Filmgespräch

Chancen
- Die Jugendlichen entdecken die Lebensrelevanz von biblischen Texten.
- Die Jugendlichen werden sich der Einmaligkeit ihres Lebens bewusst.

Biblisch-theologischer Kontext
Das christliche Zeitverständnis geht davon aus, dass Zeit einmalig ist. Jeder Moment kann zum Kairos, zum Moment der Gottesbegegnung werden. Chancen und Möglichkeiten können also vertan werden. Hieraus erwächst Verantwortung für jeden Menschen. Die Theodizee-Frage – also die Frage, warum Gott Leid zulässt – bleibt letztendlich auch aus christlicher Perspektive unbeantwortbar. Auch der Katechet darf hier als Suchender und Fragender authentisch bleiben. Die christliche Antwort auf Leid heißt Mitleid, also barmherzige und solidarische Nähe zu denen, die leiden.

Mögliche Schwierigkeiten/weitere Hinweise
Der achtminütige Kurzfilm „Spin – God is a DJ" zeigt, wie ein DJ vom Himmel fällt. Mithilfe seiner Plattenteller ist er in der Lage, in den Ablauf der Dinge einzugreifen. Ein schwerer Unfall? Kein Problem. Der DJ macht das Geschehen rückgängig und gibt dem Ball, der den Unfall verursacht hat, einen anderen Drive. Doch ganz so einfach ist es nicht: die veränderte Bahn des Balls ruft eine neue Katastrophe hervor. Erst nach einer Reihe von Versuchen hat er die Situation im Griff und den Unfall verhindert. Doch dann fällt einem kleinen Mädchen die Puppe aus der Hand und zerbricht. Soll er erneut eingreifen? „Spin" ist ein Kurzspielfilm, der mitdenkende Aufmerksamkeit und die Fähigkeit, die ironische Dimension zu erkennen, die für seine Aussage nicht unwesentlich ist, verlangt. (Diese und weitere Hinweise sind der Arbeitshilfe des Katholischen Filmwerks „SPIN oder wenn Gott ein DJ wäre" entnommen, vgl. http://www.materialserver.filmwerk.de/arbeitshilfen/spin_ah.pdf).

Social-Media/Internet
Das Projekt „Videos vom Papst" ist eine Idee, die von La Machi entwickelt wurde, ein Kommunikationsberater, spezialisiert auf gute Zwecke in religiösen Werten und in Sorgfalt für die Schöpfung. Weitere „Videos vom Papst" finden sich hier:

„Videos vom Papst"

Verlauf der Einheit

Ich glaube an Gott, den Allmächtigen

Der Katechet legt eine Kopie des Satzes **„Ich glaube an Gott, den Vater, den Allmächtigen, den Schöpfer des Himmels und der Erde“** aus dem Glaubensbekenntnis in die Mitte. Er verdeutlicht, dass viele Menschen Gott immer wieder als den erleben, der sie in ihrem Leben begleitet, bei dem sie sich geborgen fühlen. Trotz allem, was in dieser Welt geschieht, fühlen sie sich bei Gott geborgen. Im Psalm 139 kommt dies besonders deutlich zur Sprache.

Psalm 139

Der Katechet teilt den **Text des Psalms** aus. Der Psalm wird Vers für Vers reihum im Kreis gelesen.
Die Jugendlichen werden eingeladen, in Stille ein Wort, einen Satzteil auszusuchen, der sie besonders anspricht. Anschließend sprechen die Jugendlichen nacheinander ihr Wort (ihren Satzteil) dreimal hintereinander aus. Nach einer kurzen Stille tauschen sich die Jugendlichen im Plenum darüber aus, warum sie gerade dieses Wort (diesen Satzteil) ausgewählt haben. Ist die Gruppe zu groß, kann dieser Schritt auch in Dreier-Gruppen durchgeführt werden. Im Plenum wird dann aus jeder Gruppe nochmal kurz berichtet, was thematischer Schwerpunkt der Gruppenarbeit war.

Spin – God is a DJ

Der Katechet leitet über zu dem Kurzfilm **„Spin – God is a DJ“**. Er erläutert, dass es auch die Erfahrung gibt, dass Gott scheinbar nicht allmächtig ist, dass Leidvolles geschieht, dass Menschen die Welt nicht als heil und gut erleben. Er weist darauf hin, dass der folgende Film sich mit der Frage von Gottes Allmacht auseinandersetzt.

Die Jugendlichen schauen sich gemeinsam den Film „Spin – God is a DJ“ an.

Anschließend tauschen sie sich über ihre Wahrnehmung aus. Der Film ist so anregend, dass ein Gespräch fast von alleine in Gang kommt. Ggf. können aber folgende Impulsfragen hilfreich sein:

- Was gefällt mir an dem Film?
- Was finde ich merkwürdig?
- Wer ist dieser DJ? Ist es ein Gesandter des Himmels? Steht er für den Menschen und seine technische Macht?
- Welche Botschaft will der Film vermitteln?

Es bietet sich an, den Film nach einer ersten Austauschphase nochmals anzuschauen. Die Jugendlichen werden ihn dann noch aufmerksamer verfolgen können und zu einem tieferen Verständnis des Filmes gelangen.

Im weiteren Verlauf des Gespräches fokussiert der Katechet das Gespräch auf folgende Thematik hin: Der Film legt die Frage nach dem Verhältnis von Gott und Welt nahe.

- Gott hat die Welt geschaffen, aber ganz gelungen ist sie offenbar nicht. Er kann (und müsste eigentlich) eingreifen und alles wieder richten. Oder kann er es gar nicht?
- Wenn man annimmt, die Welt ruhe tatsächlich in Gottes Hand, was bedeutet dann die heillose Unvollkommenheit der Realität?
- Hätte Gott sie nicht auch so schaffen können, dass korrigierende Eingriffe gar nicht nötig wären?
- Warum greift Gott nicht mehr in unsere Welt ein? Warum verhindert Gott kein Unheil?

Dienst an der Menschheit

Zum Abschluss schauen sich die Jugendlichen das Video vom Papst **„Dienst an der Menschheit“** an. In diesem Video ermutigt der Papst alle Menschen dazu, sich in den Dienst nehmen zu lassen, um diese Welt für alle Menschen lebenswert werden zu lassen. Der Katechet weist darauf hin, dass es der Mithilfe liebender Menschen braucht, damit Menschen die Geborgenheit und das Gottvertrauen erleben können, von denen der Psalm 139 spricht. Dieses Video schließt als Gebet diese Wegstrecke.

Ich glaube an Gott,
den Vater,
den Allmächtigen,
den Schöpfer des Himmels und der Erde

Psalm 139

HERR, du hast mich erforscht und kennst mich.

Ob ich sitze oder stehe, du kennst es.
Du durchschaust meine Gedanken von fern.

Ob ich gehe oder ruhe, du hast es gemessen.
Du bist vertraut mit all meinen Wegen.

Ja, noch nicht ist das Wort auf meiner Zunge,
siehe, HERR, da hast du es schon völlig erkannt.

Von hinten und von vorn hast du mich umschlossen,
hast auf mich deine Hand gelegt.

Zu wunderbar ist für mich dieses Wissen,
zu hoch, ich kann es nicht begreifen.

Wohin kann ich gehen vor deinem Geist,
wohin vor deinem Angesicht fliehen?

Wenn ich hinaufstiege zum Himmel – dort bist du;
wenn ich mich lagerte in der Unterwelt – siehe, da bist du.

Nähme ich die Flügel des Morgenrots,
ließe ich mich nieder am Ende des Meeres,
auch dort würde deine Hand mich leiten
und deine Rechte mich ergreifen.

Würde ich sagen: Finsternis soll mich verschlingen
und das Licht um mich soll Nacht sein!
Auch die Finsternis ist nicht finster vor dir,
die Nacht leuchtet wie der Tag,
wie das Licht wird die Finsternis.

Du selbst hast mein Innerstes geschaffen,
hast mich gewoben im Schoß meiner Mutter.

Ich danke dir, dass ich so staunenswert und wunderbar gestaltet bin.
Ich weiß es genau: Wunderbar sind deine Werke.

Dir waren meine Glieder nicht verborgen,
als ich gemacht wurde im Verborgenen,
gewirkt in den Tiefen der Erde.

Als ich noch gestaltlos war,
sahen mich bereits deine Augen.

In deinem Buch sind sie alle verzeichnet: die Tage,
die schon geformt waren, als noch keiner von ihnen da war.

Wie kostbar sind mir deine Gedanken, Gott!
Wie gewaltig ist ihre Summe!

Wollte ich sie zählen, sie sind zahlreicher als der Sand.
Ich erwache und noch immer bin ich bei dir.

Wolltest du, Gott, doch den Frevler töten!
Ihr blutgierigen Menschen, weicht von mir!

Sie nennen dich in böser Absicht,
deine Feinde missbrauchen deinen Namen.

Sollen mir nicht verhasst sein, HERR, die dich hassen,
soll ich die nicht verabscheuen, die sich gegen dich erheben?

Ganz und gar sind sie mir verhasst,
auch mir wurden sie zu Feinden.

Erforsche mich, Gott, und erkenne mein Herz,
prüfe mich und erkenne meine Gedanken!

Sieh doch, ob ich auf dem Weg der Götzen bin,
leite mich auf dem Weg der Ewigkeit!

Wegstrecke: Gottesspuren

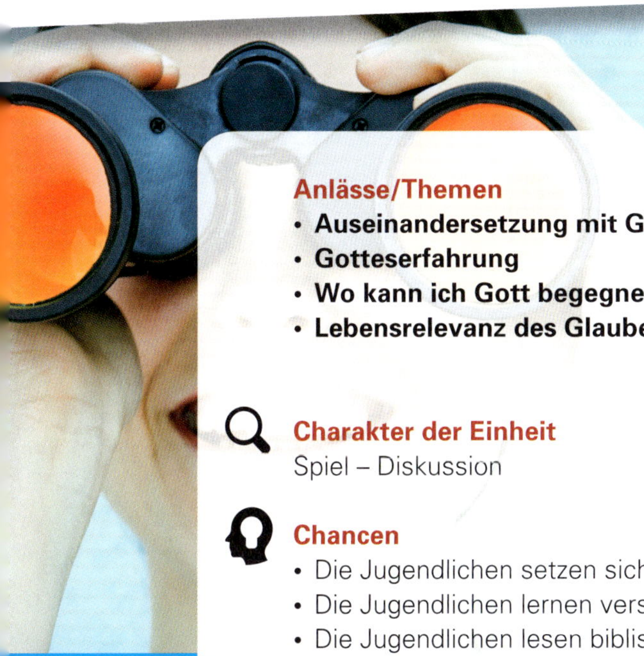

bis zu 8 Personen
1 Stunde

- Spielfiguren
- Würfel
- Bibel für alle Jugendlichen
- Spielkarten
- Spielfeld

Anlässe/Themen

- **Auseinandersetzung mit Gottesfrage**
- **Gotteserfahrung**
- **Wo kann ich Gott begegnen**
- **Lebensrelevanz des Glaubens**

Charakter der Einheit

Spiel – Diskussion

Chancen

- Die Jugendlichen setzen sich spielerisch mit der Gottesfrage auseinander.
- Die Jugendlichen lernen verschiedene Standpunkte kennen.
- Die Jugendlichen lesen biblische Aussagen über Gott.
- Die Jugendlichen reflektieren und formulieren eigene Erfahrungen mit Gott.

Biblisch-theologischer Kontext

„Seid stets bereit, jedem Rede und Antwort zu stehen, der nach der Hoffnung fragt, die euch erfüllt" (1 Petr. 3,15).

?! Mögliche Schwierigkeiten/weitere Hinweise

Die Fragen und Statements werden schnell spannende Diskussionen entstehen lassen. Genau diese Diskussion ist gewollt. Viele Jugendliche finden nur schwer einen Zugang zur Bibel, weil sie die Texte als langweilig und wenig relevant für ihr Leben ansehen.

Social-Media/Internet

Das Thema „Spuren Gottes" lässt sich mit einem kleinen Projekt vertiefen. Die Jugendlichen fotografieren in ihrem Umfeld (Schule, Zuhause, Gemeinde, Natur …) Motive, die für sie „Spuren Gottes" darstellen. Darüber kommen sie ins Gespräch und erstellen mit den Fotos eine Präsentation. Diese Präsentation kann dann z. B. in einem Gottesdienst, untermalt durch meditative Musik, als meditatives Element verwendet werden.

Verlauf der Einheit

Spielvorbereitung

Der Katechet hat die **Spielkarten-Blätter** mit Fragen nach biblischen Antworten, Fragen nach den Antworten von berühmten Persönlichkeiten sowie persönlichen Fragen an die Jugendlichen auf verschiedenfarbiges Papier (ideal ist ein 150 g-Papier) kopiert und ausgeschnitten.
Der Spielplan wird vergrößert und anschließend auf Tonpapier (Format DIN A3) kopiert.

Spielregeln

Jeder Teilnehmer erhält eine Spielfigur. Sollten nicht genügend verschiedenfarbige Figuren zur Verfügung stehen, so müssen die Figuren durch einen aufgeklebten Farbpunkt zusätzlich gekennzeichnet werden. Zu Beginn des Spiels stehen alle Spielfiguren auf dem Startfeld.
Ziel des Spiels ist es, mit seiner Figur möglichst schnell auf dem Feld „Champion" anzukommen.

Auf das mit dem Pfeil markierten Feld auf der Kreisbahn wird ein weiterer Spielstein (der sich deutlich von den Spielfiguren unterscheidet) gestellt. Reihum dürfen alle Spieler nun würfeln. Analog zur gewürfelten Zahl wird der Spielstein auf der Kreisbahn bewegt.

Kommt er auf ein Feld mit , so zieht er eine entsprechend gekennzeichnete Fragekarte und liest sie laut vor. Wenn er diese Frage ehrlich beantwortet, darf er mit seiner Spielfigur ein Feld vorrücken.

Bei einem nimmt der linke Mitspieler des Spielers eine entsprechend gekennzeichnete Karte und liest die Frage laut vor. Nun muss der Spieler raten, von wem das vorgelesene Zitat stammt. Ist seine Antwort richtig, so darf er mit seiner Spielfigur ein Feld vorrücken.

Landet er auf einem , zieht er selbst eine entsprechend gekennzeichnete Karte, auf der ein Bibeltext angegeben ist. Er liest die Angabe der Textstelle laut vor. Die Mitspieler müssen nun versuchen, möglichst schnell die angegebene Textstelle zu finden. Wer zuerst den gefragten Vers vorlesen kann, darf seine Spielfigur ein Feld vorrücken.

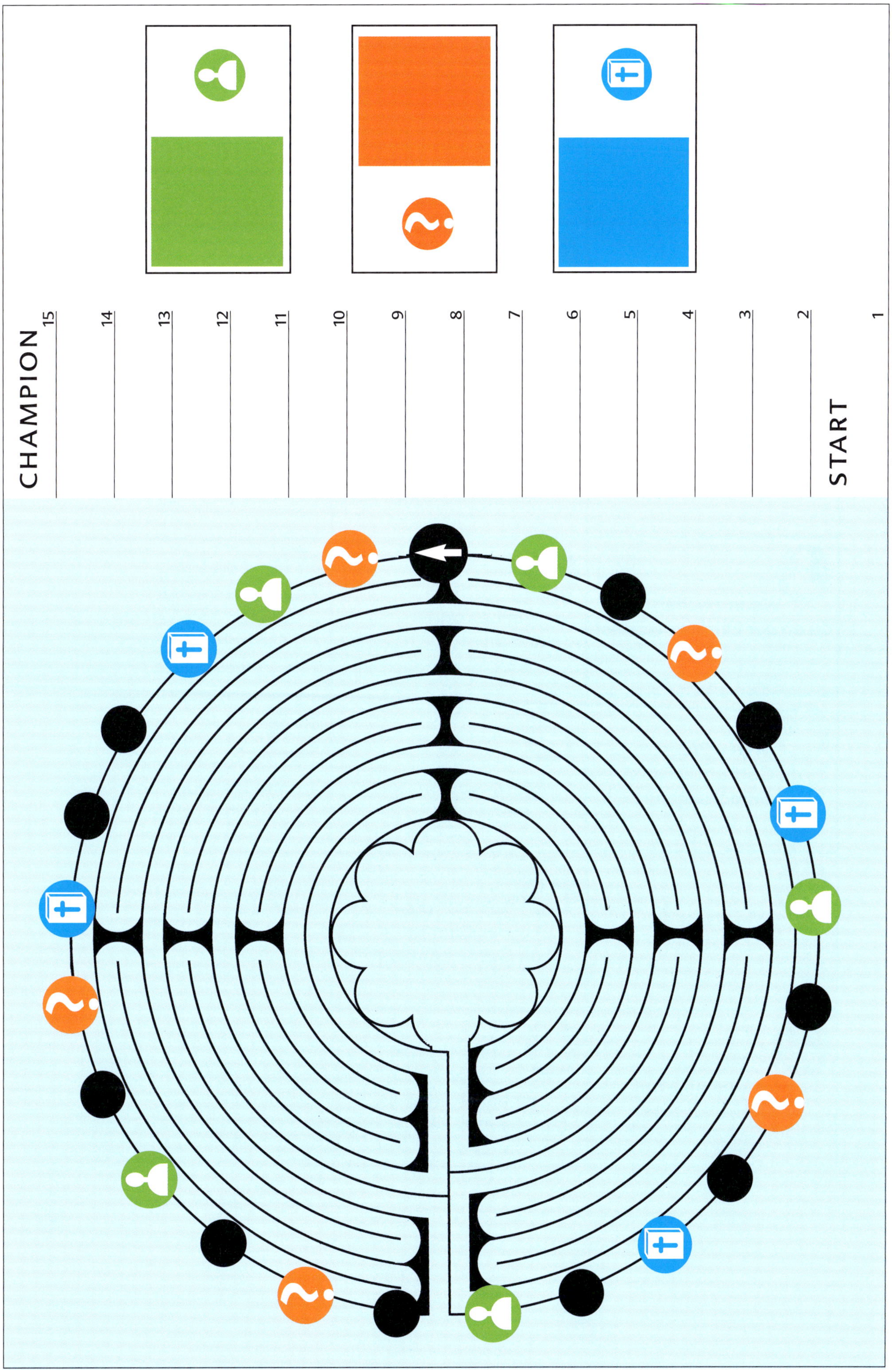
CHAMPION
15
14
13
12
11
10
9
8
7
6
5
4
3
2
1
START

Glaubst du an Gott?	Interessiert dich, ob es einen Gott gibt?	Hast du manchmal Angst vor Gott?
Wann hast du zuletzt gebetet?	Wann fühlst du dich Gott besonders nahe?	Wann fühlst du dich von Gott im Stich gelassen?
Wann spürst du, dass es Gott gibt?	Ist es für dich wichtig, ob dein/e Freund/in an Gott glaubt?	In welchen Situationen zweifelst du an der Existenz Gottes?
Wann zweifelst du an der Existenz Gottes?	Was wäre in deinem Leben anders, wenn du nicht an Gott glauben würdest?	Welche Person hat deinen Glauben an Gott am stärksten beeinflusst?
Was würdest du Gott am liebsten einmal sagen?	Inwiefern beeinflusst der Glaube an Gott dein Verhalten?	Sprichst du mit Freundinnen und Freunden über deinen Glauben?
Wie stellst du dir Gott vor?	Wo hilft dir der Glaube an Gott im Leben?	Mit welchem Bild würdest du Gott beschreiben?
Wessen Gottesglaube hat dich beeindruckt?	Glaubst du, dass es einen strafenden Gott gibt?	

Genesis 1,1	Psalm 14,1	Johannes 1,18
Genesis 17,1	Psalm 25,5	Apostelgeschichte 5,29
Exodus 20,2	Psalm 46,2	Römerbrief 3,30
Numeri 26,12	Psalm 90,2	1. Korintherbrief 1,9
Hiob 33,12	Jesaja 12,2	2. Korintherbrief 5,19
Deuteronomium 6,5	Matthäus 19,26	1. Johannesbrief 4,8
Deuteronomium 32,3	Lukas 2,14	

Wer sollte nicht durch die Beobachtung und den sinnenden Umgang mit der von der göttlichen Weisheit geleiteten herrlichen Ordnung des Weltgebäudes zur Bewunderung des allwirkenden Baumeisters geführt werden!

➞ *Nikolaus Kopernikus, deutscher Astronom*
Hermann Gemeiner, Gründer der SOS-Kinderdörfer

Die Theologen bewahren die einzige Wahrheit, die tiefer reicht als die Rationalität der Neuzeit. Der Augenblick kommt unweigerlich immer wieder, in dem man, wenn das Planen scheitert, nach dieser Wahrheit fragt und fragen wird.

Karl Friedrich Gauß, deutscher Mathematiker
➞ *Carl Friedrich von Weizsäcker, deutscher Physiker und Philosoph*

Astronomie treiben heißt die Gedanken Gottes nachlesen.

Ulf Merbold, erster Deutscher im All
➞ *Johannes Kepler, deutscher Mathematiker und Astronom*

Wer immer weiß, zu welchem Gott er betet, wird nie erhört.

Erich Kästner, deutscher Schriftsteller
➞ *Erich Fried, deutschsprachiger Schriftsteller*

Die wunderbare Einrichtung und Harmonie des Weltalls kann nur nach dem Plane eines allwissenden und allmächtigen Wesens zustande gekommen sein. Das ist und bleibt meine letzte und höchste Erkenntnis.

Wernher von Braun, deutscher Raketenkonstrukteur
➞ *Isaak Newton, englischer Mathematiker*

Gott hat offenbar die einfachen Menschen geliebt, denn er hat so viele davon erschaffen.

Franz von Assisi, Ordensgründer
➞ *Abraham Lincoln, amerikanischer Präsident*

Ich habe niemals die Existenz Gottes verneint. Ich glaube, dass die Entwicklungstheorie absolut versöhnlich ist mit dem Glauben an Gott. - Die Unmöglichkeit des Beweisens und Begreifens, dass das großartige, über alle Maßen herrliche Weltall ebenso wie der Mensch zufällig geworden ist, scheint mir das Hauptargument für die Existenz Gottes.

➞ *Charles Darwin, englischer Biologe*
Charles Dickens, englischer Schriftsteller

Gott ist ein glühender Backofen voll Liebe.

➞ *Martin Luther, Reformator*
Johannes vom Kreuz, deutscher Mystiker

Jedem tiefen Naturforscher muss eine Art religiösen Gefühls naheliegen, weil er sich nicht vorzustellen vermag, dass die ungemein feinen Zusammenhänge, die er erschaut, von ihm zum ersten Mal gedacht werden. Im unbegreiflichen Weltall offenbart sich eine grenzenlos überlegene Vernunft.

➞ *Albert Einstein, Begründer der Relativitätstheorie*
Galileo Galilei, italienischer Mathematiker und Astronom

Der Mensch kann nicht leben ohne ein dauerndes Vertrauen zu etwas Unzerstörbaren in sich, wobei sowohl das Unzerstörbare als auch das Vertrauen ihm dauernd verborgen bleiben können. Eine der Ausdrucksmöglichkeiten dieses Verborgenbleibens ist der Glaube an einen persönlichen Gott.

Franz Beckenbauer, Fußballspieler und Funktionär
➞ *Franz Kafka, deutscher Schriftsteller*

Der erste Trunk aus dem Becher der Naturwissenschaft macht atheistisch; aber auf dem Grund des Bechers wartet Gott.

Kardinal Joachim Meisner, Erzbischof von Köln
➞ *Werner Heisenberg, Physiker und Nobelpreisträger*

Wenn es keinen Gott gibt, ist mir alles erlaubt.

➞ *Fjodor Dostojewski, russischer Schriftsteller*
Ernst Bloch, deutscher Philosoph

Das Gescheiteste, was ich von einem Gott je gehört habe, ist: Er geht in Menschengestalt verkleidet umher.

Ludwig Erhardt, deutscher Politiker
→ *Ludwig Hohl, deutscher Schriftsteller*

Du musst Gott vertrauen können -
Gott hilft dir.
Du musst seinem Wort und ihm folgen können -
dann wirst du nie alleine sein.

Dieter Bohlen, Komponist und Sänger
→ *Dieter Thomas Heck, Fernsehmoderator*

Wer Glaube an Gott sät,
wird früher oder später doppelt und dreifach ernten.

→ *Toni Polster, österreichischer Fußballnationalspieler*
Heinz Rühmann, deutscher Schauspieler

Der Christ weiß, dass Gott größer ist als die Mächte dieser Welt. Diese Einsicht macht frei. Sie bewahrt vor der Illusion, selbst letztgültige Antworten auf alle Lebensfragen geben zu können.

Michael Schumacher, Rennfahrer
→ *Hans-Dietrich Genscher, ehemaliger Bundesaußenminister*

Jeder hat ein Bild vom lieben Gott. Doch wahrscheinlich kann der liebe Gott gar nicht so sein, wie wir alle ihn uns vorstellen. Gott ist die versammelte Großzügigkeit und Menschenliebe.

Peter Hahne, Fernsehmoderator
→ *Hanns Dieter Hüsch, deutscher Kabarettist*

Bei Gott sitzen Sie in der ersten Reihe.

→ *Peter Hahne, Fernsehmoderator*
Novalis, Dichter

Wer von Gottes Liebe erfährt und sie annimmt, empfindet und lebt das als Befreiung, nicht als neue Knechtschaft. Er kann helfen, den Gesetzen des Hasses zu entkommen und seiner Umgebung, dieser Welt etwas von dem zu vermitteln, was sie mehr braucht als alles andere: Liebe.

→ *Johannes Rau, ehemaliger Bundespräsident*
Roman Herzog, ehemaliger Bundespräsident

Gott ist überall, sogar am Broadway. Seine Stimme hören wir aber nur in der Stille.

→ *Ernesto Cardenal, nicaraguanischer Schriftsteller*
John F. Kennedy, ehemaliger amerikanischer Präsident

Der Glaube an das Wort Gottes führt uns durch das Leben, gewährt Schutz, Hilfe und Geborgenheit.

→ *Egidius Braun, ehemaliger Präsident des Deutschen Fußballbundes*
Boris Becker, Tennisspieler

Wegstrecke: Vertrauen

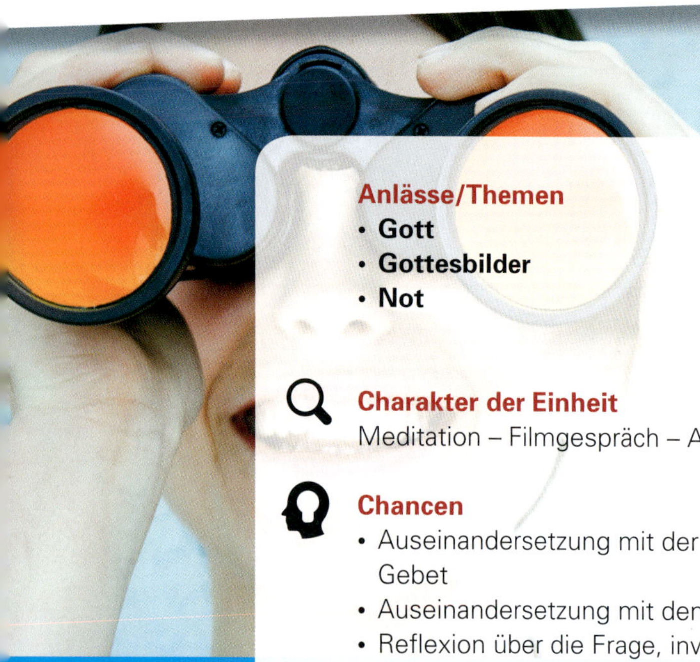

mindestens 8 Personen
1 Stunde

- Laptop mit Beamer und Lautsprecher
- Kurzfilm „Am seidenen Faden“
- Text „Mein Segen für dich“

Anlässe/Themen

- **Gott**
- **Gottesbilder**
- **Not**

Charakter der Einheit

Meditation – Filmgespräch – Austausch

Chancen

- Auseinandersetzung mit der eigenen Einstellung zum Gebet
- Auseinandersetzung mit dem eigenem Gottesbild
- Reflexion über die Frage, inwiefern der Glaube Halt in Notsituationen gibt

Biblisch-theologischer Kontext

Glaube, biblisch verstanden, ist das Gegenteil von Angst und lässt sich auch mit dem Begriff Vertrauen übersetzen. Jesus steht in einem liebenden vertrauensvollen Verhältnis zu Gott, den er liebevoll „Papa“ nennt.

Mögliche Schwierigkeiten/weitere Hinweise

Der Kurzfilm „Am seidenen Faden“ erzählt die Geschichte eines professionell ausgerüsteten Bergsteigers, der mitten im Winter eine raue und gefährliche Steilwand hinaufklettert. Er rutscht ab, stürzt in die Tiefe und hängt hilflos im Seil, umgeben von der Dunkelheit der Nacht. Er beginnt zu beten, bittet Gott um Rettung. Gott antwortet ihm und fordert ihn auf, das Seil zu kappen. Dies traut sich der Bergsteiger jedoch nicht. Am nächsten Morgen findet man ihn, nur einen Meter über dem Boden hängend, erfroren.

Social-Media/Internet

Der Song „Fallen“ von den Toten Hosen greift das Thema dieser Wegstrecke nochmal aus einer anderen Perspektive auf. Der Youtube-Link zu diesem Lied kann vom Katecheten einige Tage, nachdem diese Wegstrecke durchgeführt wurde, verbunden mit folgendem Impuls an die Jugendlichen per E-Mail oder über den Gruppenchat verschickt werden: Auf Youtube findet sich ein Video, das Fee Tonks zu dem Lied „Fallen“ von den Toten Hosen erstellt hat. Schau dir das Video an und lass Text und Bild auf dich wirken. Wem vertraust du? In wessen Arme kannst du dich fallen lassen? Hast du schon einmal erlebt, dass jemand dich auffängt? Hast du schon einmal erlebt, dass Gott dich und dein Leben trägt? Nimm dir einen Augenblick Zeit und denke in Stille über diese Fragen nach. Wenn du magst, teile deine Gedanken und Eindrücke zu dem Song im Gruppenchat!

Song „Fallen“

Verlauf der Einheit

Einstimmung

Der Katechet lädt die Jugendlichen zu einem Experiment ein. Dazu bilden sich Dreier-Gruppen. Ein Jugendlicher stellt sich in die Mitte. Er versteift seinen Körper und lässt sich langsam nach vorne bzw. hinten fallen. Dabei wird er von den beiden anderen Jugendlichen aufgefangen und langsam in die jeweils andere Richtung bewegt. So pendelt der Jugendliche in der Mitte hin und her.
Diese Übung kann seitens des Jugendlichen in der Mitte auch mit geschlossenen Augen durchgeführt werden.
Nachdem jeder in der Gruppe einmal in der Mitte stand, findet ein auswertendes Gespräch im Plenum statt:

- Was habt ihr beobachtet?
- Was hat die Übung leicht- bzw. schwergemacht?
- Könntet ihr die Übung mit jedem machen? Warum (nicht)?

Schreibgespräch

In die Mitte wird ein großes Blatt Papier (Tapetenrolle oder mehrere aneinander geklebte Bögen Flipchartpapier) gelegt. Der Katechet schreibt darauf den Begriff „Vertrauen".
Die Jugendlichen sind nun zu einem Schreibgespräch eingeladen. Dieses Schreibgespräch findet schweigend statt. In einem ersten Schritt schreibt jeder an dem Platz, an dem er steht, Gedanken, Thesen, Assoziationen zu dem Stichwort in der Mitte auf.
Wenn alle etwas aufgeschrieben haben, dreht sich die Gruppe im Uhrzeigersinn um einen Platz weiter, so dass jeder nun vor dem Text steht, den der linke Nachbar aufgeschrieben hat. Nachdem jeder den Text seines Nachbarn gelesen hat, ist jeder eingeladen, diesen Text mit Kommentaren, Rückfragen oder Bemerkungen zu versehen.
Dann dreht sich die Gruppe ein weiteres Mal um einen Platz im Uhrzeigersinn. Und wieder gilt die Einladung: Lesen und Kommentieren.
Dies wird so lange fortgeführt, bis jeder wieder an seinem Platz steht. Auf diese Weise entsteht ein Dialog ohne Worte.
Damit das Schreibgespräch gut gelingt, ist es wichtig, dass der Katechet zu Beginn ermutigt, auch kritische Gedanken zu äußern.
Nach dem Schreiben findet ein kurzer Austausch in der Gruppe statt:

- Welche Diskussion fandet ihr spannend?
- Welche Fragen sind aufgetaucht?

Film: Am seidenen Faden

Die Gruppe schaut sich den Kurzfilm **„Am seidenen Faden"** an. In das sich anschließende Gespräch können folgende Impulse einfließen:

- Was hat euch an diesem Film gefallen?
- Was hat euch überrascht?
- Kennst du Situationen in deinem Leben, in dem es dir schwergefallen ist, zu vertrauen?
- Unterscheidet es sich, zwischen „einem Menschen zu vertrauen" und „Gott zu vertrauen"?
- Wenn du diesem Film einen Titel geben müsstest, wie würdest du ihn benennen?

Schlussrunde

Zum Abschluss der Einheit zündet der Katechet eine Kerze an. Er lädt die Jugendlichen zu einem Moment der Stille ein, indem sie darüber nachdenken sollen, welcher Gedanke, welcher Impuls dieser Wegstrecke für sie wichtig geworden ist.
Anschließend animiert er dazu, einander mitzuteilen, welcher Impuls aus dieser Wegstrecke mitgenommen wird.
Mit dem Gebet **„Mein Segen für dich"** endet diese Wegstrecke.

Mein Segen für dich

Ich lege meinen Arm um deine Schulter
und sage damit: Du bist nicht allein.
Ich lege meine Hände auf deine Augen,
so dass du nichts wahrnimmst
als das Dunkel einer schützenden Hand.
Ich lege meine Hand auf deine Hand
und sage damit: Du musst jetzt nichts tun.
Ich lege meinen Mund an deine Stirn,
so dass du empfindest, was ich denke,
und dich geliebt weißt.
Ich fasse dein Gesicht in meine beiden Hände,
und du gewinnst ein wenig Vertrauen,
ein wenig Geborgenheit.
Ich lasse meine Hand über deine Hand gleiten,
leicht und zart, so dass du ohne Angst
dem entgegengehen kannst, was vor dir steht.
Ich gehe neben dir her und halte deine Hand,
und du weißt: Da denkt einer meine Ängste mit.
Und das alles ist eine gute Weise,
einen Segen weiterzugeben von mir zu dir.

(Worte des Guten)

Wegstrecke: Wenn mir Gott begegnen würde

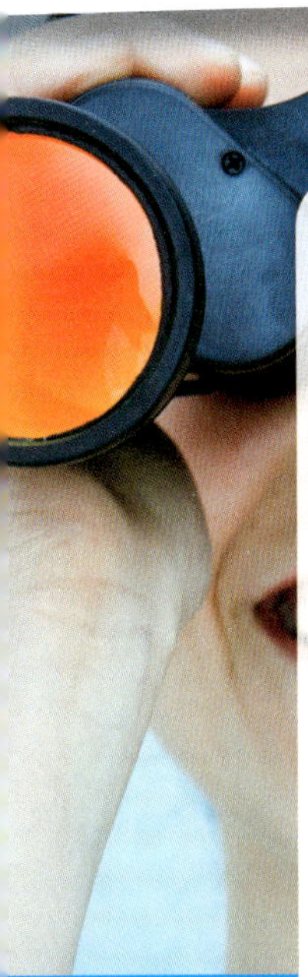

Anlässe/Themen

- **Gottesbilder**
- **Religiöse Aussagen in Rock- bzw. Popsongs**
- **„Ich kann mir unter Gott nichts vorstellen"**

bis zu 10 Personen
1–2 Stunden

- MP3-/CD-Player oder Laptop mit Beamer und Boxen
- Stifte
- Song „One of us" von Joan Osborne
- Songtext „One of us"
- Blätter mit der Aufschrift „Wenn ich Gott begegnen würde, dann ..."

Charakter der Einheit

Musik hören – Stille – Diskussion – persönliches Gespräch

Chancen

- Diese Katechese widmet sich dem Gottesbild der Jugendlichen und ermöglicht es, dass die Jugendlichen ihr eigenes Gottesbild hinterfragen.
- Im Gespräch lernen die Jugendlichen von den anderen Jugendlichen und nicht zuletzt vom Katecheten neue Gottesbilder kennen. Sie erfahren, dass unterschiedliche Glaubensvorstellungen ihre Berechtigung haben.
- Vom Katecheten können kritische (Angst machende, naive ...) Gottesbilder aufgegriffen und problematisiert werden. Wichtig ist dabei, dass der Katechet nicht auf dogmatische Formulierungen zurückgreift, sondern persönlich Zeugnis gibt.

Biblisch-theologischer Kontext

„Für mich ist Gott ganz weit weg", „Gott wohnt irgendwo da oben im Himmel", „Ich weiß nichts von Gott". So oder so ähnlich äußern sich immer wieder Jugendliche. Das entspricht jedoch nicht dem biblischen Gottesbild. Biblisch gesehen ist Gott derjenige, der mit den Menschen von Urzeit an eine Geschichte hat. Von Abraham über Jakob und Jesaja bis hin zu Jesus und seinen Jüngern schildert die Bibel immer wieder, welche Erfahrungen Menschen mit Gott machen. Mit dem Christentum kommt ein wichtiges Element zur biblischen Gotteserfahrung hinzu: Jesus Christus, der als Mensch auf der Erde lebte, ist selbst Gott. Das gehört zum Kern der christlichen Botschaft. Wer Jesus begegnet, begegnet Gott.

?! Mögliche Schwierigkeiten/weitere Hinweise

Interessant ist der Videoclip zu diesem Song. Wenn er vorhanden ist, sollte er im Rahmen der Katechese angeschaut werden.

Social-Media/Internet

Folgender Impuls kann einige Tage nach dieser Wegstrecke im Gruppenchat gepostet werden: Wir haben uns beim letzten Treffen mit dem Song „One of us" auseinandergesetzt. Du begegnest jeden Tag vielen Menschen. Ich möchte dich einladen, dass du dir in den kommenden Tagen immer wieder einmal bewusst wirst, dass jeder Mensch das Ebenbild Gottes ist.

Verlauf der Einheit

One of us

Die Gruppe hört sich gemeinsam den Song **„One of us“** von Joan Osborne an. Jedem liegt eine Kopie des Textes in dt. und engl. Sprache vor (siehe S. 75). Anschließend teilen sich die Jugendlichen mit, welche Eindrücke sie von dem Lied haben. Im Gespräch sollte darauf geachtet werden, dass weniger die Musik als der Text im Vordergrund des Gespräches steht.

Zettelaktion

Jeder aus der Gruppe bekommt einen Zettel und einen Stift. Auf dem Zettel ist der Satzanfang geschrieben: „Wenn mir Gott begegnen würde, dann …“. Jeder Jugendliche ergänzt zunächst für sich alleine diesen Satz in Stille. Es ist auch möglich, dazu meditative Musik laufen zu lassen.

Vorlesen der Texte

Der Reihe nach werden die Texte der Jugendlichen vorgelesen. In diesem Schritt werden die Texte und Ideen, die den Jugendlichen zu diesem Satz gekommen sind, nur vorgetragen. Es soll keine Wertung stattfinden. Der Katechet soll darauf hinweisen, dass jede Aussage ihre Berechtigung hat. Es gibt bei dieser Übung kein Richtig und kein Falsch.

Austausch

Nun findet ein Gespräch über die Texte statt. Impulsfragen für ein Gespräch können sein:

- Welche Aussage hat mich am meisten fasziniert?
- Welche Aussage stößt mich eher ab?
- Ist dir Gott in deinem Leben tatsächlich schon mal begegnet?
- Wie könnte eine Gottesbegegnung aussehen?
- Kann man an Gott glauben ohne zu erleben, dass es ihn gibt?

Abschluss

Die Katechese kann abgerundet werden, indem sich die Gruppe noch einmal den Song von Joan Osborne anhört.

One of us

If God had a name
Wenn Gott einen Namen hätte,
what would it be?
wie würde er lauten?
And would you call it to his face
Und würdest du ihn mit seinem Namen ansprechen,
if you'd be faced with him in all
wenn du ihm in all seiner Pracht von Angesicht zu
his glory?
Angesicht gegenüberstehen würdest?
What would you ask if you had just
Was würdest du ihn fragen, wenn du nur eine
one question?
Frage stellen könntest?
Refr.: And yeah yeah, God is great!
Refr.: Es ist echt so: Gott ist groß!
yeah, yeah, God is good!
Wirklich wahr: Gott ist gut!
yeah, yeah, yeah, yeah!
Ja, ja und nochmals ja!
What if God was one of us?
Was wäre, wenn Gott einer von uns ist?
Just a slough like one of us?
Genauso eine „alte Haut" wie einer von uns?
Just a stranger on the bus,
Oder wie ein Fremder, der dir im Bus gegenübersitzt,
tryin' to make his way home?
einer, der versucht, den Heimweg zu finden?

If God had a face
Wenn Gott ein Gesicht hätte,
what would it look like?
wie würde es aussehen?
And would you wanna see
Und würdest du ihn sehen wollen,
if seein' meant that you would have
wenn Sehen bedeutete, dass du an so Sachen
to believe
glauben müsstest,
in things like heaven and in Jesus
wie an den Himmel und an Jesus,
and the saints and all the prophets?
an die Heiligen und an alle Propheten?
Refr. 2 and 3: It's yeah, yeah ...
Refr. 2 und 3: Es ist echt so ...
tryin' to make his way home
einer, der versucht, den Heimweg zu finden,
like a holy Rolling Stone
wie ein heiliger „rollender Stein".
back up to heaven all alone
Ganz allein zurück in den Himmel.
nobody call him on the phone
Niemand ruft ihn an.
except for the pope maybe in Rome.
Außer vielleicht der Papst in Rom.

Eric Bazilian

Wegstrecke: Einstellung zu Gott

mindestens 10 Personen
1 Stunde

- Kreppband
- freier Raum
- Text „Gott ist anders" von Leo Tolstoi
- Die Begriffe (siehe Vorlage) vergrößern

Anlässe/Themen

- **Gottesbilder**
- **Unter Gott kann ich mir nichts vorstellen**
- **Themenorientiertes Kennenlernen von anderen Jugendlichen**

Charakter der Einheit

Kreativität – Diskussion – Spiel – Stille – Aktion – Liturgische Feier – Meditation

Chancen

- Die eigenen Gottesbilder bewusst machen, aber auch hinterfragen.
- Gottesbilder der Jugendlichen kennenlernen.
- Fragen und Themen der Jugendlichen erfragen.

Biblisch-theologischer Kontext

„Einen Gott, den es gibt, gibt es nicht." Gott ist immer anders, als Menschen ihn sich denken. Kein Mensch hat Gott je gesehen (1 Joh 4,12).

?! Mögliche Schwierigkeiten/weitere Hinweise

Der Katechet sollte in der Kleingruppenphase sehr bewusst beobachten, wie sich die Gruppen bilden. So kann er einen guten Einblick von den Gottesbildern bekommen, die die Jugendlichen seiner Gruppe haben. Denkbar ist, dass sich für diese Einheit zwei Gruppen zusammentun oder dass diese Einheit bei einem Treffen aller Firmgruppen eingesetzt wird.

Social-Media/Internet

Einmal im Monat wird unter dem Motto „Video vom Papst" ein neues Video veröffentlicht. Damit möchte Papst Franziskus seine monatlichen Gebetsanliegen für die Herausforderungen der Menschheit und der Kirche verbreiten. Die Videos werden von Arbeitsgruppen kreativer Fachkräfte hergestellt.
Das erste Video in der Reihe zum Thema „Weltreligionen" eignet sich gut als Abschluss für diese Wegstrecke. Auch könnte der Link zum Video im Nachgang zu dieser Wegstrecke im Gruppenchat mit folgenden Fragen gepostet werden: *Sieh dir das Video an. Und lass es auf dich wirken. Kennst du Menschen in deinem Umfeld, für die Glaube und Religion eine Rolle spielen? Zu welcher Religion gehören sie? Was kannst du für den Dialog der Menschen aller Religionen und Nationen tun?*

Video „Weltreligionen"

Verlauf der Einheit

Einstimmung

Die Gruppe versammelt sich in der Mitte eines (möglichst freien) Raumes. Der Katechet liest den Text **„Gott ist anders“** von Leo Tolstoi vor. Es tut gut, sich der Vorläufigkeit des eigenen Gottesbildes immer wieder bewusst zu werden und sich mit anderen darüber auszutauschen.

Vier Ecken

Nacheinander wird nun jeweils ein **Begriff** in eine der vier Ecken des Raumes gehängt. Die Jugendlichen haben die Aufgabe, sich die Begriffe jeweils kurz anzuschauen und sich anschließend zu dem Begriff zu stellen, der ihrer Meinung nach Gott am ehesten charakterisiert. So bilden sich bis zu vier Gruppen. Diese haben ca. zehn Minuten Zeit, um sich darüber auszutauschen, warum sie sich für den jeweiligen Begriff entschieden haben. Der Blick der Gruppen kann auch auf das Gesamtbild gelenkt werden, das entsteht (Wie ist die Gruppenverteilung? Wo stehen die meisten bzw. die wenigsten Jugendlichen? Wie geht es mir damit?). Sollte in einer Ecke nur ein Jugendlicher stehen, kann der Katechet sich dazustellen, um ein Gespräch zu ermöglichen.
Anschließend versammelt sich die Gruppe wieder in der Mitte des Raumes, und es werden vier neue Begriffe in die Ecken gehängt. Diese Methode sollte nicht öfter als dreimal wiederholt werden, da die Jugendlichen sonst die Motivation verlieren.

Abschluss

Zum Abschluss versammelt sich die Gruppe im Kreis. Die Jugendlichen tauschen in einer lockeren Runde ihre Eindrücke, die sie im Verlauf dieser Einheit gemacht haben, aus. Auch der Katechet teilt mit, was ihm als externer Beobachter aufgefallen ist. Auf einem Plakat werden Themen der Jugendlichen festgehalten. Es sollte in der Gruppe vereinbart werden, welche Themen bei weiteren Treffen noch einmal aufgegriffen werden sollten.

Gott ist anders

Wenn dir der Gedanke kommt,
dass alles, was du über Gott gedacht hast,
verkehrt ist und
dass es keinen Gott gibt,
so gerate darüber nicht in Bestürzung.
Es geht allen so.
Glaube aber nicht,
dass dein Unglaube daher rührt,
dass es keinen Gott gibt.
Wenn du nicht mehr an Gott glaubst,
an den du früher glaubtest,
so rührt das daher,
dass in deinem Glauben etwas verkehrt war,
und du musst dich bemühen,
besser zu begreifen,
was du Gott nennst.
Wenn ein Wilder an seinen hölzernen Gott
zu glauben aufhört,
so heißt das nicht,
dass es keinen Gott gibt,
sondern nur,
dass er nicht aus Holz ist.

Leo Tolstoi

Begriffs-Kärtchen

Vater	Schöpfer	Allmächtig
Richter	Geist	Barmherzig
König	Energie	Treu
Freund	?	Liebend

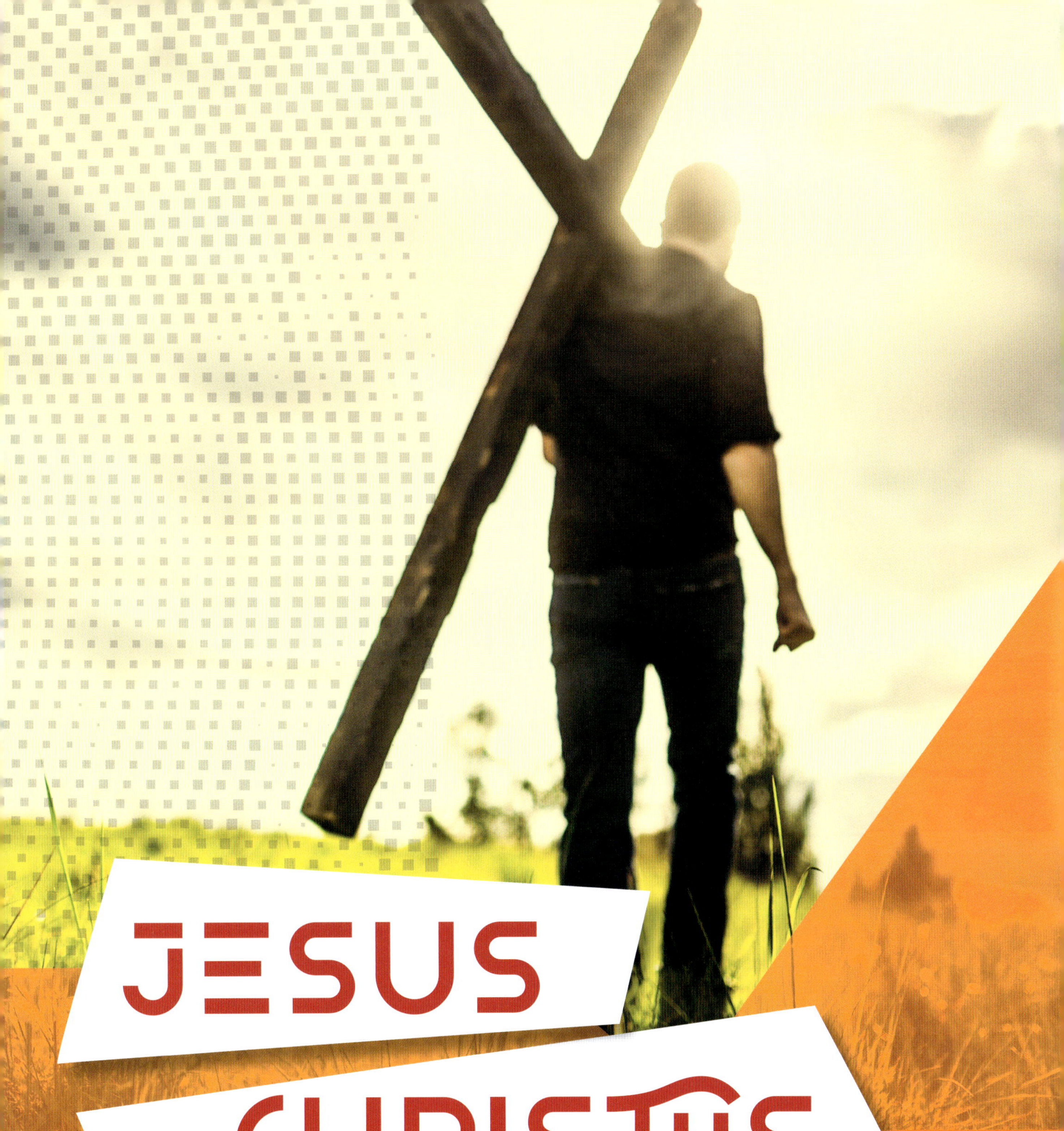

JESUS CHRISTUS

Wegstrecke: Die 29 Namen Jesu

bis zu 10 Personen
1 Stunde

- Plakat (DIN A2)
- Stifte
- evtl. Decken als Unterlagen
- Text „Die 29 Namen Jesu"

Anlässe/Themen
- **Jesus Christus**
- **Wer ist Christus für mich?**

Charakter der Einheit
Meditation

Chancen
- Die Jugendlichen werden mit verschiedenen Zugängen zu Christus konfrontiert.
- Die Jugendlichen erkennen, dass die Person Christi sich nicht mit einem Begriff benennen lässt, sondern dass Reden über Christus stets nur eine Annäherung an das Unsagbare bleiben muss.

Biblisch-theologischer Kontext
Angesichts der Person Jesu von Nazareth scheiden sich schon zu seinen Lebzeiten die Geister (Lk 9,18ff). Die Begegnung mit Jesus fordert auch heute noch dazu heraus, Position zu beziehen.
Jede Zeit hat ihr eigenes Jesusbild (Jesus der Aufrührer, der Friedensstifter, der Sanftmütige, der Richter). Welchem Jesusbild auch immer man anhängt, es muss sich an der Überlieferung der Bibel messen und ggf. auch korrigieren lassen.

?! Mögliche Schwierigkeiten/weitere Hinweise
Die Einheit hat einen meditativen Charakter und lässt sich nur in den Gruppen durchführen, die bereits mit ruhigen Elementen vertraut sind. Wichtig ist bei der Eingangsmeditation, dass die Teilnahme den Jugendlichen ausdrücklich freigestellt wird.
Sollte der Katechet im Verlauf der Meditation merken, dass einzelne Teilnehmer überfordert sind und mit ihrem Verhalten stören, sollte er diese Jugendlichen freundlich auffordern, den Raum für den weiteren Verlauf der Meditation zu verlassen.

Social-Media/Internet
Die bei der Metaphermeditation gefundenen Vergleiche eignen sich gut für eine kleine Social-Media Aktion: In einem Bildbearbeitungsprogramm wird auf einem farbigen Hintergrund der jeweilige Text platziert. Möglich ist es auch, passende Bilder als Hintergrund auszuwählen, also z. B. für die Metapher „Jesus ist für mich wie ein Wegweiser" das Bild eines Wegweisers als Hintergrund zu wählen.
Diese Bilder werden per Facebook, Instagram oder Twitter geteilt oder auf die Homepage der Gemeinde gesetzt.

Verlauf der Einheit

Die 29 Namen Jesu

Der Katechet erläutert kurz, dass die folgende Meditation in einer ruhigen Atmosphäre stattfinden soll. Er stellt die Teilnahme an der Meditation frei und fordert ausdrücklich dazu auf, schon jetzt den Raum zu verlassen, wenn jemand nicht an der Meditation teilnehmen möchte. Nun legen sich die Jugendlichen auf den Boden (oder setzen sich um eine gestaltete Mitte) und schließen die Augen. Der Katechet gibt den Jugendlichen Zeit, mit ihren Gedanken zur Ruhe zu finden. Mit einigen Bemerkungen kann er dies unterstützen: „Wir werden jetzt langsam ruhig und schließen die Augen. Wir hören zwar noch einige Geräusche um uns herum, doch wir beachten sie nicht. Entspannt liegen wir auf dem Boden (sitzen wir auf dem Stuhl). Wir spüren die Stellen, mit denen unser Körper den Boden (den Stuhl) berührt - die Fersen, die Oberschenkel, das Gesäß, den Rücken, die Schulterblätter, die Ellenbogen, die Hände, den Hinterkopf. Wir achten auf unsere Atmung. Ganz langsam atmen wir aus ... und ein ... und aus ...“ Wenn die Jugendlichen zur Ruhe gefunden haben, liest der Katechet den Text **„Die neunundzwanzig Namen für Jesus von Nazareth“** vor. Nachdem der Text vorgelesen wurde, sollte eine Zeit der Stille folgen. Dann fordert der Katechet die Jugendlichen auf, wieder auf ihre Atmung zu achten und die Meditation zu beenden: „Wir achten nun wieder auf unsere Atmung. Ganz langsam atmen wir aus ... und ein ... und aus. Wir bewegen nun langsam unsere Zehen und Finger. Jetzt öffnen wir unsere Augen und stehen auf.“

Mit seinen „Neunundzwanzig Namen für Jesus von Nazareth“ knüpft Huub Oosterhuis an die muslimische Tradition an, nach der es 99 Namen für Allah gibt. Gläubige Muslime rufen Gott/Allah mit folgenden Namen an:

Der Erbarmer / der Barmherzige / der König / der Heilige / der ohne Mängel und voller Frieden ist / der Treue, der ewige Sicherheit gibt / der fürsorgliche Bewahrer / der einzigartig Mächtige / der Superstarke / der in sich Erhabene und Stolze / der Schöpfer / der alles erschaffende Urheber / der Bildner und Gestalter / der viel Vergebende / der unwiderstehliche Eroberer / der reichlich gebende Begaber / der Versorger / der Verschlossenes öffnet und siegt / der Allwissende / der Zupackende / der Zusammenziehende / der Ausbreitende / der Erniedrigende / der Emporhebende / der Macht Gebende / der Demütigende / der Hörende / der Schauende / der Herrschende / der Gerechte und die Gerechtigkeit / der linde Freundliche / der alles versteht und beherrscht / der sanfte Gütige / der Gewaltige und Herrliche / der Vergebende / der sich dankbar Zeigende / der hohe Erhabene, der Große, der Bewahrende in Vollmacht / der Nährende / der Rechner/ der Majestätische / der edle Großmütige / der genaue Beobachter / der Erhörer des Gebetes / der alles Umfassende / der Weise / der Sympathie zu Geschöpfen hat / der Herrliche / der Sendende aus dem Tod ins Leben / der Zeuge / der alles weiß / das Recht und die Wirklichkeit / der alles mit Vollmacht ausführt / der starke Kraftvolle / der standhafte Zuverlässige / der freundliche Schutzherr /der lobenswürdige Preiswürdige / der Rechner und Statistiker / der allen Anfang setzt / der Zurückbringende / der Lebendigmacher / der Tötende / der Lebendige / der in sich selbst Existierende / der Seiende und Finder / der Verherrlichte / der Eine und Einzige / der Ewige / der Mächtige / der Fähige / der Vorwärtsbringer / der Aufhaltende / der Erste / der Letzte / der Äußere und sichtbar Erscheinende / der regierende Herrscher / der Erhabene / der gerechte Wohltäter / der sich umwendet und Buße verursacht / der Rächer / der Begnadigende / der mitleidige Nachsichtige / der allen Besitz völlig kontrolliert / dem alle Majestät und Ehre zusteht / der jedem das Recht zuteilt / der alles Zusammenfassende / der Reiche und der sich selbst Genügende / der reich Machende / der Geber / der verbietende Verhinderer / der Schaden Verursachende / der nützliche Förderer / das Licht / der Führer und Leiter / der unvergleichlich Prächtige / der bleibende Ewige / der Erbende / der die richtige Leitung besitzt / der Geduldige.

nach Adel Theodor Khoury

Metaphermeditation

Der Katechet legt ein Plakat in die Mitte und schreibt darauf den Satzanfang „Jesus ist für mich wie ...“ Er bittet die Jugendlichen, diesen Satzanfang fortzusetzen (... ein Freund, ... ein großer Unbekannter, ... ein Vorbild etc.). Während dieser Metaphermeditation sollte nicht gesprochen werden. Es ist nicht zulässig, die schriftlichen Äußerungen der anderen zu kommentieren.

Vorstellen der Metaphern

Anschließend hängt der Katechet das Plakat auf und bittet die Jugendlichen, ihre Metaphern den anderen vorzustellen und kurz zu begründen, was sie mit den Metaphern ausdrücken möchten. Wenn alle Metaphern vorgestellt wurden, sollen die Jugendlichen überlegen, ob sie sich gemeinsam auf eine Metapher einigen können und wollen, die der Person Jesu gerecht wird. Im Gespräch sollen die Jugendlichen erkennen, dass es die allgemein verbindliche Aussage über Jesus nicht geben kann, alle menschlichen Formulierungen bleiben stets nur Annäherungen an das Unsagbare. Der Katechet sollte drauf hinweisen, dass es nicht den allgemein verbindlichen Zugang zu Jesus gibt, jeder muss seinen eigenen Zugang zur Person Jesu finden. Dabei kann jedoch ein Austausch helfen, bei dem man sich gegenseitig bereichert.

Die 29 Namen Jesu

Nächster. Fremder. Jude. Same.
Baum an der Quelle. Bräutigam. Weg.

Traummensch. Offene Tür. Eckstein.
Schlüssel. Löwe Judas. Lamm. Gerechter.

Hirte. Perle. Zweig. Fisch. Brot.
Wort. Weinstock. Sohn des ... Gott. Knecht.

Ströme lebendigen Wassers. Morgenstern.
Bahnbrecher. Einziger. Unsagbar Gesagter.

Huub Oosterhuis

Wegstrecke: Die Biografie Gottes

bis zu 10 Personen
2 Stunden

- mehrere Exemplare der Bibel
- Text „Die Biografie Gottes"
- Arbeitsblatt „Die Biografie Gottes"

Anlässe/Themen

- **Auseinandersetzung mit dem historischen Jesus**
- **Wer ist Jesus Christus für mich?**

Charakter der Einheit

Spiel – Gespräch

Chancen

- Die Jugendlichen werden mit den biblischen Aussagen über Jesus von Nazareth konfrontiert.
- Die Jugendlichen üben den Umgang mit der Bibel.
- Die Jugendlichen setzen sich mit der Frage auseinander, inwiefern man Jesus als Gott bezeichnen kann.

Biblisch-theologischer Kontext

Gegensatz zwischen historischem Jesus und kerygmatischem Christus.

Mögliche Schwierigkeiten/weitere Hinweise

Der Text „Die Biografie Gottes" provoziert mit seiner nüchternen Beschreibung des Lebens Jesu und der Gleichsetzung Jesu mit Gott. Die Jugendlichen benötigen Sprachgefühl, um diesen skandalösen Kontrast zu empfinden. Wenn sie nicht in der Lage sind, ihn aufzuarbeiten, kann die folgende Einheit ihnen helfen, einen Überblick über das Leben des historischen Jesus zu gewinnen und mit dem Gebrauch der Bibel vertraut zu werden.

Social-Media/Internet

Im Internet finden sich unterschiedliche Übersetzungen der Bibel. Auch einige Apps bieten Zugang zu den biblischen Texten. Teilweise ist hier eine Volltextsuche möglich. Da die meisten Jugendlichen inzwischen Smartphones mit Internetzugang haben, können die Jugendlichen für die Bearbeitung des Arbeitsblattes auf diese Angebote hingewiesen werden.

Verlauf der Einheit

Die Biografie Gottes

Der Katechet liest den Text **„Die Biografie Gottes“** von Peter Handke vor. Er macht einige kurze Angaben zum Schriftsteller (Peter Handke, geb. 1942 in Griffen/Österreich, setzte sich in seinem Werk zunächst kritisch mit den Sprach- und Bewusstseinsklischees auseinander und erregte mit seinen bewusst Skandal erregenden Stücken [Publikumsbeschimpfung] großes Aufsehen. Später wandte er sich einer realistischen Schreibweise zu. Hauptthema blieb jedoch die Entfremdung zwischen Subjekt und Umwelt). Die Jugendlichen äußern sich zunächst spontan zu der gerade gehörten „Biografie“ Gottes.

Stimmen die Angaben?

Für den folgenden Schritt teilen sich die Jugendlichen in Dreiergruppen auf. Sie erhalten Arbeitsblätter, auf denen der Text **„Die Biografie Gottes“** in einzelne Sinnabschnitte gegliedert wurde. Nun suchen die Jugendlichen im Neuen Testament nach Bibelstellen, mit denen sie die von Handke getroffenen Aussagen belegen können, und notieren sie auf dem Arbeitsblatt. Der Umgang mit der Bibel wird für viele Jugendliche fremd sein. Deshalb sollte der Katechet darauf hinweisen, dass sich die entsprechenden Stellen nur in den vier Evangelien finden lassen. Auch sollte darauf geachtet werden, dass für diesen Schritt genug Zeit (45 Minuten) zur Verfügung steht.

Vergleich und Gespräch

Nachdem die vereinbarte Zeit verstrichen ist, kommen die Gruppen wieder zusammen und vergleichen ihre Ergebnisse. Die Jugendlichen stellen den anderen die gefundenen Bibelstellen vor, mit denen sie die Aussagen im Text von Peter Handke belegen können. So wird geklärt, dass die Biografie Gottes zunächst einmal einen biblischen Hintergrund hat. Anschließend wirft der Katechet die Frage auf, ob der literarische Text mit seiner kühlen und sachlichen Diktion der Person und dem Wirken Jesu gerecht wird. Inwiefern trifft die Überschrift „Die Biografie Gottes“ auf die sachliche Beschreibung des Lebens Jesu zu? Interessant ist die Frage, wo der Text von Peter Handke inhaltlich von der biblischen Überlieferung abweicht und wo der Schriftsteller eigene Aspekte in seine Biografie einfügt. Warum macht er dies? Was will er damit beim Leser auslösen?

Lebensbeschreibung

Gott erblickte das Licht der Welt in der Nacht vom vierundzwanzigsten zum fünfundzwanzigsten Dezember.
Die Mutter Gottes wickelte Gott in Windeln. Auf einem Esel flüchtete er sodann nach Ägypten. Als seine Taten verjährt waren, kehrte er in sein Geburtsland zurück, weil er fand, dass dort der Ort sei, an welchem ein jeder am besten gedeihen könnte. Er wuchs auf im Stillen und nahm zu an Alter und Wohlgefallen. Es litt ihn in der Welt. Er wurde die Freude seiner Eltern, die alles daransetzten, aus ihm einen ordentlichen Menschen zu machen. So lernte er nach einer kurzen Schulzeit das Zimmermannshandwerk. Dann, als seine Zeit gekommen war, legte er, sehr zum Verdruss seines Vaters, die Hände in den Schoß.
Er trat aus der Verborgenheit. Es hielt ihn nicht mehr in Nazareth. Er brach auf und verkündete, dass das Reich Gottes nahe sei. Er wirkte auch Wunder.
Er sorgte für Unterhaltung bei Hochzeiten. Er trieb Teufel aus. Einen Schweinezüchter brachte er auf solche Art um sein Eigentum. In Jerusalem verhinderte er eines Tages im Tempel den geregelten Geldverkehr. Ohne das Versammlungsverbot zu beachten, sprach er oft unter freiem Himmel. Aus der Langeweile der Massen gewann er einigen Zulauf. Indes predigte er meist tauben Ohren.
Wie später die Anklage sagte, versuchte er, das Volk gegen die Obrigkeit aufzuwiegeln, indem er ihm vorspiegelte, er sei der ersehnte Erlöser. Anderseits war Gott kein Unmensch. Er tat keiner Fliege etwas zuleide. Niemandem vermochte er auch nur ein Haar zu krümmen.
Er war nicht menschenscheu. Unbeschadet seines ein wenig großsprecherischen Wesens, war er im Grunde harmlos.
Immerhin hielten einige Gott für besser als gar nichts. Die meisten jedoch erachteten ihn für so gut wie gar nichts.
Deshalb wurde ihm ein kurzer Prozess gemacht. Er hatte zu seiner Verteidigung wenig vorzubringen. Wenn er sprach, sprach er nicht zur Sache. Im Übrigen blieb er bei seiner Aussage, dass er der sei, der er sei. Meist aber schwieg er. Am Karfreitag des Jahres dreißig oder neununddreißig nach der Zeitwende wurde er, in einem nicht ganz einwandfreien Verfahren, ans Kreuz gehängt. Er sagte noch sieben Worte.
Um drei Uhr am Nachmittag, bei sonnigem Wetter, gab er den Geist auf. Zur gleichen Zeit wurde in Jerusalem ein Erdbeben von mittlerer Stärke verzeichnet. Es ereigneten sich geringe Sachschäden.

Peter Handke

Arbeitsblatt

Die Biografie Gottes	Bibelstellen
Gott erblickte das Licht der Welt in der Nacht vom vierundzwanzigsten zum fünfundzwanzigsten Dezember. Die Mutter Gottes wickelte Gott in Windeln.	
Auf einem Esel flüchtete er sodann nach Ägypten. Als seine Taten verjährt waren, kehrte er in sein Geburtsland zurück, weil er fand, dass dort der Ort sei, an welchem ein jeder am besten gedeihen könnte.	
Er wuchs auf im Stillen und nahm zu an Alter und Wohlgefallen. Es litt ihn in der Welt. Er wurde die Freude seiner Eltern, die alles daransetzten, aus ihm einen ordentlichen Menschen zu machen. So lernte er nach einer kurzen Schulzeit das Zimmermannshandwerk. Dann, als seine Zeit gekommen war, legte er, sehr zum Verdruss seines Vaters, die Hände in den Schoß.	
Er trat aus der Verborgenheit. Es hielt ihn nicht mehr in Nazareth. Er brach auf und verkündete, dass das Reich Gottes nahe sei.	
Er wirkte auch Wunder.	
Er sorgte für Unterhaltung bei Hochzeiten.	
Er trieb Teufel aus.	
Einen Schweinezüchter brachte er auf solche Art um sein Eigentum.	
In Jerusalem verhinderte er eines Tages im Tempel den geregelten Geldverkehr.	
Ohne das Versammlungsverbot zu beachten, sprach er oft unter freiem Himmel. Aus der Langeweile der Massen gewann er einigen Zulauf. Indes predigte er meist tauben Ohren.	
Wie später die Anklage sagte, versuchte er, das Volk gegen die Obrigkeit aufzuwiegeln, indem er ihm vorspiegelte, er sei der ersehnte Erlöser. Anderseits war Gott kein Unmensch. Er tat keiner Fliege etwas zuleide. Niemandem vermochte er auch nur ein Haar zu krümmen. Er war nicht menschenscheu. Unbeschadet seines ein wenig großsprecherischen Wesens, war er im Grunde harmlos. Immerhin hielten einige Gott für besser als gar nichts. Die meisten jedoch erachteten ihn für so gut wie gar nichts.	
Deshalb wurde ihm ein kurzer Prozess gemacht. Er hatte zu seiner Verteidigung wenig vorzubringen. Wenn er sprach, sprach er nicht zur Sache. Im Übrigen blieb er bei seiner Aussage, dass er der sei, der er sei. Meist aber schwieg er.	
Am Karfreitag des Jahres dreißig oder neununddreißig nach der Zeitwende wurde er, in einem nicht ganz einwandfreien Verfahren, ans Kreuz gehängt. Er sagte noch sieben Worte.	
Um drei Uhr am Nachmittag, bei sonnigem Wetter, gab er den Geist auf. Zur gleichen Zeit wurde in Jerusalem ein Erdbeben von mittlerer Stärke verzeichnet. Es ereigneten sich geringe Sachschäden.	

Wegstrecke: Das Abendmahl

bis zu 10 Personen
1 Stunde

- Ausschnitt aus „Das letzte Abendmahl“ von Leonardo da Vinci
- Sprechblasen aus Papier
- Karten „Ich habe Hunger“

Anlässe/Themen

- **Jesus Christus**
- **Eucharistie**
- **Sakramente**

Charakter der Einheit

Meditation – Stille – Kreativität – Gespräch

Chancen

- Die Jugendlichen setzen sich mit ihrem Eucharistieverständnis auseinander.
- Die Jugendlichen überlegen, wann Jesus für sie zum Brot des Lebens wird.
- Die Jugendlichen lernen, über ihre Beziehung zu Jesus Christus zu sprechen.

Biblisch-theologischer Kontext

Jesus ist das Brot des Lebens (Joh 6,32 – 59).
Jesus bietet sich immer wieder den Menschen als Lernmodell für gelingendes Leben an. An ihm ist abzulesen, wie gelungenes Menschsein in Beziehung mit Gott verwirklicht werden kann. Wer sich Jesu Lebensstil ganz einverleibt, dem ist Leben in Fülle zugesagt (vgl. Joh 10,10).

?! Mögliche Schwierigkeiten/weitere Hinweise

Bewusst wird in dieser Einheit von Jesus als dem Brot des Lebens gesprochen und nicht (im Umkehrschluss) vom Brot als Jesus. So soll den Jugendlichen ein Zugang zur Eucharistie unabhängig von theologischen Denkmodellen (Transsubstantiation, Transfinalisation etc.) ermöglicht werden.

Social-Media/Internet

Das Thema eignet sich gut für einen Flashmob (z. B. an Gründonnerstag): Auf einem belebten Platz wird die Abendmahlszene nachgestellt. Das Bild von Leonardo da Vinci dient dazu als Vorlage. Wird die Aktion mit einer Kamera festgehalten, kann der Film später ins Netz gestellt werden.
An mehreren Orten wurde eine ähnliche Aktion mit einer großen Resonanz durchgeführt, z. B. hier:

Das Letzte Abendmahl in der Halterner Innenstadt

Verlauf der Einheit

Das Letzte Abendmahl

Zu Beginn betrachten die Jugendlichen das Bild „Das Letzte Abendmahl“ von Leonardo da Vinci aus dem 15. Jahrhundert. Die Jugendlichen beschreiben zunächst das Bild. Der Katechet gibt einige Informationen zum Werk: 9,04 Meter lang und 4,22 Meter hoch, in Öl und Tempera auf Mauerwerk, Harz und Pech als Grundierung. Leonardo da Vinci hat mit dem Gemälde die Nordwand eines Refektoriums gestaltet, in dem die Dominikanermönche ihre Mahlzeiten einnahmen. Leonardo hat über Jahre hinweg in unregelmäßigen Abständen an dem Werk gearbeitet. Anschließend teilt er die Sprechblasen aus und bittet die Jugendlichen, jeder dargestellten Person einen Satz in den Mund zu legen. Was könnten die Jünger gerade denken bzw. sagen? In einem weiteren Schritt überlegen die Jugendlichen, mit welcher Person auf dem Bild sie sich am ehesten identifizieren. Welchen Platz würden sie gerne einnehmen? Wie nahe würden sie sich beim letzten Abendmahl in Jesu Nähe setzen?

Ich habe Hunger

Beim letzten Abendmahl vergleicht sich Jesus mit Brot. Er wird für seine Jünger und Freunde zum Brot des Lebens. Der Katechet hat das Arbeitsblatt **„Ich habe Hunger“** kopiert und Karten ausgeschnitten, auf denen geschrieben steht, worauf Menschen Hunger haben. Er legt diese Karten aus. Reihum wählen die Jugendlichen nun eine Karte aus, die auf ihr Leben zutrifft. Sie lesen vor, worauf sie in ihrem Leben Hunger verspüren, und überlegen, inwiefern Jesus diesen Hunger stillt.

Brot des Lebens

Der Katechet liest abschließend den Text aus dem Johannesevangelium vor, in dem Jesus sich als Brot des Lebens bezeichnet. Er bittet die Jugendlichen, genau hinzuhören, damit jeder im Anschluss den Satz aus dem Text wiederholen kann, den er am wichtigsten findet.

Am nächsten Tag stand die Menge am anderen Ufer des Sees; sie hatten gesehen, dass nur ein Boot dort gewesen war und dass Jesus nicht mit seinen Jüngern ins Boot gestiegen war, sondern dass seine Jünger allein abgefahren waren. Von Tiberias her kamen andere Boote in die Nähe des Ortes, wo sie nach dem Dankgebet des Herrn das Brot gegessen hatten. Als die Leute sahen, dass weder Jesus noch seine Jünger dort waren, stiegen sie in die Boote, fuhren nach Kafarnaum und suchten Jesus. Als sie ihn am anderen Ufer des Sees fanden, fragten sie ihn: Rabbi, wann bist du hierhergekommen? Jesus antwortete ihnen: Amen, amen, ich sage euch: Ihr sucht mich nicht, weil ihr Zeichen gesehen habt, sondern weil ihr von den Broten gegessen habt und satt geworden seid. Müht euch nicht ab für die Speise, die verdirbt, sondern für die Speise, die für das ewige Leben bleibt und die der Menschensohn euch geben wird!
Jesus sagte zu ihnen: Amen, amen, ich sage euch: Nicht Mose hat euch das Brot vom Himmel gegeben, sondern mein Vater gibt euch das wahre Brot vom Himmel. Denn das Brot, das Gott gibt, kommt vom Himmel herab und gibt der Welt das Leben.
Da baten sie ihn: Herr, gib uns immer dieses Brot! Jesus antwortete ihnen: Ich bin das Brot des Lebens; wer zu mir kommt, wird nie mehr hungern, und wer an mich glaubt, wird nie mehr Durst haben.
(Joh 6,22–27a.32–35)

Ich habe Hunger

Ich habe Hunger auf Liebe.

Ich habe Hunger auf einen Menschen, der mutige Worte spricht.

Ich habe Hunger auf einen Menschen, der mich nicht allein lässt.

Ich habe Hunger auf einen Menschen, der Verständnis zeigt.

Ich habe Hunger auf einen Menschen, der für die Armen da ist.

Ich habe Hunger auf einen Menschen, der zu seinem Wort steht.

Ich habe Hunger auf ewiges Leben.

Ich habe Hunger auf einen Menschen, der nicht nur ans Geld denkt.

Ich habe Hunger auf einen Menschen, auf den ich mich verlassen kann.

Ich habe Hunger auf einen Sinn für mein Leben.

Ich habe Hunger auf einen Menschen, der sich nicht blind im Menschenstrom bewegt.

Ich habe Hunger auf einen Menschen, der lachen und weinen kann.

Ich habe Hunger auf Zuneigung.

Ich habe Hunger auf einen Menschen, der mir zuhört.

Ich habe Hunger auf einen Menschen, der mich heil macht.

Ich habe Hunger auf einen Menschen, der von Gott erzählt.

Wegstrecke: Wer war Jesus Christus?

bis zu 15 Personen
1 Stunde

- Papier, Stifte
- Arbeitsblatt „Jesus-ABC“
- Fragekarten „Das Jesus-Quiz“

Anlässe/Themen
- **Jesus Christus**
- **Der historische Jesus**

Charakter der Einheit
Spiel

Chancen
- Die Jugendlichen tragen ihr Wissen über den historischen Jesus zusammen.
- Die Jugendlichen erweitern ihr Wissen über den historischen Jesus.
- Probleme mit bestimmten biblischen Aussagen können ausgeräumt werden.

Biblisch-theologischer Kontext
Durch die exegetische Forschung wurde deutlich, dass vieles, was wir über Jesus aus der Bibel erfahren, nicht als historischer Bericht, sondern als Glaubensaussage geschrieben ist.

Mögliche Schwierigkeiten/weitere Hinweise
Vielen Jugendlichen fehlt grundlegendes religiöses Wissen. Das Quiz will diese Wissenslücken schließen.

Social-Media/Internet
Im Internet finden sich kostenlose Online-Tools (z. B. GoConqr), mit deren Hilfe sich das Jesus-Quiz leicht so umsetzen lässt, dass es die Jugendlichen mit ihren Smartphones gegeneinander spielen können.

Online-Tool GoConqr

Verlauf der Einheit

Das Jesus-ABC

Der Katechet hat ein Blatt mit dem Titel **„Das Jesus-ABC“** vorbereitet, bei dem am linken Rand das Alphabet vorgegeben ist. Die Jugendlichen verteilen sich im Raum. Jeder erhält ein Blatt „Das Jesus-ABC“ mit der Aufgabe, innerhalb von fünf Minuten zu jedem (Anfangs-) Buchstaben einen Begriff zu schreiben, der ihnen im Zusammenhang mit Jesus Christus einfällt (Auferstehung, Bethlehem, Christus, Dornenkrone, Evangelium, Friede, Galiläa, Heilungen, INRI, Jünger, Kreuzigung, Licht der Welt, Menschensohn, Nazareth, Ölberg, Passion, Querdenker, Retter, Sohn Gottes, Taufe im Jordan, Urteil, Vaterunser, Wunder, Zimmermann).
Wenn die vereinbarte Zeit verstrichen ist, kommen die Jugendlichen wieder zusammen und vergleichen die Ergebnisse.

Jesus-Quiz

Die Fragekarten des **Jesus-Quiz** hat der Katechet kopiert und ausgeschnitten. Nachdem sie gemischt wurden, legt sie der Katechet auf einen Stapel. Nun bilden die Jugendlichen zwei Gruppen, die beim Jesus-Quiz gegeneinander antreten. Im Wechsel zieht nun ein Jugendlicher aus der einen Gruppe eine Frage und stellt sie der gegnerischen Gruppe. Wenn es dieser Gruppe gelingt, die Frage innerhalb von einer Minute richtig zu beantworten, erhält sie einen Punkt. Das Spiel wird fortgesetzt, bis alle Fragen gestellt wurden; gewonnen hat die Gruppe, die die meisten Punkte gesammelt hat.

„Das Jesus-ABC“

A ....

B ....

C ....

D ....

E ....

F ....

G ....

H ....

I ....

J ....

K ....

L ....

M ....

N ....

O ....

P ....

Q ....

R ....

S ....

T ....

U ....

V ....

W ....

X ....

Y ....

Z ....

1. Wo wurde Jesus geboren?
→ *Betlehem*
Jerusalem
Samaria

2. Wie hießen seine Eltern?
Hannah und Simon
Elisabeth und Zacharias
→ *Maria und Josef*

3. Welcher Religion gehörte Jesus an?
Christentum
→ *Judentum*
Islam

4. Welchen Beruf übte der Vater Jesu aus?
Schriftgelehrter
Rabbi
→ *Zimmermann*

5. Wie alt wurde Jesus?
30 Jahre
→ *33 Jahre*
60 Jahre

6. Wann begann Jesus, öffentlich zu predigen?
mit 12 Jahren
mit 25 Jahren
→ *mit 30 Jahren*

7. Von wem ließ sich Jesus taufen?
von Herodes
→ *von Johannes*
von Petrus

8. Wo begann Jesus sein öffentliches Wirken?
Judäa
Rom
→ *Galiläa*

9. Welche Gebetsanrede für Gott ist von Jesus überliefert?
König und Richter
→ *Väterchen (Abba)*
Fels

10. Wer waren die Jünger Jesu?
Schriftgelehrte
Priester
→ *einfache Leute (Fischer, Handwerker, Zöllner, Dirnen ...)*

11. Wer verriet Jesus?
→ *Judas*
Petrus
Johannes

12. Als was wurde Jesus bezeichnet?
Pharisäer
Schriftgelehrter
→ *Fresser und Säufer*

13. Wem galt Jesu Sympathie?
den frommen Juden
→ *den Armen und Außenseitern*
den Römern

14. Mit wie viel Jahren lehrte Jesus erstmals im Tempel?
→ *mit 12 Jahren*
mit 20 Jahren
mit 30 Jahren

15. Wodurch machte Jesus sich schnell einen Namen?
→ *durch seine Verkündigung und Taten*
durch seine moralischen Ansichten
durch sein regelmäßiges Gebet

16. Wer verurteilte Jesus zum Tod?
Herodes
→ *Pontius Pilatus*
Der Hohe Rat

17. Für welches angebliche Vergehen wurde Jesus hingerichtet?
Tempelschändung
→ *Gotteslästerung*
Volksverhetzung

18. Wann wurden die Evangelien geschrieben?
zu Lebzeiten Jesu
direkt nach seinem Tod
→ *mehr als ein halbes Jahrhundert nach seinem Tod*

19. Gibt es neben der biblischen Überlieferung weitere historisch verlässliche Zeugnisse, dass Jesus tatsächlich gelebt hat?
→ *ja*
nein

20. In welchen historischen Quellen finden sich Hinweise auf Jesus?
→ *bei Flavius Josephus*
bei Caesar
bei Cicero

21. Wie bezeichnet sich Jesus im Johannesevangelium selbst?
→ *Ich bin der Weg, die Wahrheit und das Leben.*
Ich bin der, auf den die Welt gewartet hat.
Ich bin der Prophet, den Gott in die Welt gesandt hat.

22. Was besaß für Jesus oberste Priorität?
die Erfüllung der Zehn Gebote.
→ *das Heil der Menschen*
das Gericht Gottes

23. Warum werden von Jesus Wunder überliefert?
→ *um seine göttliche Macht zu beschreiben*
weil ihn dies bei den Menschen so beliebt gemacht hat
weil nur sie ihn von anderen Menschen unterscheiden

24. Womit vergleicht sich Jesus?
mit einem gerechten Richter
→ *mit einem guten Hirten*
mit einem mächtigen Wunderheiler

25. Womit verglich Jesus Gott?
→ *mit einem barmherzigen Vater*
mit einer aufgehenden Sonne
mit einem zornigen Richter

Wegstrecke: Mit leichtem Gepäck

Anlässe/Themen
- **Jesus**
- **Ewiges Leben (Leben in Fülle)**
- **Liebe**
- **Religiöse Texte in moderner Pop- und Rockmusik**

bis zu 12 Personen
1,5 – 2 Stunden

- MP3-/CD-Player oder Laptop mit Beamer und Boxen
- Moderationskarten (oder andere kleine Zettel)
- Stifte
- Song „Leichtes Gepäck" von Silbermond.
- Songtext: „Leichtes Gepäck"
- ausgeschnittene Bibelzitate
- Text: An Jesus erinnern ist gefährlich

Charakter der Einheit
Musik(video) – Stille – Gespräch – Bibel-Teilen

Chancen
- Die Jugendlichen lassen sich durch die Botschaft Jesu zu ihrem eigenen Lebensstil anfragen.
- Die Jugendlichen werden sich bewusst, was sie in ihrem Leben trägt.
- Die Jugendlichen tauschen sich in einer sehr existenziellen Form über ihren Glauben aus.

Biblisch-theologischer Kontext
Menschen binden sich oft an Materielles. Paradoxerweise ist die (geistige) Armut gerade da groß, wo Menschen scheinbar alles haben. „Haben" statt „Sein" führt zu einem sinnentleerten, Gott vergessenen Leben.
Jesus ermutigt die Menschen, im Vertrauen auf Gott zu leben. Menschen, denen es gelingt, liebende Menschen zu sein, ist (nicht endendes) Leben in Fülle verheißen.
Die Bibelzitate in dieser Wegstrecke bringen unterschiedliche Aspekte dieser Botschaft Jesu zum Ausdruck.

Mögliche Schwierigkeiten/weitere Hinweise
Der Austausch in der Gruppe gelingt umso besser, je mehr die Jugendlichen bereits miteinander vertraut sind.
Beim Bibel-Teilen steht historisch-kritische Exegese eher im Hintergrund. Es kommt in dieser Wegstrecke vor allem darauf an, dass die Jugendlichen einen Bezug zu biblischen Texten aufbauen können und die biblische Botschaft als hilfreichen Impuls für ihr Leben entdecken.

Social-Media/Internet
Zu dieser Wegstrecke kann ein Experiment „Smartphone-Fasten" durchgeführt werden: Die Teilnehmer verzichten freiwillig für eine begrenzte Zeit auf die Nutzung ihrer Smartphones oder mindestens auf die Nutzung von Social Media Apps (WhatsApp, Facebook …). Anschließend findet eine Auswertung in der Gruppe statt: War es einfach, mit „leichtem Gepäck" durch den Alltag zu kommen?

Verlauf der Einheit

Leichtes Gepäck

Die Jugendlichen hören den Song **„Leichtes Gepäck“** von Silbermond. Alternativ schaut sich die Gruppe das Video des Songs an. Anschließend tauschen sich die Jugendlichen über ihre ersten Eindrücke aus:

- Was finde ich ansprechend?
- Was finde ich fragwürdig?
- Welche Textzeile gefällt mir besonders gut?

Die drei Dinge, die ich auf eine einsame Insel mitnehme

Mit dem folgenden Gedanken leitet der Katechet zur nächsten Übung über:
Der Song von Silbermond stellt die Frage, was uns in unserem Leben wirklich wichtig ist, was wir wirklich brauchen. Mal angenommen, ihr würdet auf einer einsamen Insel ausgesetzt und dürftet drei Dinge mitnehmen, welche wären das?
Die Jugendlichen bekommen drei Moderationskarten und einen Stift. Auf die Karten schreiben sie die drei Dinge, die sie unbedingt mitnehmen würden. Anschließend stellen sich die Jugendlichen reihum ihre Ergebnisse vor. Dabei werden die Karten mit Kreppband an der Wand befestigt. Sollten dabei (ähnliche) Begriffe mehrmals vorkommen, werden sie zueinander gehangen, so dass begriffliche Cluster entstehen.

Anschließend tauschen sich die Jugendlichen über das Ergebnis und ihre Beobachtungen aus:

- Fiel es mir leicht oder schwer, meine drei Dinge zu finden?
- Was fällt mir mit Blick auf die Begriffe auf, die an der Wand hängen?
- Wo sehe ich große Gemeinsamkeiten, wo entdecke ich Unterschiede?
- Wie erkläre ich mir das?

Bibel-Teilen

Nun werden im Raum kopierte **Bibelzitate** mit Aussagen von Jesus auf dem Boden oder auf mehreren Tischen ausgelegt. Die Jugendlichen werden eingeladen, sich das Zitat herauszusuchen, das sie am meisten anspricht.
Wenn jeder Jugendliche ein Zitat ausgewählt hat, dann versammelt sich die Gruppe erneut im Kreis. In einem ersten Schritt werden nur die ausgewählten Bibelzitate vorgelesen. Zwischen den einzelnen Zitaten soll jeweils eine kleine Pause eingehalten werden, um die jeweiligen Zitate kurz nachklingen zu lassen.
Anschließend sind die Jugendlichen eingeladen, den anderen mitzuteilen, was sie an ihrem Zitat angesprochen hat und warum sie gerade dieses Zitat ausgewählt haben.

An Jesus erinnern ist gefährlich

Zum Abschluss teilt der Katechet den Text **„An Jesus erinnern ist gefährlich“** aus. Der Text wird dann, Abschnitt für Abschnitt, reihum gelesen.

Leichtes Gepäck

Eines Tages fällt dir auf
Dass du 99 % nicht brauchst
Du nimmst all den Ballast
Und schmeißt ihn weg
Denn es reist sich besser
Mit leichtem Gepäck

Du siehst dich um in deiner Wohnung, siehst
'N Kabinett aus Sinnlosigkeiten, siehst
Das Ergebnis von Kaufen und Kaufen von Dingen
Von denen man denkt, man würde sie irgendwann brauchen, siehst
So viel Klamotten, die du
Nie getragen hast und die du
Nie tragen wirst und
Trotzdem bleiben sie bei dir
Zu viel Spinnweben und zu viel Kram
Zu viel Altlast in Tupperwaren

Und eines Tages fällt dir auf
Dass du 99 % davon nicht brauchst
Du nimmst all den Ballast

Und schmeißt ihn weg
Denn es reist sich besser
Mit leichtem Gepäck, mit leichtem Gepäck

Nicht nur dein kleiner
Hofstall aus Plastik auch
Die Armee aus Schrott und Neurosen
auf deiner Seele wächst
Immer mehr hängt immer öfter Blut saugend
an deiner Kehle

Wie geil die Vorstellung wär, das alles loszuwerden
Alles auf einen Haufen mit Brennpaste und Zunder
Und es lodert und brennt so schön
'N Feuer in Kilometern noch zu sehen

Und eines Tages fällt dir auf
Dass du 99 % davon nicht brauchst
Du nimmst all den Ballast
Und schmeißt ihn weg
Denn es reist sich besser
Mit leichtem Gepäck, mit leichtem Gepäck

Ab heut nur noch die wichtigen Dinge
Ab heut nur noch die wichtigen Dinge
Ab heut nur noch die wichtigen Dinge
Ab heut nur noch leichtes Gepäck

Denn eines Tages fällt dir auf
Es ist wenig, was du wirklich brauchst
Also nimmst du den Ballast
Und schmeißt ihn weg
Denn es lebt sich besser
So viel besser
Mit leichtem Gepäck

All der Dreck von gestern
All die Narben
All die Rechnungen, die viel zu lang offen rumlagen
Lass sie los, wirf' sie einfach weg
Denn es reist sich besser
Mit leichtem Gepäck

(Silbermond)

Bibeltexte

Von da an begann Jesus zu verkünden: Kehrt um!
Denn das Himmelreich ist nahe.
(Mt 4,17)

Selig, die arm sind vor Gott;
denn ihnen gehört das Himmelreich.
(Mt 5,3)

Sammelt euch nicht Schätze hier auf der Erde, wo Motte und Wurm sie zerstören und wo Diebe einbrechen und sie stehlen, sondern sammelt euch Schätze im Himmel, wo weder Motte noch Wurm sie zerstören und keine Diebe einbrechen und sie stehlen! Denn wo dein Schatz ist, da ist auch dein Herz.
(Mt 6,19–21)

Niemand kann zwei Herren dienen; er wird entweder den einen hassen und den andern lieben oder er wird zu dem einen halten und den andern verachten. Ihr könnt nicht Gott dienen und dem Mammon. Deswegen sage ich euch: Sorgt euch nicht um euer Leben, was ihr essen oder trinken sollt, noch um euren Leib, was ihr anziehen sollt! Ist nicht das Leben mehr als die Nahrung und der Leib mehr als die Kleidung?
(Mt 6,24–25)

Da kam ein Schriftgelehrter zu ihm und sagte: Meister, ich will dir nachfolgen, wohin du auch gehst. Jesus antwortete ihm: Die Füchse haben Höhlen und die Vögel des Himmels Nester; der Menschensohn aber hat keinen Ort, wo er sein Haupt hinlegen kann.
(Mt 8,19–20)

Kommt alle zu mir, die ihr mühselig und beladen seid! Ich will euch erquicken. Nehmt mein Joch auf euch und lernt von mir; denn ich bin gütig und von Herzen demütig; und ihr werdet Ruhe finden für eure Seele. Denn mein Joch ist sanft und meine Last ist leicht.
(Mt 11,28–30)

Mit dem Himmelreich ist es wie mit einem Schatz, der in einem Acker vergraben war. Ein Mann entdeckte ihn und grub ihn wieder ein. Und in seiner Freude ging er hin, verkaufte alles, was er besaß, und kaufte den Acker. Auch ist es mit dem Himmelreich wie mit einem Kaufmann, der schöne Perlen suchte. Als er eine besonders wertvolle Perle fand, ging er hin, verkaufte alles, was er besaß, und kaufte sie.
(Mt 13,44–46)

Darauf sagte Jesus zu seinen Jüngern: Wenn einer hinter mir hergehen will, verleugne er sich selbst, nehme sein Kreuz auf sich und folge mir nach. Denn wer sein Leben retten will, wird es verlieren; wer aber sein Leben um meinetwillen verliert, wird es finden. Was nützt es einem Menschen, wenn er die ganze Welt gewinnt, dabei aber sein Leben einbüßt? Um welchen Preis kann ein Mensch sein Leben zurückkaufen?
(Mt 16,24–26)

Da brachte man Kinder zu ihm, damit er ihnen die Hände auflegte und für sie betete. Die Jünger aber wiesen die Leute zurecht. Doch Jesus sagte: Lasst die Kinder und hindert sie nicht, zu mir zu kommen! Denn Menschen wie ihnen gehört das Himmelreich. Dann legte er ihnen die Hände auf und zog von dort weiter.
(Mt 19,13–15)

Da kamen seine Mutter und seine Brüder; sie blieben draußen stehen und ließen ihn herausrufen. Es saßen viele Leute um ihn herum und man sagte zu ihm: Siehe, deine Mutter und deine Brüder stehen draußen und suchen dich. Er erwiderte: Wer ist meine Mutter und wer sind meine Brüder? Und er blickte auf die Menschen, die im Kreis um ihn herumsaßen, und sagte: Das hier sind meine Mutter und meine Brüder. Wer den Willen Gottes tut, der ist für mich Bruder und Schwester und Mutter.
(Mk 3,31–35)

Da sah Jesus seine Jünger an und sagte zu ihnen: Wie schwer ist es für Menschen, die viel besitzen, in das Reich Gottes zu kommen!
Die Jünger waren über seine Worte bestürzt. Jesus aber sagte noch einmal zu ihnen: Meine Kinder, wie schwer ist es, in das Reich Gottes zu kommen! Leichter geht ein Kamel durch ein Nadelöhr, als dass ein Reicher in das Reich Gottes gelangt.
(Mk10,23–25)

Er richtete seine Augen auf seine Jünger und sagte:
Selig, ihr Armen, denn euch gehört das Reich Gottes.
Selig, die ihr jetzt hungert, denn ihr werdet gesättigt werden.
Selig, die ihr jetzt weint, denn ihr werdet lachen.
(Lk 6,20–21)

Doch weh euch, ihr Reichen; denn ihr habt euren Trost schon empfangen.
Weh euch, die ihr jetzt satt seid; denn ihr werdet hungern.
Weh, die ihr jetzt lacht; denn ihr werdet klagen und weinen.
(Lk 6,24–25)

Und siehe, ein Gesetzeslehrer stand auf, um Jesus auf die Probe zu stellen, und fragte ihn: Meister, was muss ich tun, um das ewige Leben zu erben? Jesus sagte zu ihm: Was steht im Gesetz geschrieben? Was liest du? Er antwortete: Du sollst den Herrn, deinen Gott, lieben mit deinem ganzen Herzen und deiner ganzen Seele, mit deiner ganzen Kraft und deinem ganzen Denken, und deinen Nächsten wie dich selbst. Jesus sagte zu ihm: Du hast richtig geantwortet. Handle danach und du wirst leben!
(Lk 10,25–28)

Der Dieb kommt nur, um zu stehlen, zu schlachten und zu vernichten; ich bin gekommen, damit sie das Leben haben und es in Fülle haben.
(Joh 10,10)

Wie mich der Vater geliebt hat, so habe auch ich euch geliebt. Bleibt in meiner Liebe! Wenn ihr meine Gebote haltet, werdet ihr in meiner Liebe bleiben, so wie ich die Gebote meines Vaters gehalten habe und in seiner Liebe bleibe. Dies habe ich euch gesagt, damit meine Freude in euch ist und damit eure Freude vollkommen wird. Das ist mein Gebot, dass ihr einander liebt, so wie ich euch geliebt habe.
(Joh 15,9–12)

An Jesus erinnern ist gefährlich

Ein schlauer Theologe hat einmal gesagt, an Jesus zu erinnern, das ist gefährlich.

Damit meinte er, dass Menschen, die von Jesus hören, nicht mehr dieselben Menschen sind. Sie werden Menschen, die angesteckt sind von einer Sehnsucht.

Sie werden Menschen, die plötzlich eine Ahnung davon haben, dass die Welt nicht so sein muss, wie sie heute ist.

Sie werden Menschen, die Verantwortung für ihr Leben und das Leben ihrer Mitmenschen übernehmen wollen.

Sie werden Menschen, die Fragen stellen: Was wäre, wenn alle Menschen wie Geschwister leben würden? Was wäre, wenn das, was wir bei der Messe feiern, auch in unserem Alltag Wirklichkeit wird?

Menschen könnten ihren Reichtum mit anderen teilen, so dass der Hunger auf der Welt aufhört. Die Achtung vor anderen Kulturen und Lebensformen könnte wachsen. Krieg müsste nicht mehr sein.

Was wäre, wenn Menschen anfingen, der Liebe Gottes in ihrem Leben immer mehr Raum zu geben?

Menschen, die durch solche Fragen ihr Leben ändern, werden gefährlich für all die, die von einer Welt des Krieges, der Gewalt und der Lieblosigkeit profitieren: den Kriegsherren, den Ausbeutern, den Sklavenhaltern, den Profitmachern …

Jesus hat am eigenen Leib erleben müssen, dass die Machthaber der damaligen Zeit in ihm eine Gefahr sahen.

Sie sorgten dafür, dass er am Kreuz sterben musste. Und dennoch ist die Botschaft, für die Jesus mit seinem Leben Zeugnis abgegeben hat, nicht aus der Welt: Gott ist ein Freund des Lebens.

Lasst uns Menschen werden, die, sich seiner Liebe anvertrauend, zu einem Lebensstil der Liebe finden.

fr

Wegstrecke: Wer ist Jesus?

bis zu 10 Personen
1 Stunde

- Blätter, Stifte
- Grafiken (auf DIN A3 oder DIN A4 vergrößert)

Anlässe/Themen

- **Verschiedene Jesusbilder**
- **Historischer Jesus – Christus des Glaubens**
- **Was finde ich an Jesus faszinierend?**

Charakter der Einheit

Bildbetrachtung – Gespräch – Kontextualisierung

Chancen

- Die Jugendlichen werden mit unterschiedlichen Jesusdarstellungen konfrontiert.
- Den Jugendlichen wird bewusst, dass es verschiedene, subjektiv gefärbte Zugänge zum Leben Jesu gibt.
- Die Jugendlichen lösen ihr Jesusbild aus seinem historischen Kontext und versuchen eine Aktualisierung.

Biblisch-theologischer Kontext

Zu unterschiedlichen Zeiten und in verschiedenen Kulturen waren immer auch unterschiedliche Aspekte der Person Jesu für die Menschen wichtig. Auf die Fragestellungen der jeweiligen Zeit, der jeweiligen gesellschaftlichen Situation versuchte man, Orientierungshilfe im Leben Jesu zu entdecken (Jesus der Revolutionär, der gewaltlose Friedensstifter, Freund der Frauen, Christkönig ...). Immer wieder muss sich das jeweilige Jesusbild am Jesusbild der Bibel messen und korrigieren lassen.

Mögliche Schwierigkeiten/weitere Hinweise

Einige Darstellungen sind nicht auf den ersten Blick zu erschließen. Der Katechet sollte daher für spontane Äußerungen der Jugendlichen Zeit einräumen und bei der Bildbetrachtung aufkommende Gespräche fördern. Natürlich können die Jugendlichen auch direkt damit beginnen, eine Biografie für das Leben Jesu in der Gegenwart zu entwerfen, ohne sich zuvor von den Bildern der Künstler anregen zu lassen. Dies ist vor allem dann günstig, wenn die Erschließung der Bilder für die Jugendlichen zu schwer ist.

Social-Media/Internet

Die Fragen aus dem Jesusquiz eignen sich gut, um daraus ein Geocaching-Event zu kreieren. Dazu müssen einige Fragen als Cache jeweils an unterschiedlichen Stellen im Stadtteil (oder auch in einem Waldstück) versteckt werden. Die Jugendlichen tun sich zu Gruppen zusammen und erhalten die Koordinaten, an denen die Caches versteckt sind.

Verlauf der Einheit

Bildergalerie

Der Katechet hängt die **Jesusdarstellungen verschiedener Künstler** nebeneinander an die Wand. Die Jugendlichen betrachten sie zunächst und schlagen für jedes Motiv einen Titel vor. Die Gruppe muss sich gemeinsam auf eine Titelformulierung für jedes Bild einigen. Diese wird dann auf ein kleines Blatt geschrieben und als Legende unter das Bild gehängt.

Motivpräsentation

Die Jugendlichen bilden Zweiergruppen und wählen jeweils ein Motiv aus, mit dem sie die Person Jesu vorstellen wollen. Sie überlegen, was Jesus auf der entsprechenden Darstellung charakterisiert und an welche Situation im Leben Jesu der Künstler gedacht haben wird. Dies halten sie in Stichworten auf einem Kärtchen fest. Zunächst stellen sie den anderen nun ihre Vermutungen zur von ihnen ausgewählten Darstellung vor. Anschließend hängen sie das Kärtchen mit den selbst formulierten Stichworten zur Legende an die Wand.

Die Jesus-Biografie

Im nächsten Schritt setzen sich die Jugendlichen wieder in den Zweiergruppen zusammen und versuchen, in Anlehnung an die Jesusdarstellung der Künstler und in Verbindung mit den von ihnen genannten Stichworten eine kurze Jesusbiografie zu erfinden. Der fiktive, von den Jugendlichen beschriebene Jesus sollte jedoch nicht vor zweitausend Jahren gelebt haben, sondern in der Gegenwart. Mit einigen Impulsfragen kann der Katechet den Jugendlichen helfen, eigene Ideen zu entwickeln:

- Wo wäre euer Jesus geboren?
- Wie sähe seine Familie aus, wären seine Eltern arm oder reich?
- Welchen Beruf würde er wählen?
- Wie sähe sein Alltag aus?
- Wofür würde er sich engagieren?
- Wie würde seine Umwelt auf ihn reagieren?
- Wie würde man ihn heute behandeln?
- Wer wären seine Freunde?
- Mit wem würde er sich anlegen?

Für das Schreiben der Biografien muss ausreichend Zeit gelassen werden. Wenn alle Jugendlichen ihren Text verfasst haben, stellen sie ihn der gesamten Gruppe vor.

INRI

ΑΛΕ
ΞΑΜΕΝΟϹ
ϹΕΒΕΤΕ
ΘΕΟΝ

Wegstrecke: gekreuzigt, gestorben und begraben

Anlässe/Themen
- **Christliche Werte**
- **Jesus als Vorbild**
- **Jesusbilder**

Charakter der Einheit
Bildbetrachtung – Gespräch – Musik – Einzelarbeit

Chancen
- Die Jugendlichen setzen sich mit ihrem eigenen Wertesystem auseinander.
- Die Jugendlichen entdecken, dass das Leben Jesu als Vorbild für das eigene Leben dienen kann.

Biblisch-theologischer Kontext
Auch wenn der Kern seiner Botschaft kein politisches Programm ist, so steckt in seiner Botschaft doch ein kritisches Potenzial, dass Unrechtssysteme zu allen Zeiten herausfordert und infrage stellt. In diesem Sinne halten Christen eine „gefährliche Erinnerung" daran wach, dass alle Menschen als Kinder Gottes dieselbe Würde haben.

Mögliche Schwierigkeiten/weitere Hinweise
Maurits Cornelis Escher (* 1898-1972) wurde in den Niederlanden geboren und lebte zeitweise in Italien und der Schweiz. In seinen Bildern, Lithografien und Zeichnungen konstruiert Escher unmögliche Welten. Immer wieder verunsichern Eschers Bilder den Betrachter und machen ihm bewusst, wie manipulierbar die menschliche Wahrnehmung ist.

Der Song „Jesus Christ" wurde 1940 ursprünglich von Woody Guthrie geschrieben. Der Song stellt die These auf, dass Jesus aufgrund seiner kapitalismus-kritischen Botschaft heute genau getötet werden würde wie zu seiner Zeit. Die Band U2 hat diesen Song als Coverversion aufgenommen. Er entstammt dem Album „Folkways: A Vision Shared", ein Musik-Projekt bei dem 1988 moderne Künstler ältere Folksongs gecovert haben.

Social-Media/Internet
Es finden sich im Internet unterschiedliche Übersetzungen der Bibel. Auch einige Apps bieten Zugang zu den biblischen Texten (siehe Glossar). Teilweise ist hier eine Volltextsuche möglich. Da die meisten Jugendlichen inzwischen Smartphones mit Internetzugang haben, können die Jugendlichen für den Wegschritt „Jesus fasziniert" auf diese Angebote hingewiesen werden.

bis zu 10 Personen
1 Stunde

- mehrere Bibeln
- ggf. eine Konkordanz
- Plakat, Stift
- Tuch, Kerze (für gestaltete Mitte)
- MP3-/CD-Player oder Laptop mit Beamer und Boxen
- Song „Jesus Christ" von Woody Guthrie. Der Song findet sich in mehreren Versionen auf Youtube, u.a. in einer Version von U2.
- Bild: M.C. Escher, „Relativität"
- Text: „Dieser Jesus provoziert mich"
- Songtext: „Jesus Christ"
- Text: „Es gibt einen Punkt, da hilft Reden nicht weiter"

Verlauf der Einheit

Relativität

Die Gruppe betrachtet die Lithografie **„Relativität"** von M.C. Escher. Die Jugendlichen entdecken, dass das Bild von verschiedenen Perspektiven aus betrachtet werden kann. Oben und unten, links und rechts sind nicht eindeutig definierbar. Escher versucht hier (wie in vielen seiner anderen Bilder) die menschliche Erfahrung auszudrücken, dass es unterschiedliche Standpunkte geben kann, die Welten zu betrachten. In dieser Wegstrecke wird es darum gehen, die eigenen Werte anhand christlicher Wertvorstellungen zu hinterfragen.

Dieser Jesus provoziert

Viele Menschen fühlten und fühlen sich durch das Leben Jesu provoziert. Durch Jesus wurden sie motiviert, ihre eigenen Wertmaßstäbe zu überdenken. Der brasilianische Pater Zezinho hat ein Gebet formuliert, das nun verteilt und vorgelesen wird.

Song: Jesus Christus

Der Liedtext wird verteilt und die Jugendlichen hören sich den Song an. Alternativ kann der Song als Youtube-Video angeschaut werden. Vorher kann der Katechet einige Hintergrundinformationen zum Song geben (s.o.). Anschließend tauscht sich die Gruppe über den Song aus:

- Was spricht mich an dem Song an?
- Was verstehe ich nicht?
- Welche Botschaft vermittelt Jesus in dem Songtext?
- Seht ihr Ähnlichkeiten/Unterschiede zur biblischen Botschaft?
- Wie gefällt euch der Jesus, der in diesem Lied vermittelt wird?
- Passt der Song zu dem Bild, das ihr von Jesus habt?

Dieser Jesus fasziniert

Nun bekommen die Jugendlichen die Aufgabe, einige Minuten darüber nachzudenken, was sie an der Person Jesus faszinierend finden. Nach Möglichkeit sollen sie eine (oder mehrere) Bibelstelle(n) benennen, die diesen Aspekt Jesu deutlich werden lassen. Dazu bekommen die Jugendlichen ein Blatt Papier, auf das sie in Stichworten ihre Gedanken aufschreiben.
Hilfreich ist es, wenn dazu einige Bibeln bereitliegen und eine Konkordanz, um ggf. auf ein Stichwort hin Bibelstellen zu finden. Je nach Gruppe wird es auch mehr oder weniger notwendig sein, dass der Katechet den Jugendlichen beratend zur Seite steht.

Anschließend versammelt sich die Gruppe (möglichst um eine gestaltete Mitte: Tuch mit Kerze und Bibel o.Ä.). Nacheinander stellen die Jugendlichen ihre Gedanken vor. Anschließend findet ein Austausch statt. Folgende Impulse können dabei als Anregung dienen:

- Gibt es Aspekte der Person Jesu, die nicht genannt wurden? Woran liegt das?
- Ist es für euch wichtig, euer Leben an Jesus auszurichten? Warum (nicht)?
- Gibt es Situationen, in denen es euch schwerfällt, „christlich" zu handeln? Woran liegt das?

Abschluss

Zum Abschluss wird der Text **„Es gibt einen Punkt"** vorgelesen.

Dieser Jesus provoziert mich

Dieser Jesus provoziert mich
Ich rege mich auf, und er sagt mir: Verzeih!
Ich habe Angst, und er sagt mir: Hab Mut!
Ich zweifle, und er sagt mir: Vertrau!
Mir ist ängstlich zumute, und er sagt mir: Bleib ruhig!
Ich will alleine bleiben, und er sagt mir: Komm und folge mir!
Ich schmiede Pläne, und er sagt mir: Gib sie auf!
Ich verschaffe mir Besitz, und er sagt mir: Lass ihn los!
Ich will Sicherheit, und er sagt mir: Ich verspreche sie dir nicht!
Ich will leben, und er sagt mir: Gib dein Leben hin!
Ich meine, ich wäre gut, und er sagt mir: Das reicht dir nicht!
Ich will Chef spielen, und er sagt mir: Versuche zu dienen!
Ich will befehlen, und er sagt mir: Gehorche!
Ich will begreifen, und er sagt mir: Glaube!
Ich will Klarheit, und er redet mir in Gleichnissen!
Ich will Poesie, und er redet mir konkret.
Ich will meine Ruhe, und er will, dass ich unruhig bin.
Ich will Gewalt, und er redet mir von Frieden.
Ich greife zum Schwert, und er sagt mir: Steck es ein!
Ich sinne auf Rache, und er sagt mir: Halt auch die andere Wange hin!
Ich rede vom Frieden, und er sagt mir, er sei gekommen,
um das Schwert zu bringen.
Ich versuche die Dinge zu glätten, und er sagt mir, er sei gekommen,
um Feuer auf die Erde zu werfen!
Ich will größer sein, und er sagt mir: Werde wie ein Kind!
Ich will mich verstecken, und er sagt mir: Zeig dein Licht!
Ich will den ersten Platz, und er sagt mir: Setz dich auf den letzten!
Ich will gesehen werden, und er sagt mir: Bete im Verborgenen!
Nein! Ich versteh diesen Jesus nicht!
Er provoziert mich.
Wie so viele von seinen Jüngern hätte auch ich Lust,
mir einen anderen Messias zu suchen,
der klarer ist und mich weniger fordert.
Aber mir geht's wie Petrus: Ich kenne keinen,
der wie er Worte des ewigen Lebens hat.
Und deshalb bleibe ich bei ihm.

Pater Zezinho, Brasilien

Jesus Christ

One, two, three, four

Well Jesus was a man
Who travelled through the land
A hard working man and brave
Well he said to the rich
‚Give your money to the poor'
For they laid Jesus Christ in his grave
Hale, hallelujah
Hale, hallelujah
Hale, hallelujah
For they laid Jesus Christ in his grave

Well he went to the preacher
He went to the law
And told them all the same
He said sell all your jewelery
and give it to the poor
For they laid Jesus Christ in his grave
Hale, hallelujah
Hale, hallelujah
Hale, hallelujah
For they laid Jesus Christ in his grave

When Jesus came to town
all the working folks around
Believed what he did say
Well the bankers and the preachers
They nailed him on a cross
For they laid Jesus Christ in his grave

And working people
They followed him around
They sung and shouted gay
Well the cops and the soldiers
They nailed him in the head
And they laid Jesus Christ in his grave
Oh, hale, hallelujah
Hale, hallelujah
Hale, hallelujah
For they laid Jesus Christ in his grave

Hale, hallelujah
Hale, hallelujah
Hale, hallelujah
For they laid Jesus Christ in his grave

Well this song was written
in New York City
A rich man, preacher and slave
Well if Jesus was to preach
what he preached in Galilee
They would lay Jesus Christ in his grave
One, two, three, four!

Hale, hallelujah
Hale, hallelujah
Hale, hallelujah
For they laid Jesus Christ in his grave
Hale, hallelujah
Hale, hallelujah
Hale, hallelujah
For they laid Jesus Christ in his grave

Woody Guthrie

Eins, zwei, drei, vier

Nun, Jesus war ein Mann,
der durch das Land zog,
ein hart arbeitender und mutiger Mann.
Und er sagte zu den Reichen:
Gebt euer Geld an die Armen ab.
Denn sie legten Jesus Christus in sein Grab.
Halle, halleluja
Halle, halleluja
Halle, halleluja
Denn sie legten Jesus Christus in sein Grab.

Und er ging zu den Priestern,
er ging zu den Gesetzeshütern
und er sagte allen dasselbe.
Er sagte: Verkauft all euren Schmuck
und verschenkt ihn an die Armen.
Denn sie legten Jesus Christus in sein Grab.
Halle, halleluja
Halle, halleluja
Halle, halleluja
Denn sie legten Jesus Christus in sein Grab.

Als Jesu in die Stadt kam,
glaubten die arbeitenden Menschen um ihn herum,
was er gesagt hatte.
Aber die Banker und die Priester,
sie nagelten ihn an ein Kreuz.
Denn sie legten Jesus Christus in sein Grab.

Und arbeitende Menschen,
sie zogen mit ihm umher,
sie sangen und schrien fröhlich.
Und die „Cops" und die Soldaten,
sie haben ihn am Kopf getroffen.
Sie legten Jesus Christus in sein Grab.
Oh, hale, hallelujah
Halle, halleluja
Halle, halleluja
Denn sie legten Jesus Christus in sein Grab.

Halle, halleluja
Halle, halleluja
Halle, halleluja
Denn sie legten Jesus Christus in sein Grab.

Nun, dieses Lied wurde
in New York City geschrieben.
Ein reicher Mann, Prediger und Sklave.
Nun, wenn Jesus predigen würde,
was er in Galiläa predigte.
Sie würden Jesus Christus in sein Grab legen.
Eins, zwei, drei, vier!

Halle, halleluja
Halle, halleluja
Halle, halleluja
Denn sie legten Jesus Christus in sein Grab.
Halle, halleluja
Halle, halleluja
Halle, halleluja
Denn sie legten Jesus Christus in sein Grab.

Es gibt einen Punkt, da hilft Reden nicht weiter

Es gibt einen Punkt, da hilft Reden nicht weiter,
da wird man durch Fragen kein Stück gescheiter,
da weiß man, im Grunde ist alles gesagt,
ich selbst bin jetzt dran, ich selbst bin gefragt.
Es gibt einen Punkt, da schenkt Gott dir Klarheit,
da weiß man genau, was du hörst, ist die Wahrheit.
Da trübt jedes weitere Grübeln den Blick,
da ruft jedes Zögern den Nebel zurück.
Es gibt einen Punkt, da geht eins nur von beiden,
da muss man sich für oder gegen entscheiden.
Da ist das Vertagen stillschweigend ein Nein
und die Chance zum Ja kann verloren sein.

(Wolfgang Kraska)

Wegstrecke: Christus-Elfer

bis zu 10 Personen
1–2 Stunden

- Papier
- Stifte
- Plakat
- Kopiervorlage „Elfer" für jedes Gruppenmitglied

Anlässe/Themen

- **Wer ist Jesus für mich?**
- **Jesusbilder**
- **Jesus ist der Sohn Gottes**

Charakter der Einheit

Kreativität – Diskussion – Stille – Meditation

Chancen

- Die Jugendlichen werden sich über ihre Beziehung zu Jesus bewusst.
- Sie formulieren Aussagen über Jesus in verdichteter Form und sind so gezwungen, Gedanken auf den Punkt zu bringen.
- Die Jugendlichen erfahren sich als kreative Menschen.

Biblisch-theologischer Kontext

„Seid stets bereit, jedem Rede und Antwort zu stehen, der nach der Hoffnung fragt, die euch erfüllt" (1 Petr 3,15). Sehr früh schon fingen die Christen an, erste Bekenntnisse zu verfassen bzw. zu überliefern. Das kürzeste und älteste christliche Glaubensbekenntnis ist wohl das Bekenntnis: Christus ist der Herr. In diesem einfachen Satz ist der Kern des christlichen Glaubens enthalten.

Mögliche Schwierigkeiten/weitere Hinweise

Mancher Jugendliche mag sich zunächst sträuben, ein Gedicht zu schreiben. Meist wird mangelndes Selbstvertrauen der Anlass dazu sein („Ich kann so was nicht.", „Das trau ich mir nicht zu"...). Es kann eine Hilfe sein, wenn die Jugendlichen sich bei diesem Schritt zu zweit zusammentun.

Social-Media/Internet

Die entstandenen Elfchen können multimedial weiter verwendet werden. Mit den fertigen Elfchen wird eine Präsentation gestaltet. Dazu werden passende Bilder gesucht (z. B. Christusdarstellungen). Die fertige Präsentation kann in einem Gottesdienst zum Glaubensbekenntnis mit meditativer Musik gezeigt werden. Auch eine Veröffentlichung auf der Gemeindehomepage oder im Firm-Blog ist denkbar.
Sollte in der Gemeinde eine Firmzeitung entstehen, sollten dort auch die in dieser Wegstrecke entstandenen Elfchen abgedruckt werden.

Verlauf der Einheit

Metaphermeditation

Der Katechet teilt den Jugendlichen Zettel aus mit dem Satzanfang „Jesus ist für mich wie ...“. Die Jugendlichen sollen diesen Satzanfang ergänzen. Dabei sollen sie möglichst Bildworte (=Metaphern) finden. Wenn alle Jugendlichen zu Ende geschrieben haben, werden die Metaphern langsam nacheinander vorgelesen. Es sollte zwischen den einzelnen Metaphern ein Moment Stille gehalten werden, damit die einzelnen Bilder nachwirken können. Mit dieser Methode werden die Jugendlichen auf den folgenden Schritt vorbereitet.

„Elfer" zu Jesus

Der Katechet macht die Gruppe mit der kreativen Schreibform des „Elfer“ vertraut. Dazu teilt er Kopien vom Arbeitsblatt **„Elfer“** aus und bespricht mit den Jugendlichen den Aufbau eines „Elfers“. Zur Veranschaulichung können die drei Beispiele herangezogen werden. Anschließend versuchen die Jugendlichen, eigene „Elfer“ zum Thema „Jesus“ zu formulieren. Dazu können sie sich ggf. auch zu zweit zusammentun. Als Ideenbörse kann die Assoziationsübung des ersten Schritts dienen, die der Katechet nun gut sichtbar an der Wand befestigt. Für das Formulieren der „Elfer“ sollten 20–30 Minuten einkalkuliert werden. Jugendliche, die schneller fertig sind, können motiviert werden, einen weiteren „Elfer“ zu texten. Oft finden die Jugendlichen von sich aus Spaß daran, weitere Fünfzeiler zu formulieren. Dann kann die Zeit auch verlängert werden

Vortrag

Die Jugendlichen tragen nun ihre „Elfer“ der Gruppe vor. Der Katechet sollte im Vorfeld den Jugendlichen die Hemmung nehmen, ihren Text vorzulesen. Dazu weist er darauf hin, dass es immer schwer ist, eigene Texte oder Bilder einem größeren Publikum vorzustellen. Deshalb bittet er die Gruppe, sich über die Texte nicht lustig zu machen.
Nach jedem vorgelesenen Text wird eine kurze Stille gehalten. Wenn alle Jugendlichen ihre Texte vorgelesen haben, kann ein Austausch darüber stattfinden, welche der vorgetragenen „Elfer“ den Jugendlichen besonders gefallen haben. Zum Schluss der Einheit reflektieren die Jugendlichen, wie sie mit dieser Methode zurechtgekommen sind. Beendet wird die Einheit vom Katecheten mit dem ebenfalls in einem als „Elfer“ gefassten Wunsch:

Firmung
Leben finden
Erfüllt vom Geist
Das wünsche ich dir
immer

Elfer

Elfer oder Elfchen sind eine bestimmte lyrische Form kreativen Schreibens. Ihren Namen erhalten sie daher, dass sie aus elf Worten zusammengesetzt sind, die in einer festen Reihenfolge stehen:

1. Zeile	- ein Wort	(irgendein Wort)
2. Zeile	- zwei Worte	(Träger des ersten Wortes)
3. Zeile	- drei Worte	(Präzisierung oder Vertiefung der Aussage)
4. Zeile	- vier Worte	(beliebige Weiterführung)
5. Zeile	- ein Wort	(irgendein Wort: ggf. Gegenbegriff zum Anfang oder Sinnspitze)

Beispiele:

Jesus
Leben pur
Himmel auf Erden
Mit dir kann sein
Erfüllung

Jesus
Lebendige Liebe
Freund aller Menschen
Von dir zu lernen:
Leben

Jesus
Unsere Nahrung
Brot und Wein
Geteilt mit den Menschen
Kraft

Wegstrecke: Werbung für Jesus

Anlässe/Themen

- **Was ist das Besondere an Jesus?**
- **Evangelisierung**
- **Wie kann man heute von Jesus Christus sprechen?**
- **Kreative Einheit bei Firmfahrt etc.**

mind. 8, eignet sich auch für große Gruppen
mind. 2 Stunden

- Internetzugang und Drucker
- Bögen mit Flipchart-Papier
- Stifte
- mehrere PCs/Laptops mit Mikrofon und dem Schneideprogramm „audacity"
- Boxen
- Videokamera (oder Smartphone)
- Bookmarks von Websites mit Jesus-Werbungen. Über die QR-Codes finden Sie ausgewählte Beispiele.

Charakter der Einheit

Kreativität – Umgang mit Medien – Diskussion

Chancen

- Die Jugendlichen spüren dem nach, was Jesus zu einem besonderen Menschen macht.
- Die Jugendlichen setzen sich damit auseinander, was Jesus heute Jugendlichen (noch) zu sagen hat.

Biblisch-theologischer Kontext

Das Bild, das sich Christen von Jesus gemacht haben, hat sich im Laufe der Geschichte immer wieder verändert. Aufgabe jeder Generation ist es, einen zeitgemäßen Zugang zu Jesus zu finden, ohne dass der Kern des christlichen Glaubens verloren geht.
„Geht und verkündet allen Menschen das Evangelium" (Mk 16,15). Diesem Auftrag gerecht zu werden erfordert, auf die Zeichen der Zeit zu achten, um das Evangelium in die jeweilige Zeit hinein verständlich zu verkünden.

?! Mögliche Schwierigkeiten/weitere Hinweise

Die in dieser Einheit entstehenden Ergebnisse können sehr gut in einem Gottesdienst, der von den Jugendlichen mitgestaltet wird, oder aber auf der Website der Gemeinde bzw. dem Firm-Blog Verwendung finden. Ggf. ist darauf zu achten, dass keine Markenrechte missachtet werden.

Social-Media/Internet

Der technische Aufwand für diese Wegstrecke ist hoch. Wichtig ist es, dass im Katechetenteam oder unter den Jugendlichen einige sind, die sich mit der benötigten Technik bzw. mit der verwendeten Software auskennen. Dies ist aber eher die Regel als die Ausnahme. Diese Wegstrecke bietet eine gute Möglichkeit, die Jugendlichen mit ihren Fähigkeiten einzubeziehen.

Verlauf der Einheit

Jesus-Werbung

Der Katechet blendet per Beamer Beispiele von verfremdeten Werbekampagnen ein, in denen statt für das Ursprungsprodukt für Jesus geworben wird. Alternativ kann er auch einige Beispiele als kopierte Ausdrucke dabei haben. Die Jugendlichen äußern spontane Eindrücke. Der Katechet lenkt das Gespräch auf folgende Aspekte:

- Wie wirkt diese Art der Werbung auf euch? (lustig, blöd, ansprechend, abstoßend ...)
- Sind die Werbeaussagen stimmig?
- Fallen euch noch andere Beispiele ein, wie man aktuelle Werbung auf Jesus übertragen könnte?
- Wie müsste eine Werbung für Jesus gestaltet sein, damit sie euch anspricht?

Dieses Gespräch dient als Grundlage für den folgenden Arbeitsschritt. Je nach Gruppe ist es sinnvoll, wichtige Punkte des Gesprächs auf einem Plakat festzuhalten und zum Schluss des Gespräches zusammenzufassen.

Werbekampagne starten

Die Firmgruppe schlüpft nun in die Rolle einer Werbeagentur, die den Auftrag bekommen hat, eine riesige Werbekampagne für Jesus zu starten. Vor allem Jugendliche sollen mit dieser Werbekampagne für Jesus begeistert werden. Die Jugendlichen haben als Mitarbeiter der Werbeagentur nun je nach Interesse und Begabung verschiedene Möglichkeiten:

- Sie erstellen ein Werbeplakat für Jesus. Dies kann mit Hilfe eines Grafik- oder Layout-Programms geschehen (z. B. Photoshop oder die kostenlosen Varianten gimp, inkscape und scribus).
- Sie erstellen einen Werbespot für das Radio (mit Audacity können verschiedene MP3-Dateien zu einem Soundfile gemischt werden).
- Sie erstellen einen Werbespot für das Fernsehen (entweder wird der Spot mit einer Kamera aufgenommen oder aber später als Szene von den Jugendlichen live vorgespielt).
- Sie überlegen sich symbolische Aktionen, mit denen auf Jesus aufmerksam gemacht werden kann (z. B. Zettelverteilen in der Fußgängerzone mit der Aufschrift „Du bist ein Gotteskind“, Überraschungseier mit ultimativer Jesusfigur ...).

Jede Gruppe muss sich darüber klar werden, auf welchen Aspekt sie ihren Schwerpunkt legt (Jesus – Vorbild der Menschenliebe, Jesus – der Sohn Gottes usw.). Wichtig ist der Hinweis, dass alle Ideen so konzipiert sein sollen, dass sie die Zielgruppe Jugendliche ansprechen. Die Jugendlichen können nun entweder alleine oder aber im Team eine der vier Aufgaben übernehmen. Dazu sollte ausreichend Zeit zur Verfügung stehen (45–60 Minuten).

Auswertung

Die Gruppe kommt zusammen und präsentiert jeweils ihre Arbeitsergebnisse. Jede Idee wird von der gesamten Gruppe bewertet. Zum Schluss der Einheit findet ein Auswertungsgespräch mit folgender Fragestellung statt:

- Hast du den Eindruck, dass unsere Werbeideen dem Anliegen Jesu gerecht werden?
- Ist Jesus überhaupt ein Produkt, für das man werben kann?
- Für wie sinnvoll hältst du Jesus-Werbung?
- Bist du schon mal in deinem Alltag Jesus-Werbung begegnet (Zeugen Jehovas, Kirche ...)?
- Wie hast du diese Werbung erlebt (aufdringlich, informativ ...)?

HEILIGER GEIST

Wegstrecke: Und es bleibt alles beim Alten

bis zu 10 Personen
2 Stunden

- Plakat DIN A2
- Stifte
- Text der Pfingsterzählung
- Text „ ... und es blieb alles beim Alten"

Anlässe/Themen
- **Heiliger Geist**

Charakter der Einheit
Rollenspiel – Gespräch – Meditation

Chancen
- Die Jugendlichen werden mit der biblischen Pfingsterzählung und einer kritischen Aktualisierung des Textes konfrontiert.
- Den Jugendlichen wird bewusst, dass sich die christliche Glaubenspraxis in der Regel gesellschaftlichen Verhaltensmustern anpasst.
- Die Jugendlichen überlegen, was dieser „alltäglichen Religiosität" entgegengebracht werden kann.

Biblisch-theologischer Kontext
Das Pfingsterlebnis (Apg 2,1-13).

Mögliche Schwierigkeiten/weitere Hinweise
Zunächst müssen Jugendliche eine Hemmschwelle überwinden, um ein Rollenspiel zu präsentieren. Wenn es ihnen Schwierigkeiten bereitet, sollte der Katechet sie evtl. zum Spiel ermutigen und darauf hinweisen, dass es sich bei den darzustellenden Rollen ja um andere Personen handelt, die sie „nur im Spiel" verkörpern.
Möglich wäre auch als Alternative zum Rollenspiel, die beiden Szenen in dieser Einheit pantomimisch darzustellen. Dies setzt jedoch voraus, dass die Jugendlichen sich gut in Mimik und Gestik artikulieren können.

Social-Media/Internet
Im Kontext dieser Wegstrecke könnte die Idee zu einem Flashmob umgesetzt werden. Sie laden z. B. die anderen Jugendlichen im Firmkurs dazu ein, an einem der kommenden Sonntage nach einem Sonntagsgottesdienst vor einer Kirche zu stehen und Kaffee und Kuchen anzubieten, sodass die Gottesdienstbesucher nicht einfach nach Hause gehen. Oder Sie versuchen, über Ihre sozialen Netzwerke möglichst viele Menschen zu gewinnen, die zu einem bestimmten Zeitpunkt in einem bestimmten Outfit an einem belebten Ort (Einkaufszentrum, Bahnhof …) kurz zusammenkommen und eine Kurz-Aktion durchführen und somit die Alltagsroutinen unterbrechen und für Nachdenklichkeit oder Heiterkeit sorgen. (Ideen wären z. B. Tanzchoreografie auf einen bekannten Song oder Freezing – Mitmachende verharren zu einem bestimmten Zeitpunkt in einer bestimmten Position – in der Fußgängerzone oder Darbietung eines Musikstückes …).

Verlauf der Einheit

Zwei ungleiche Situationen

Der Katechet bittet die Jugendlichen, sich in zwei Gruppen aufzuteilen. Die eine Gruppe erhält den biblischen Text vom **Pfingstereignis** (Apg 2,1-13, siehe Seite 116), die andere Gruppe den alternativen Pfingsttext **„... und es blieb alles beim Alten“**. Die beiden Gruppen sollen zunächst in zwei getrennte Räume gehen und versuchen, den jeweiligen Text als Spielszene umzusetzen. Nach ca. zwanzig Minuten bittet der Katechet die Jugendlichen, wieder zusammenzukommen. Zunächst führt jetzt die Gruppe ihre Szene auf, die sich mit der biblischen Pfingsterzählung beschäftigt hat.
Anschließend erläutert der Katechet, dass nun eine alternative Pfingstepisode vorgespielt wird, und bittet die andere Gruppe, die Szene „... und es blieb alles beim Alten“ vorzuspielen.

Die Mittelmäßigkeit entlarven

Der Katechet gibt den Jugendlichen die Möglichkeit, sich zu den beiden Szenen zu äußern. Dann liest er den Alternativtext **„... und es blieb alles beim Alten“** vor.
Der Text beinhaltet den Satz: „Die Jünger trafen sich noch öfters, fingen an, sich zu langweilen – und die Mittelmäßigkeit erlebte Höhepunkte“. Die Jugendlichen sollen überlegen, was der Autor mit „Mittelmäßigkeit“ gemeint haben könnte. Wo erleben sie in ihrem Alltag eine solche „Mittelmäßigkeit“?

Feuer und Flamme sein

Anschließend legt der Katechet ein Plakat in die Mitte, auf dem die Überschrift „Feuer und Flamme sein“ steht. Die Jugendlichen sollen aufschreiben, wann sie von etwas „Feuer und Flamme“ sind. Während dieser Phase sollte nicht gesprochen werden. Wenn alle Ideen zu Papier gebracht worden sind, betrachten die Jugendlichen das Plakat. Jeder liest vor, was er aufgeschrieben hat.

Gegen die Mittelmäßigkeit

Zum Schluss der Einheit wird nochmals die Szene „... und es blieb alles beim Alten“ vorgespielt. Dabei verhalten sich die Jugendlichen aus der anderen Gruppe zunächst nur als passive Zuschauer. Im Verlauf der Szene dürfen sie sich diesmal zu Wort melden und in die Szene einmischen. Sie sollen versuchen, die in der Mittelmäßigkeit verharrten Jünger auf ihre „Mittelmäßigkeit“ hinzuweisen und aus ihrer Lethargie zu befreien. In der Regel wird sich an dieser Stelle ein intensives Gespräch entwickeln, so dass kein weiteres Auswertungsgespräch folgen muss. Eventuell ist es jedoch sinnvoll, dass der Katechet abschließend über diesen letzten Schritt spricht. Wie haben sich die in der Lethargie gefangenen Jünger gefühlt? Was empfanden die „Zuschauer“ bei ihren Interventionen?

Das Pfingstereignis:

Als der Pfingsttag gekommen war, befanden sich alle am gleichen Ort. Da kam plötzlich vom Himmel her ein Brausen, wie wenn ein heftiger Sturm daherfährt, und erfüllte das ganze Haus, in dem sie waren. Und es erschienen ihnen Zungen wie von Feuer, die sich verteilten; auf jeden von ihnen ließ sich eine nieder. Alle wurden mit dem Heiligen Geist erfüllt und begannen, in fremden Sprachen zu reden, wie es der Geist ihnen eingab.
In Jerusalem aber wohnten Juden, fromme Männer aus allen Völkern unter dem Himmel. Als sich das Getöse erhob, strömte die Menge zusammen und war ganz bestürzt; denn jeder hörte sie in seiner Sprache reden. Sie gerieten außer sich vor Staunen und sagten: Sind das nicht alles Galiläer, die hier reden? Wieso kann sie jeder von uns in seiner Muttersprache hören: Parther, Meder und Elamiter, Bewohner von Mesopotamien, Judäa und Kappadozien, von Pontus und der Provinz Asien, von Phrygien und Pamphylien, von Ägypten und dem Gebiet Libyens nach Zyrene hin, auch die Römer, die sich hier aufhalten, Juden und Proselyten, Kreter und Araber, wir hören sie in unseren Sprachen Gottes große Taten verkünden.
Alle gerieten außer sich und waren ratlos. Die einen sagten zueinander: Was hat das zu bedeuten? Andere aber spotteten: Sie sind vom süßen Wein betrunken.

... und es blieb alles beim Alten

Als der Pfingsttag gekommen war, befanden sich alle am gleichen Ort. Sie freuten sich, beieinander zu sein. Am Himmel regte sich kein Lüftchen! So kam es, dass sie friedlich unter sich blieben. Es störte sie keiner - wer sollte sie auch schon stören? Sie frischten Erinnerungen an Jesus auf; sie erzählten sich dies und jenes - und das konnten sie in ihrer eigenen Sprache. Die Fenster öffneten sie nur gelegentlich, um ein wenig zu lüften. In den Straßen um ihr Haus herum tummelten sich an diesem Tag Leute aus aller Herren Länder: Parther, Meder, Elamiter, Bewohner von Mesopotamien, Kappadozier - wie gesagt, aus aller Herren Länder. Sie unterhielten sich über vieles, manche auch über Jesus und seine Anhänger: „Man hört nichts mehr von der Sache. Sie scheint sich erledigt zu haben!“ Dann wechselten sie das Thema und sprachen wieder über die Schriftauslegung von Rabbi Benjamin am Morgen in der Synagoge. Sie gingen weiter, ohne etwas erlebt zu haben - der Pfingsttag, ein Tag wie jeder andere!
In der kleinen Gruppe aber hielt Petrus eine Rede: „Liebe Freunde in der Erinnerung an Jesus! Inzwischen haben wir uns daran gewöhnt, dass unser Freund Jesus nicht mehr bei uns ist. Von den Juden haben wir nichts mehr zu befürchten, denn langsam haben sie sich beruhigt. Warum sollten wir von der Sache wieder anfangen? Wir haben unsere Ruhe. Das ist gut so, das soll so bleiben! Dann und wann wollen wir uns treffen, um das Andenken an ihn in Ehren zu halten. Im Übrigen soll alles so bleiben wie es ist. Das ist für die Beteiligten das Angenehmste. Fremde können in unserer Gruppe nur stören.“ Soweit Petrus. Die Jünger trafen sich noch öfters, fingen an, sich zu langweilen - und die Mittelmäßigkeit erlebte Höhepunkte. Mit den Jahren starben sie. So ging die Sache Jesu zu Ende. Man redete nicht mehr viel darüber, denn Belanglosigkeiten haben das gleiche Schicksal wie Eintagsfliegen.

Klever, Peter: Soll alles wirklich so bleiben?
aus: Ders., Uns umgibt Wärme

Wegstrecke: Alles brennt

Anlässe/Themen
- **Heiliger Geist**
- **Charisma**
- **Begeisterung**

Charakter der Einheit
Musik – Meditation – Gespräch

Chancen
- Die Jugendlichen entdecken, dass in ihnen der Heilige Geist lebendig ist.
- Die Jugendlichen reflektieren, wie sie sich für den Heiligen Geist öffnen können.
- Die Jugendlichen kommen in einen Austausch über ihre Charismen.

bis zu 15 Personen
1–1,5 Stunden

- Papier und Stifte
- MP3-/CD-Player oder Laptop mit Beamer und Boxen
- schwarzes und gelbes Tuch
- Zettel und Stifte
- Song „Alles brennt“ von Johannes Oerding
- Songtext „Alles brennt“
- Kopien „Wofür brenne ich?“, „Wofür brennst du?“

Biblisch-theologischer Kontext
Der Heilige Geist ermutigt immer wieder Menschen zu einem Neuanfang. Die Bibel stellt uns immer wieder Menschen vor, die ausgebrannt, entmutigt, „am Ende“ sind, die durch Gottes guten Geist wieder neuen Mut und neue Kraft schöpfen können.
Charismen erwachsen aus Neigungen, Können und konkreten Aufgaben. Die Dinge, die wir mit Leidenschaft tun, geben Hinweise auf unsere Neigungen. Um die eigenen Charismen zu entdecken, ist es wichtig, sich seiner Neigungen bewusst zu sein.

Mögliche Schwierigkeiten/weitere Hinweise
Die Paar-Arbeit in dieser Wegstrecke gelingt dann besonders gut, wenn sich die jeweiligen Paare bereits ein wenig kennen.

Social-Media/Internet
Der Niederländer Frans Hofmeesers hat von seiner Tochter Lotte von ihrer Geburt bis zu ihrem achtzehnten Lebensjahr einmal pro Woche ein Foto im gleichen Stil aufgenommen. Die Fotos hat er zu einem fünfeinhalb minütigen Film zusammengeschnitten. Entstanden ist ein Film „Portrait of Lotte, 0 to 18 years“, der das Heranwachsen von Lotte im Zeitraffer zeigt. Der Film findet sich auf Youtube und kann als Einstieg ins Thema oder aber auch als meditativer Abschluss der Wegstrecke ergänzend eingesetzt werden. Auch ist es möglich, den Link als Impuls im Nachgang der Wegstrecke im Gruppenchat an die Jugendlichen zu versenden.

Film „Portait of Lotte“

Verlauf der Einheit

Alles brennt

Die Jugendlichen schauen sich das Video **„Alles brennt“** an. Alternativ kann der Song auch nur angehört werden. Anschließend teilt der Katechet den Liedtext aus und lädt die Jugendlichen ein, den Text nochmals zu lesen und die Stellen zu markieren, die sie besonders ansprechend finden. Anschließend tauschen sich die Jugendlichen darüber aus, welche Textzeile sie markiert haben.

Weitere Impulsfragen könnten sein:

- Welche Erfahrung könnte den Autor zu diesem Song angeregt haben?
- Kennst du selber die Erfahrung, die der Song beschreibt?
- In welchen Momenten, in welcher Stimmung könntest du dir den Song anhören?
- Ist Feuer, so wie es in dem Songtext beschrieben wird, etwas Gutes oder etwas Schlechtes?

Feuer und Flamme sein

Der Katechet legt ein gelbes und ein schwarzes Tuch in die Mitte. Auf das schwarze Tuch wird der Begriff „Ausgebrannt sein“ gelegt, auf das gelbe Tuch „Feuer und Flamme sein“. Die Jugendlichen erhalten Moderationskarten und einen Stift.
Der Katechet lädt die Jugendlichen ein, nachzudenken, ob sie sich an Situationen erinnern, in denen sie sich ausgebrannt fühlen oder gefühlt haben oder aber wo sie erleben, dass sie „Feuer und Flamme“ für etwas waren oder sind.
In einer kurzen Stillephase halten die Jugendlichen ihre Ergebnisse mit Stichworten auf den Moderationskarten fest.
Anschließend stellen die Jugendlichen ihre Ergebnisse vor und legen die Zettel jeweils zum schwarzen bzw. gelben Tuch. Wenn alle Jugendlichen ihre Ergebnisse präsentiert haben, kann sich ein weiteres Gespräch anschließen:

- Was hilft uns, wenn wir „ausgebrannt“ sind?
- Wie können wir uns davor schützen, „auszubrennen“?
- Hat „Ausbrennen“ oder „Feuer und Flamme sein“ für dich etwas mit Gott und deiner Gottesbeziehung zu tun?

Gottes Geist ermutigt

Der Katechet weist darauf hin, dass der Geist Gottes Menschen immer wieder ermutigt und ihnen Kraft gegeben hat. Die Erzählung des Pfingstereignisses in Apg 2,1 ff erzählt, wie verängstigte Jünger, die hinter verschlossenen Türen Schutz suchen, gestärkt durch den Heiligen Geist zu neuem Mut finden. Sie öffnen Türen und Fenster und tragen die Frohe Botschaft in die Welt hinaus.
Wenn die Pfingsterzählung noch nicht im Rahmen einer anderen Wegstrecke gelesen wurde, kann sie an dieser Stelle vorgelesen werden.

Wofür brenne ich?

Der Katechet lädt die Jugendlichen ein, sich möglichst einen Partner/eine Partnerin zu suchen, den/die er ein bisschen besser kennt. Er erläutert, dass es in der folgenden Stillezeit darum gehen wird, zum einen über sich selber nachzudenken und zum anderen eine Einschätzung seines Partner/seiner Partnerin vorzunehmen. Dazu teilt er die zwei Blätter **„Wofür ich brenne“** und **„Wofür du brennst“** aus, auf denen jeweils einige Impulsfragen aufgeschrieben sind.
Dann lädt er dazu ein, in Stille über die Fragen auf den beiden Blättern nachzudenken und wichtige Aspekte als Stichpunkte festzuhalten.
Nach der Stille tauschen sich die Jugendlichen paarweise darüber aus, wie sie sich selber und ihren Partner/ihre Partnerin eingeschätzt haben. Dabei schauen sie, ob es bei den jeweiligen Einschätzungen Übereinstimmungen oder Unterschiede gibt, und kommen darüber ins Gespräch.
Anschließend kommen die Gruppen wieder im Plenum zusammen. Hier findet nochmals ein Austausch statt:

- Wie hat euch diese Übung gefallen?
- Was war überraschend?
- Gab es große Übereinstimmungen oder eher Unterschiede?

Der Heilige Geist stört uns

Mit dem Impulstext **„Der Geist stört uns“** von Papst Franziskus endet diese Wegstrecke.

Alles brennt

Komm gib auf, komm gib auf, sagt mir mein Verstand
Und ich schau aus grauen Augen stumm an die Wand
Und ich suche den Raum ab, doch find' keine Tür
'N Weg nach draußen, noch schnell weg von hier

Mein Kopf läuft heiß und Rauch steigt auf
Blut kocht, Herz pocht, Atemnot, Nervenglüh'n
Und Feuer sprüh'n

Alles brennt
Alles geht in Flammen auf
Alles was bleibt
Sind Asche und Rauch
Doch zwischen schwarzen Wolken
Seh' ich ein kleines bisschen Grau
Ich halt die Luft an, lauf über die Glut
Alles wird gut

Zu wenig Platz, zu eng, selbst für einen allein
Bevor sie auf mich fall'n, reiß ich die Mauern ein
Komm steh' auf, komm steh' auf, sag ich mei'm Verstand
Und gibt es keine Tür, dann geh' ich halt durch die Wand

Das alles muss weg, das alles muss neu
Steine schmelzen, Scherben fliegen, g'radeaus auf neuen Wegen
Durch den Feuerregen

Alles brennt
Alles geht in Flammen auf
Alles was bleibt
Sind Asche und Rauch
Doch zwischen schwarzen Wolken
Seh' ich ein kleines bisschen Grau
Ich halt die Luft an, lauf über die Glut
Alles wird gut, oh

Alles wird gut,
Und wenn es wieder in mir brennt
Dann weiß ich jetzt genau
Dass man Feuer
Mit Feuer bekämpft

Alles brennt
Alles geht in Flammen auf
Alles was bleibt
Sind Asche und Rauch
Doch zwischen schwarzen Wolken
Seh' ich ein kleines bisschen Grau
Ich halt die Luft an, lauf über die Glut

Alles brennt
Alles geht in Flammen auf
Alles was bleibt
Sind Asche und Rauch
Doch zwischen schwarzen Wolken
Seh' ich ein kleines bisschen Grau
Ich halt die Luft an, lauf über die Glut
Alles wird gut

Alles wird gut
Alles wird gut
Alles wird gut

Songwriter: Johannes Oerding/Martin Jungck

Das Pfingstereignis

Als der Pfingsttag gekommen war, befanden sich alle am gleichen Ort. Da kam plötzlich vom Himmel her ein Brausen, wie wenn ein heftiger Sturm daherfährt, und erfüllte das ganze Haus, in dem sie waren. Und es erschienen ihnen Zungen wie von Feuer, die sich verteilten; auf jeden von ihnen ließ sich eine nieder. Alle wurden mit dem Heiligen Geist erfüllt und begannen, in fremden Sprachen zu reden, wie es der Geist ihnen eingab. In Jerusalem aber wohnten Juden, fromme Männer aus allen Völkern unter dem Himmel.
Als sich das Getöse erhob, strömte die Menge zusammen und war ganz bestürzt; denn jeder hörte sie in seiner Sprache reden. Sie gerieten außer sich vor Staunen und sagten: Sind das nicht alles Galiläer, die hier reden? Wieso kann sie jeder von uns in seiner Muttersprache hören: Parther, Meder und Elamiter, Bewohner von Mesopotamien, Judäa und Kappadozien, von Pontus und der Provinz Asien, von Phrygien und Pamphylien, von Ägypten und dem Gebiet Libyens nach Zyrene hin, auch die Römer, die sich hier aufhalten, Juden und Proselyten, Kreter und Araber, wir hören sie in unseren Sprachen Gottes große Taten verkünden. Alle gerieten außer sich und waren ratlos. Die einen sagten zueinander: Was hat das zu bedeuten? Andere aber spotteten: Sie sind vom süßen Wein betrunken.
(Apg 2,1ff)

Der Heilige Geist stört uns

„Um es klar zu sagen:
Der Heilige Geist stört uns,
weil er uns in Bewegung versetzt,
weil er uns gehen lässt,
weil er die Kirche drängt,
vorwärtszugehen.

Denn er ist Gott,
und er ist jener Wind,
der geht und kommt,
und du weißt nicht, woher.

Er ist die Kraft Gottes,
er ist der, der uns den Trost
und die Kraft gibt, voranzugehen.

Aber: voranzugehen!
Und das stört:
Das Bequeme ist schöner."

Papst Franziskus

Wofür ich brenne

Wo spüre ich, dass ich für etwas brenne?

Was mache ich gerne?

In welchen Momenten bin ich total präsent und wach?

Bei welchen Tätigkeiten erlebe ich in mir eine Freude und Leichtigkeit?

Wofür du brennst

Wo nehme ich wahr, dass du für etwas brennst?

Wo spüre ich, dass du etwas gerne und mit Leidenschaft machst?

In welchen Momenten erlebe ich dich total präsent und wach?

Bei welchen Tätigkeiten nehme ich bei dir eine Freude und Leichtigkeit wahr?

Wegstrecke: Ein Logo für den Geist

bis zu 15 Personen
1 Stunde

- Papier, Stifte
- kopierte Kärtchen

Anlässe/Themen
- **Heiliger Geist**

Charakter der Einheit
Spiel

Chancen
- Die Jugendlichen werden mit den biblischen Aussagen über den Heiligen Geist konfrontiert.
- Die Jugendlichen reflektieren, wie der Heilige Geist in der Bibel charakterisiert wird.
- Die Jugendlichen entscheiden, welche Charakterisierung ihnen besonders wichtig ist.

Biblisch-theologischer Kontext
An verschiedenen Stellen berichtet die Bibel vom Wirken des Heiligen Geistes: Bei der Taufe Jesu (Mk 1,9-11), in der Erzählung vom Pfingstereignis (Apg 2,1-4), in den johanneischen Abschiedsreden (Joh 14) etc.

Mögliche Schwierigkeiten/weitere Hinweise
Wie eine Agentur sollen die Jugendlichen ein Logo entwerfen. Durch diese spielerische Form sollen sie motiviert werden, sich mit dem schwierigen und zunächst abstrakten Begriff „Heiliger Geist" auseinanderzusetzen. Einige Jugendliche werden sich scheuen, eine grafische Umsetzung als Logo zu versuchen, da sie sich als künstlerisch unbegabt empfinden.
Der Katechet sollte daran erinnern, dass bei einem Logo gerade die einfach gehaltene Gestaltung (vgl. Nike, Adidas etc.) zählt.

Social-Media/Internet
Je nach Qualität der in dieser Wegstrecke erarbeiteten Logos können diese mit einer kurzen Erklärung des Projektes auf der Gemeindewebsite veröffentlicht werden.

Verlauf der Einheit

Aussagen der Bibel

Der Katechet bittet die Jugendlichen, sich jeweils zu zweit zusammenzufinden und eine Karte zu ziehen, auf der eine biblische Passage steht. Im Gespräch sollen sie überlegen, wie der Heilige Geist im jeweils vorliegenden Text charakterisiert wird.

Ein Logo für den Geist

Um Produkte beim Konsumenten in Erinnerung zu halten, werden Logos entworfen, die etwas über ein bestimmtes Produkt aussagen. Die Logos leben davon, dass sie eine möglichst stark reduzierte Darstellung präsentieren (vgl. Nike, Adidas, Langnese). Wichtig ist, dass die Logos möglichst eine hohe Emotionalität besitzen und diese mit den Produkten, für die sie stehen, übereinstimmen. Die Entwicklung eines Logos ist ein komplexer Auftrag, der an (Werbe- oder Kommunikations-) Agenturen vergeben und häufig auch gut honoriert wird.
Im zweiten Schritt der Einheit fordert der Katechet die Partnerteams auf, dass diese nun jeweils als „Agentur" tätig werden und versuchen, ein Logo für den Heiligen Geist zu entwerfen. Dabei sollen sie zunächst auf einem Blatt notieren, was das Logo ihrer Meinung nach über den Heiligen Geist aussagen muss. Anschließend soll dies in einem stark reduzierten Bild als Logo umgesetzt werden.

Präsentation

Zum Abschluss wählt jede Agentur für sich selbst einen zugkräftigen Namen, unter dem sie firmiert. Dieser Firmenname wird dem Katecheten mitgeteilt. Der Reihe nach ruft er die einzelnen Agenturen auf, damit diese das von ihnen entwickelte Logo präsentieren. Wichtig ist bei der Präsentation, dass das jeweilige Logo sachlich begründet, zugleich aber auch werblich anpreisend der ganzen Gruppe vorgestellt wird. Die ganze Firmgruppe entscheidet, welche Agentur das aussagekräftigste Logo entwickelt hat.

Und es geschah in jenen Tagen, da kam Jesus aus Nazaret in Galiläa und ließ sich von Johannes im Jordan taufen. Und sogleich, als er aus dem Wasser stieg, sah er, dass der Himmel aufriss und der Geist wie eine Taube auf ihn herabkam. Und eine Stimme aus dem Himmel sprach: Du bist mein geliebter Sohn, an dir habe ich Wohlgefallen gefunden.
(Mk 1,9–11)

Als der Tag des Pfingstfestes gekommen war, waren alle zusammen am selben Ort. Da kam plötzlich vom Himmel her ein Brausen, wie wenn ein heftiger Sturm daherfährt, und erfüllte das ganze Haus, in dem sie saßen. Und es erschienen ihnen Zungen wie von Feuer, die sich verteilten; auf jeden von ihnen ließ sich eine nieder. Und alle wurden vom Heiligen Geist erfüllt und begannen, in anderen Sprachen zu reden, wie es der Geist ihnen eingab.
(Apg 2,1–4)

Der Geist ist es, der lebendig macht; das Fleisch nützt nichts. Die Worte, die ich zu euch gesprochen habe, sind Geist und sind Leben.
(Joh 6,63)

Wenn ihr mich liebt, werdet ihr meine Gebote halten. Und ich werde den Vater bitten und er wird euch einen anderen Beistand geben, der für immer bei euch bleiben soll, den Geist der Wahrheit, den die Welt nicht empfangen kann, weil sie ihn nicht sieht und nicht kennt. Ihr aber kennt ihn, weil er bei euch bleibt und in euch sein wird.
(Joh 14,15–17)

Der Beistand aber, der Heilige Geist, den der Vater in meinem Namen senden wird, der wird euch alles lehren und euch an alles erinnern, was ich euch gesagt habe. Frieden hinterlasse ich euch, meinen Frieden gebe ich euch; nicht, wie die Welt ihn gibt, gebe ich ihn euch. Euer Herz beunruhige sich nicht und verzage nicht.
(Joh 14,26–27)

Die Hoffnung aber lässt nicht zugrunde gehen; denn die Liebe Gottes ist ausgegossen in unsere Herzen durch den Heiligen Geist, der uns gegeben ist.
(Röm 5,5)

Der Gott der Hoffnung aber erfülle euch mit aller Freude und mit allem Frieden im Glauben, damit ihr reich werdet an Hoffnung in der Kraft des Heiligen Geistes.
(Röm 15,13)

Wegstrecke: Was ist uns heilig

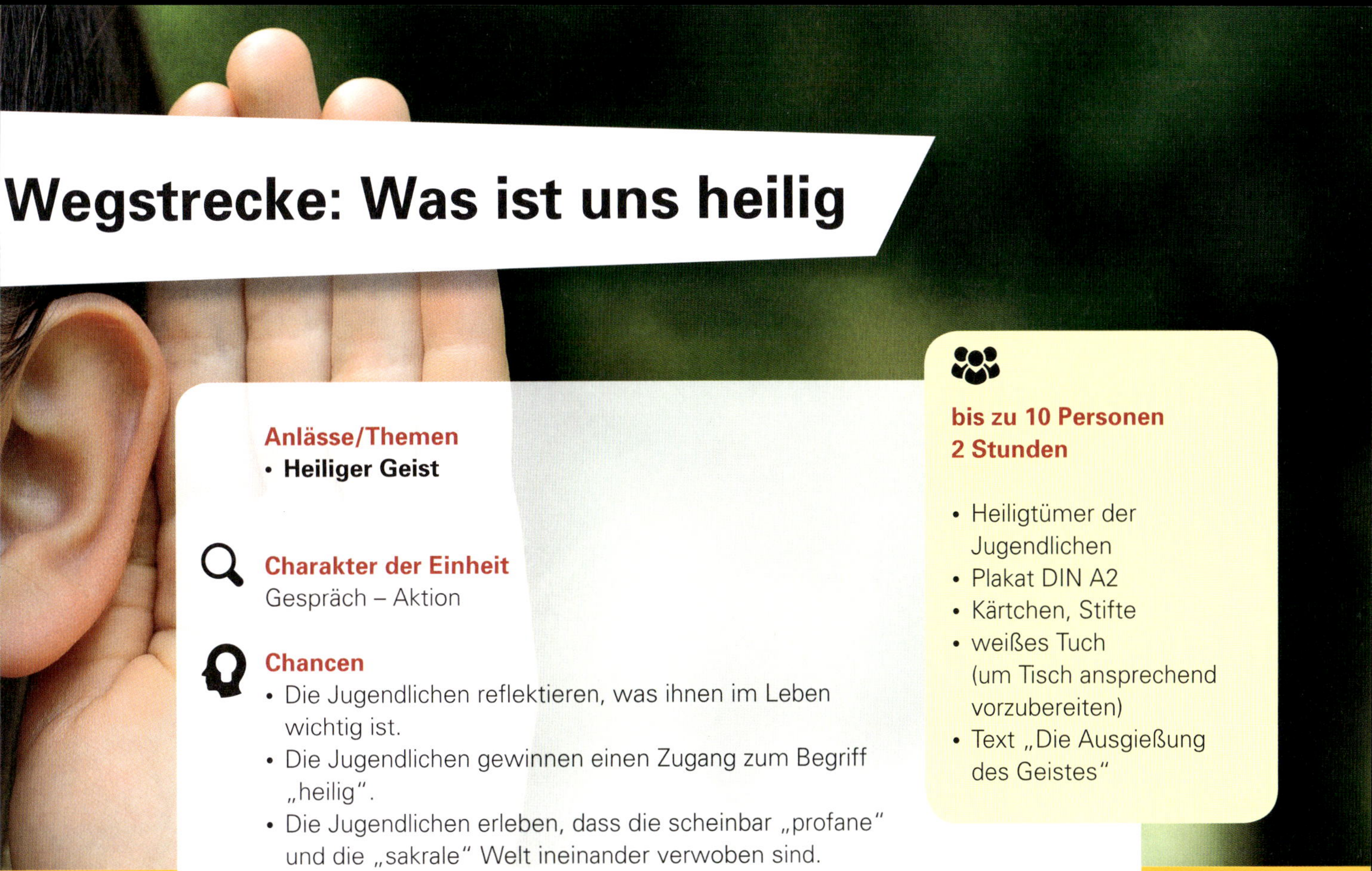

bis zu 10 Personen
2 Stunden

- Heiligtümer der Jugendlichen
- Plakat DIN A2
- Kärtchen, Stifte
- weißes Tuch (um Tisch ansprechend vorzubereiten)
- Text „Die Ausgießung des Geistes"

Anlässe/Themen
- **Heiliger Geist**

Charakter der Einheit
Gespräch – Aktion

Chancen
- Die Jugendlichen reflektieren, was ihnen im Leben wichtig ist.
- Die Jugendlichen gewinnen einen Zugang zum Begriff „heilig".
- Die Jugendlichen erleben, dass die scheinbar „profane" und die „sakrale" Welt ineinander verwoben sind.
- Die Jugendlichen reflektieren, welche Eigenschaften den Heiligen Geist prägen.

Biblisch-theologischer Kontext
Die Ausgießung des Geistes (Joel 3,1-2).

Mögliche Schwierigkeiten/weitere Hinweise
Diese Einheit lässt sich auch durchführen, ohne dabei eine Ausstellung der „Heiligtümer" zu planen. Doch bietet solch ein Ausstellungsprojekt die Chance, eine Brücke zwischen der Firmgruppe und der gesamten Gemeinde zu schlagen.
Um den Jugendlichen einen Zugang zum „Heiligen Geist" zu ermöglichen, muss ihnen bewusst werden, wo sie im Alltag etwas als heilig empfinden. Wichtig ist ein betont respektvoller und ehrfürchtiger Umgang mit den Gegenständen der Jugendlichen, damit sie erleben, dass sie eine vielleicht unvermutete religiöse Dimension besitzen und dass man den heiligen Dingen im Leben mit angemessenen Umgangsformen begegnet.

Social-Media/Internet
Von den Exponaten der Ausstellung werden Fotos gemacht. Diese Fotos werden mit Kurzbeschreibungen auf der Website der Gemeinde oder auf Facebook, Instagram oder in einem anderen von der Kirchengemeinde genutzten Kanal veröffentlicht. Dabei kann eine Einladung ausgesprochen werden, dass auch andere User Fotos von Dingen posten, die ihnen „heilig" sind.

Verlauf der Einheit

Die Heiligtümer der Jugendlichen

Der Katechet bittet die Jugendlichen, für diese Einheit einen Gegenstand mitzubringen, an dem sie besonders hängen und der ihnen „heilig" ist. Dies kann ein Teddy genauso sein wie ein Turnschuh, eine CD, ein Foto etc. Zu Beginn der Einheit werden alle Gegenstände auf einen Tisch gelegt. Da es sich um Gegenstände handelt, die den Jugendlichen erklärtermaßen heilig sind, sollte der Tisch mit einem Tischtuch angemessen ehrfürchtig gestaltet sein. Nun stellen die Jugendlichen den anderen jeweils den Gegenstand vor, den sie mitgebracht haben. Sie erzählen, woher er stammt, welche Geschichte sie mit dem Gegenstand verbinden, wie sie mit ihm umgehen und warum der Gegenstand ihnen besonders heilig ist.

Was ist uns heilig?

Der Katechet legt ein Plakat in die Mitte mit der Aufschrift „Was ist uns heilig?" Er bittet die Jugendlichen, nochmals in Stichworten auf diesem Plakat zu fixieren, was ihnen an den mitgebrachten Gegenständen heilig ist. Anschließend geht er auf diese Stichworte ein und betont, dass es in der Bibel Überlieferungen gibt, in denen gerade die manchmal auch ungewöhnlichen Vorstellungen der Jugendlichen einen besonderen Stellenwert besaßen. Von den frischen Impulsen junger Leute erhoffte man sich eine Erneuerung verkrusteter Zustände. Der Katechet liest eine Passage aus dem Buch des Propheten Joel vor und lässt anschließend Zeit für spontane Äußerungen der Jugendlichen.

Vorbereitung einer Ausstellung

Der Katechet ermutigt die Jugendlichen, in den von ihnen genannten Stichworten auch Visionen für ein menschliches Zusammenleben zu erkennen. Da die Kirche auch heute auf junge Impulse angewiesen ist, schlägt er vor, die Gedanken über das Heilige im Leben in die Gemeinde einzubringen. Der Katechet erläutert, dass es in der katholischen Kirche die Tradition gibt, Heiligtümer aufzubewahren und regelmäßig auszustellen.
Zusammen mit den Jugendlichen überlegt er, wo und wie die Gruppe die von ihnen zusammengetragenen Heiligtümer in der Gemeinde ausstellen bzw. präsentieren kann: Im Rahmen eines Gottesdienstes, in der Kirche, im Pfarrzentrum.
Sinnvoll ist es, bei solch einer Ausstellung für jeden Gegenstand der Jugendlichen eine kleine „Legende" auf eine Karte zu schreiben, die dann mit dem jeweiligen Gegenstand präsentiert werden kann. Die Legende sollte den Namen und das Alter des Jugendlichen nennen und in wenigen Sätzen erläutern, warum dieser Gegenstand dem Jugendlichen heilig ist.

Die Ausgießung des Geistes

Danach aber wird es geschehen: Ich werde meinen Geist ausgießen über alles Fleisch. Eure Söhne und Töchter werden Propheten sein, eure Alten werden Träume haben und eure jungen Männer haben Visionen. Auch über Knechte und Mägde werde ich meinen Geist ausgießen in jenen Tagen.

Joël 3,1-2

Wegstrecke: Christen vor dem Kirchlichen Rat

mindestens 8 Personen
2 Stunden

- Biografiekarten
- Arbeitsblätter mit den Biografien großer Christen

Anlässe/Themen
- **Heiliger Geist**
- **Heilige**

Charakter der Einheit
Rollenspiel

Chancen
- Die Jugendlichen lernen beispielhafte Christen kennen, deren Leben durch eckige Konturen fasziniert.
- Die Jugendlichen erfahren, dass gerade Heilige mit ihrer außergewöhnlichen Lebensweise oft aneckten.

Biblisch-theologischer Kontext
Das Wirken des Heiligen Geistes zeigt seine unterschiedlichen Spuren im Leben der Menschen.

Mögliche Schwierigkeiten/weitere Hinweise
Diese Einheit ist inhaltlich sehr anspruchsvoll und kann nur in einer größeren Gruppe durchgeführt werden. Bei diesem Rollenspiel erhalten einige Jugendliche eine kurze Biografie der Person, die sie bei der Befragung darstellen sollen. Da die Lebensbeschreibungen nur einige ausgewählte Informationen beinhalten, werden die Jugendlichen auf einige Fragen der anderen Jugendlichen nicht antworten können. Der Katechet sollte darauf hinweisen, dass sie bei solchen Fragen natürlich auf die fehlende Information verweisen können.

Social-Media/Internet
Eine bewegende Dokumentation über das Leben und Wirken von Oscar Romero, Erzbischof von San Salvador, findet sich auf Youtube.

Dokumentation über Oscar Romero

Auch der 1989 gedrehte Spielfilm „Romero“ des australischen Regisseurs John Duigan ist höchst sehenswert. Im Film wird das Leben des 1980 ermordeten Erzbischofs von San Salvador, Óscar Romero, dargestellt. Im Verlauf des Films wird die Veränderung Romeros deutlich gemacht. Kontakte mit der unterdrückten Bevölkerung El Salvadors und die Ermordung des befreundeten Priesters Rutilio Grande machen ihn letztlich zu einem scharfen Kritiker der Militärdiktatur. Er setzt sich für soziale und politische Reformen ein, wendet sich gegen die Militärhilfe der USA und gegen die Gewalt in seinem Land. Der Film endet mit der Ermordung Romeros und deutet den darauffolgenden Bürgerkrieg in El Salvador an.

Verlauf der Einheit

Ein Gesicht geben

Der Katechet erläutert eingangs kurz den Verlauf der Einheit: Einige Jugendliche sollen sich in die Rolle bestimmter Persönlichkeiten versetzen und einem „Kirchlichen Rat“ Rede und Antwort stehen, dem merkwürdige Details über das Leben dieser Personen zu Ohr gekommen sind. Dieser Rat will entscheiden, ob er im Leben dieser Persönlichkeiten ein Wirken des Heiligen Geistes feststellen kann. Einer der Jugendlichen ist der „Ratsvorsitzende“, die anderen Jugendlichen seine Beisitzer.

Nachdem der Katechet dies kurz umrissen hat, bittet er drei Jugendliche, sich jeweils eine Kurzbschreibung über das Leben ausgewählter Christen durchzulesen und sich anschließend für eine Person zu entscheiden, die sie im weiteren Verlauf der Einheit darstellen wollen. Der Katechet händigt ihnen anschließend die ausführlichere Biografie der ausgewählten Person aus und bittet diese Jugendlichen, sich in einem anderen Raum ca. eine Viertelstunde lang mit dem Leben der Person vertraut zu machen, die sie im folgenden Rollenspiel darstellen werden.

Die Aufgabe des Kirchlichen Rats

Der Katechet erklärt dem „Kirchlichen Rat“ anschließend seine Aufgabe: Er soll die drei Persönlichkeiten der Reihe nach zu ihrem Leben befragen. Einige Fragen sind vorgegeben, doch können sowohl der Ratsvorsitzende als auch die Beisitzer zusätzliche Fragen stellen. Mit ihren Fragen soll sich der Rat ein Bild über den Charakter und Lebenswandel der Befragten machen. Alle Fragen sind gestattet, nur die Fragen nach den Namen der Persönlichkeiten sind verboten – diese sollen dem „Kirchlichen Rat“ bis nach seiner Urteilsverkündung verborgen bleiben. Für jede Befragung hat der Rat bis zu zehn Minuten Zeit.

Die Befragung

Die Mitglieder des Kirchlichen Rates setzen sich zusammen und erhalten als Hilfe den Fragenkatalog. Nun rufen sie die drei anderen Jugendlichen wieder herein, die sich ihnen gegenübersetzen sollen. Anschließend beginnt die Befragung.

Nachdem der Rat alle Personen befragt hat, zieht er sich fünf Minuten lang zur Beratung zurück. Anschließend soll er entscheiden und begründen, in wessen Leben er die Kraft des Heiligen Geistes wirken sieht.

Biografiekarten

Der Narr Gottes

Der Sohn eines Rechtsanwaltes riss von zu Hause aus und lebte dann als Penner in einer Großstadt. Seine Spezialität waren skurrile Scherze. So ließ er sich z. B. mitten in einer neuen Kirche während eines Gottesdienstes von einem Barbier eine neue Frisur machen, oder er stolzierte als Kardinal verkleidet durch die Stadt. Dabei hatte er stets die Lacher auf seiner Seite. Es passierte auch, dass er plötzlich in religiöse Ekstase geriet - dann wurde er meistens ausgelacht. Der lockere religiöse Treffpunkt, den er gründete, war – im Gegensatz zu den Kirchenhäusern – stets überfüllt.

Die meditierende Emanze

Sie schloss sich gegen den Willen ihrer Eltern einer christlichen Frauengruppe an und besetzte mit Gesinnungsgenossinnen ein kleines Haus, in dem sie eine Wohn- und Lebensgemeinschaft gründete. Dank ihrer guten Beziehungen konnte eine Räumung durch die Polizei verhindert werden. Ihre radikalen Ideen vom christlichen Leben brachten ihr viel Ärger ein. So musste sie sich z. B. vor einem Prüfungsausschuss für ihr Handeln verteidigen. Nicht zuletzt war sie eine Kämpferin für die Frauen-Emanzipation, die auch Sätze wie „Verflucht sei der Mann“ von sich gab.

Die Stimme der Gerechtigkeit

Er war unpolitisch, konservativ und Priester in El Salvador, einem Land in Mittelamerika, das von wenigen reichen Familien und von Militärs beherrscht und ausgebeutet wurde. Er wurde Erzbischof von San Salvador, der Hauptstadt des Landes, und erlebte, wie Priester und Laien seines Bistums, die sich für die Rechte der Armen einsetzten, von rechtsgerichteten Todesschwadronen umgebracht wurden. Diese Erfahrung veränderte ihn. Er begann, die ungerechten Zustände anzuklagen, rief die Soldaten zur Befehlsverweigerung auf, wurde Anwalt der Armen: „Es ist die Aufgabe einer gerechten Kirche, unter den Armen zu arbeiten, zu ihnen in einer echten Solidarität zu stehen, selbst bis zum Punkt des Risikos und des Schicksals der Verfolgung, willig das maximale Zeugnis der Liebe zu geben, um diejenigen, die Jesus besonders liebte, zu verteidigen und zu beschützen.“ Während eines Gottesdienstes wurde er erschossen.

Fillipo Neri

Der Narr Gottes

Das Rom der späten Renaissance war nicht gerade ein Ort der stillen Frömmigkeit: Maskenball im Vatikan, ein 17jähriger „Lustknabe" wird zum Kardinal geweiht, und eine uneheliche Kaisertochter heiratet einen Papstenkel. In diese Stadt kommt der junge Fillipo Neri. Am 21.7.1515 geboren, läuft er schon 1532, mit 17, seinem Vater, einem Notar aus Florenz, davon. Der jugendliche Ausreißer lebt als Stadtstreicher in Rom. Einer der vielen Gassenlümmel. Und doch ein bisschen anders als die anderen: Fillipo Neri ist fromm.

Das ist nicht selbstverständlich in einer Zeit, in der manche Gläubige die Kirche nur noch durch Seiteneingänge betreten, um nicht verspottet zu werden. Priester rufen oft nur noch Gelächter am Altar hervor, weil sie nicht mehr wissen, wie man die Messe liest, oder weil sie absichtlich Unfug mit dem Messritus treiben.
Fillipo Neri ist fromm, sehr fromm. Frömmigkeit bedeutet nicht zwangsläufig, nur mit gefalteten Händen und mildem Blick schräg nach oben zu schauen. Bei Fillipo Neri ist Frömmigkeit eine tiefe Leidenschaft. Wenn er in religiöse Ekstase gerät, gibt es keine Beherrschung mehr: Er stößt einen Schrei aus oder tanzt und springt durch die Kirche. Beim Anblick eines Kreuzes kann es passieren, dass er in Tränen ausbricht und die Hände zum Himmel reckt. In völliger Ekstase steht er dann da. Man kann ihn anschreien oder schlagen, er zeigt keine Reaktion. Wenn diese religiösen Ekstasen abgeklungen sind, hat er nur eine einfache Erklärung dafür: „Ich bin wund vor Liebe zu Gott."
Weil ihn diese religiöse Verzückung körperlich stark belastet, versucht Fillipo Neri sich abzulenken, z. B. durch die Lektüre unseriöser Romane. Aber es gelingt ihm nicht. Immer wieder packt ihn der Rausch religiöser Ekstase.
Meist erntet Fillipo Neri nur Gelächter und Hohn für seine Frömmigkeits-Ausbrüche. Aber es gelingt ihm immer wieder, höhnische Lacher auf seine Seite zu ziehen, sie für die Faszination des Glaubens aufzuschließen. Dabei hilft ihm vor allem sein Humor. Unzählige Witze soll Fillipo Neri erzählt haben. Manche hat er auch selbst gespielt: Als Kardinal kostümiert, lässt er sich von Straßenjungen die Schleppe tragen. Einmal bestellt er den Friseur in die Kirche und lässt sich mitten im Gottesdienst mit vielen Faxen neu frisieren.
Fillipo Neri, der Narr Gottes, wird bald so etwas wie der „Stadtheilige" von Rom. Obwohl er sich dagegen sträubt, wird er schließlich sogar zum Priester geweiht. (Er hat Angst, beim Feiern der Messe ständig in Ekstase zu geraten.) In einer Dachkammer sammelt er Anhänger um sich, denen er religiöse Texte vorliest. Die Predigt über den Text hält dann kein Priester, sondern einer der Anwesenden, manchmal sogar ein Kind. In einem größeren Dachboden bildet sich dann eine Art lockere Wohngemeinschaft, die sich „Oratorium" nennt: Es gibt keine Regeln, noch nicht einmal feste gemeinsame Mahlzeiten, man lebt einfach zusammen in zwangloser Frömmigkeit. Auch heute gibt es noch „Oratorianer". Sie betreiben z. B. in Aachen Deutschlands erstes Hospiz (Sterbeklinik).
In einem Punkt irrte sich Fillipo Neri jedoch. Nachdem er, immerhin schon siebzig Jahre alt, mit seinem späteren Freund, dem später heiliggesprochenen Felix von Cantalice, einen dicken Schlauch voll Wein geleert hatte und durch die Kirchen von Rom torkelte und unanständige Lieder gesungen hatte, meinte er: „Felix, das war deine beste Idee. Jetzt kommt bestimmt niemand mehr auf die Idee, uns beide als Heilige zu verehren." Es kam anders.

Am 26.5.1595 starb Fillipo Neri, am 12.5.1622 wurde er heiliggesprochen.
aus: W. Christmann, Exemplarische Christen. Materialdienst 1-90

Teresa von Avila

Die meditierende Emanze

Simone de Beauvoir sieht in ihr eine Vorkämpferin der Frauen-Emanzipation. Papst Paul VI. hat ihr 1970 als erster Frau den Ehrentitel „Lehrerin der Christenheit" verliehen: Teresa (bzw. Theresia) von Avila.
1515 geboren, trat sie schon 1535, im Alter von 20 Jahren, in den Karmeliterinnen-Orden ein, obwohl sie in ihrer Jugend für Mode, Schönheit und Romantik aufgeschlossen war. „Sobald ich spürte, dass ich einem Mann gefiel und er mir, erfasste mich eine solche Zuneigung zu ihm, dass ich ohne Unterlass an ihn denken musste", schrieb Teresa im Rückblick auf die Zeit. Wahrscheinlich erschien ihr das Ordensleben dann doch attraktiver als die Ehe. Ihre Mutter war nach einer Hochzeit mit 15 im Alter von 27 Jahren gestorben, nachdem sie viele Kinder zur Welt gebracht hatte. Vielleicht konnte sie sich auch die von Ehefrauen erwartete Anpassung, ja Unterwerfung unter einen Ehemann nicht vorstellen.
„Nie ist es mir gelungen, meinen Verstand jemandem unterzuordnen, dem es daran fehlt", sagte sie später einmal.
Teresa entschied sich für den Orden. Als Tochter aus gutem Hause bedeutete der Eintritt ins Kloster keineswegs den Verzicht auf jede Annehmlichkeit. Ihr Vater, der sehr wohlhabend war und anfangs Teresas Ordenseintritt scharf ablehnte, zahlte ihr eine ansehnliche Rente. Doch das Abenteuer eines ganz Gott gewidmeten Lebens schien zu misslingen. Nach einem Jahr war Teresa nervlich und körperlich am Ende. Das Grab war schon ausgehoben für sie, als sie doch noch die Krankheit überwand.
Die folgenden Jahre waren Ordensalltag. Erst in ihrem vierten Lebensjahrzehnt erfährt Teresa so etwas wie eine zweite Bekehrung. Vor dem Bild des Gekreuzigten bricht sie in Tränen aus. Von da an wird Teresa immer wieder das Erlebnis tiefer mystischer Erfahrung zuteil. Doch trotz aller Glaubenserfahrung bleibt Teresa realistisch und pragmatisch orientiert. Sie erkennt, dass das Leben einer „Nonne aus besserem Hause" nicht das Richtige für sie ist. Was liegt näher, als ein eigenes Kloster zu gründen. Mit vier gleich gesinnten Nonnen wird ein ärmliches Haus heimlich renoviert. Am Morgen des 24. August 1562 schleicht sich Teresa unter einem Vorwand aus dem Kloster. Kurz danach erklingt die Glocke des ersten von Teresa gegründeten Reformklosters. Eine Sensation: ein Kloster, nur von Frauen gegründet. Und nicht von reichen Vätern oder Brüdern finanziert. In einer Zeit, in der Frauen für unmündig gehalten wurden, ein mittlerer Skandal. Das aufgebrachte Volk von Avila, das sie als Spinnerin beschimpft und mit Steinen bewirft, ruft schließlich nach der Staatsgewalt. Doch Teresa kann den verdutzten Polizisten eine Verfügung aus Rom unter die Nase halten, die sie rechtzeitig vor der Klostergründung unter Umgehung des Amtsweges besorgt hatte. In der Folgezeit gründete Teresa viele weitere Klöster in Spanien, in denen Arbeit und Meditation im Mittelpunkt stehen. Bei all dem organisatorischen Aufwand der Klostergründungen bleibt Teresa vor allem eine große Mystikerin, die immer wieder beglückende tiefe Glaubenserfahrungen macht. „Das innerliche Gebet ist nichts anderes als ein Gespräch mit einem Freund, mit dem wir oft und gern allein zusammen sind", sagt Teresa. Manchmal beklagt sie sich auch bei ihrem Freund im Gebet: „Wenn ich unsere Zeit überblicke, finde ich es durchaus nicht richtig, dass man starke und wohlgemute Seelen nur deshalb verachtet, weil sie Frauen sind ..."
Teresa selbst lässt sich von der Geringschätzung der Frau in ihrer Zeit nicht beirren. Johannes vom Kreuz, ebenfalls ein großer Mystiker dieser Zeit, erhält von ihr seine Mönchskutte für den ersten „Männer-Ableger" ihrer karmelitischen Reform-Klöster.
Im Alter von 67 Jahren, am 4. Oktober 1582, stirbt Teresa. Ihr Kopf liegt in den Händen einer kastilischen Bauerntochter, und ihr Gesicht ist in einer unbeschreiblichen Ekstase verklärt.

aus: W. Christmann, Exemplarische Christen. Materialdienst 1-90

Oscar Arnulfo Romero

Die Stimme der Gerechtigkeit

Als Oscar Arnulfo Romero zum Erzbischof von San Salvador, der Hauptstadt El Salvadors, geweiht wurde, wollten politisch engagierte Priester ihre Arbeit niederlegen. Bischof Romero galt als unpolitischer Konservativer, der nicht viel übrig hatte für die Arbeit von Priestern, die sich auch politisch für die Rechte der Armen einsetzten.
Romeros Einstellung änderte sich rasch. Wenige Wochen nach seiner Amtseinführung als Erzbischof wurde der Priester Rutilio Grande von rechtsgerichteten Paramilitärs ermordet. Er hatte unter den Landarbeitern, den Campesinos, gelebt und sich am Aufbau von Landarbeiter-Organisationen beteiligt.
Rutilio Grande war nicht der einzige Priester, der für sein Leben an der Seite der Armen mit dem Tode bestraft wurde. Die Todesschwadronen machten Ernst mit dem Motto: „Diene deinem Vaterland, töte einen Priester."
Bei der Beerdigung von Pater Rutilio Grande erlebte Romero, wie er selbst es nannte, „seine Bekehrung". Er setzte sich von nun an selbst für die Armen und Entrechteten ein. Seine sonntäglichen Predigten, die der kirchliche Sender Ysax im Radio übertrug, wurden im ganzen Land gehört. Er prangerte die Menschenrechtsverletzungen der Militärs und der rechtsgerichteten Todesschwadronen an.
Das erzbischöfliche Rechtshilfebüro dokumentierte die vielen Fälle von Folter und Mord an denen, die sich für die Rechte der Armen einsetzten. Und Bischof Romero forderte immer wieder soziale Gerechtigkeit. Dabei scheute er sich nicht, diejenigen anzuklagen, die das Land El Salvador wie ihren Privatbesitz verwalteten: eine kleine Gruppe von reichen und mächtigen Familien und das Militär.
Das alles blieb nicht ohne Folgen. Zunächst wurde Romero nur als „Psychopath" diffamiert. Dann wurde der kirchliche Sender Ysax in die Luft gejagt. In seiner letzten großen Predigt forderte Romero die Soldaten zur Befehlsverweigerung auf:
„Brüder, ihr gehört zu unserem Volk. Ihr tötet eure eigenen Brüder unter den Bauern. Ein Mensch mag euch befehlen zu töten, aber das Gesetz Gottes, welches sagt, Du sollst nicht töten!, sollte die Oberhand gewinnen! Kein Soldat ist verpflichtet, einem Befehl zu gehorchen, der wider das Gesetz Gottes gerichtet ist! Ein unmoralisches Gesetz verpflichtet niemanden! Es ist höchste Zeit, dass ihr auf euer Gewissen hört und vielmehr seinen Geboten Folge leistet als sündenhaften Befehlen!"
Am nächsten Tag, dem 24. März 1980, wurde Bischof Romero während einer Messe am Altar erschossen.

aus: W. Christmann, Exemplarische Christen. Materialdienst 1-90

Fragen für den „Kirchlichen Rat“

- Sind Sie fromm?
- Was zeichnet Ihr Leben aus?
- Sieht Ihr Leben anders aus als das Ihrer Mitbürger?
- Wie reagiert die Umwelt auf Ihren Lebensweg?
- Haben Sie Gegner oder sogar Feinde?
- Gibt es in Ihrem Leben ein Ereignis, das Sie als Bekehrung bezeichnen können?

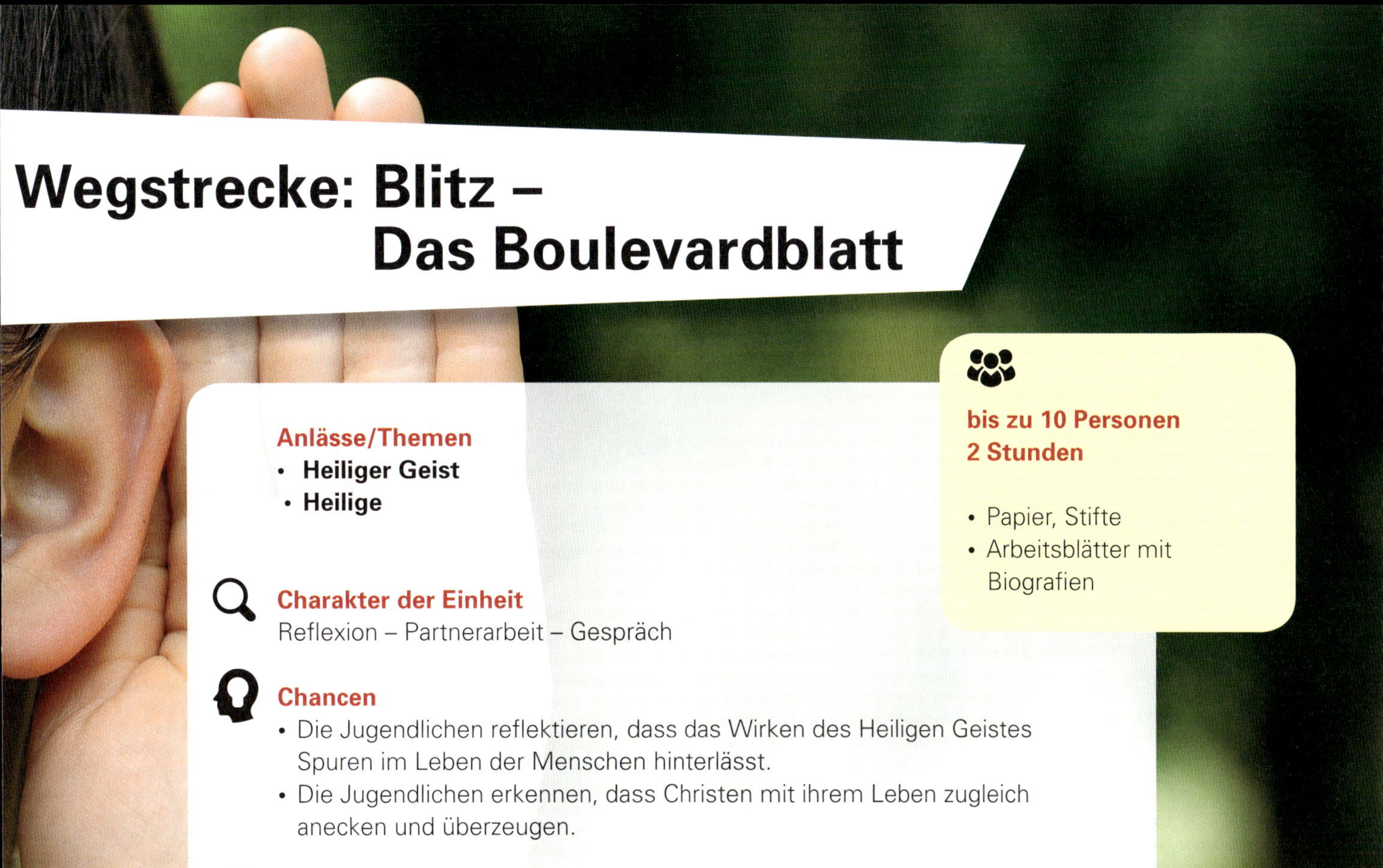

Wegstrecke: Blitz – Das Boulevardblatt

bis zu 10 Personen
2 Stunden

- Papier, Stifte
- Arbeitsblätter mit Biografien

Anlässe/Themen
- **Heiliger Geist**
- **Heilige**

Charakter der Einheit
Reflexion – Partnerarbeit – Gespräch

Chancen
- Die Jugendlichen reflektieren, dass das Wirken des Heiligen Geistes Spuren im Leben der Menschen hinterlässt.
- Die Jugendlichen erkennen, dass Christen mit ihrem Leben zugleich anecken und überzeugen.

Biblisch-theologischer Kontext
Ein alternativer Lebensstil prägt das Leben vieler Christen (Röm 12,2).

Mögliche Schwierigkeiten/weitere Hinweise
Möglicherweise haben einige Jugendliche Hemmungen, einen „richtigen Zeitungsartikel" zu verfassen. Der Katechet kann sie ermutigen, indem er darauf verweist, dass Boulevardjournalisten umgangssprachlich formulieren und die Sachverhalte möglichst einfach darstellen. Gedankenakrobatik wird nicht gewünscht.

Social-Media/Internet
Wenn es vor Ort Menschen gibt, die sich ein wenig mit Web-Programmierung auskennen, dann könnte es lohnen, die Zeitung online umzusetzen. So könnte z. B. ein Unterbereich eines bereits existierenden Firmblogs geschaffen werden, in dem die entstehenden Artikel veröffentlicht werden. Auch eine neue Website z. B. als Wordpress-Installation ist schnell erstellt, wenn der entsprechende Webspace vorhanden ist. Der Aufwand lohnt vor allem dann, wenn er von Firmkurs zu Firmkurs genutzt und ausgebaut wird.

Verlauf der Einheit

Was sind Heilige?

Der Katechet bittet die Jugendlichen, sich spontan (bzw. in einem „Blitzlicht“) zu folgenden Stichworten zu äußern:

- christlicher Lebensstil
- Vorbilder
- religiöse Vorbilder
- Heilige
- Heiligenverehrung
- …

Außergewöhnliche Biografien

Im zweiten Schritt bittet der Katechet die Jugendlichen, sich paarweise zusammenzufinden. Sie sollen in den Zweiergruppen jeweils ein Redaktionsteam des Boulevardblatts „Blitz“ bilden. Der Katechet händigt jedem Redaktionsteam die **Biografie eines außergewöhnlichen Christen** (siehe Seite 131-133) aus und bittet das Team, die Lebensbeschreibung zu lesen. Anschließend soll das Redaktionsteam einen möglichst reißerisch formulierten Text über die beschriebene Person fomulieren, der nicht länger als eine DIN A4-Seite sein darf. Natürlich gehört zu diesem Text, der in „Blitz“ veröffentlicht werden soll, eine flotte Überschrift. Das Schreiben der Beiträge wird einige Zeit (ca. eine Stunde) in Anspruch nehmen.
Gut ist es, wenn verschiedene Räume für die Arbeit der Redaktionsteams zur Verfügung stehen.

Artikel für Blitz

Wenn alle Artikel geschrieben sind, treffen sich die Redaktionsteams zur Redaktionskonferenz. Sie stellen sich ihre Beiträge gegenseitig vor. Damit die Beiträge in regelmäßigen Abständen in Blitz erscheinen können, muss im Boulevardblatt natürlich eine neue Rubrik eingeführt werden. Der Katechet übernimmt die Rolle des Chefredakteurs und fordert die „Redakteure“ auf, gemeinsam einen prägnanten Rubrikentitel für die geschriebenen Beiträge zu formulieren. Was muss solch ein Rubrikentitel aussagen?

Chefkritik

Nachdem alle Artikel in der neuen Rubrik in „Blitz“ erschienen sind, trifft sich die Redaktionskonferenz noch einmal. Der Katechet schlüpft wieder in die Rolle des gesprächsleitenden Chefredakteurs und fragt die „Redakteure“, was sie bei der Begegnung mit den beschriebenen Persönlichkeiten besonders angesprochen hat.

Wegstrecke: Grenzen überwinden

bis zu 10 Personen
1–2 Stunden

- 5 m Stacheldraht (z. B. aus einem Baumarkt), der zu einem Kreis gebogen wird.
- Zettel, Stifte
- Bild „Untitled" von Keith Haring
- kopierte Bibelstellen
- kopierte Gebetskarten

Anlässe/Themen

- **Geist**
- **Wo der Geist weht, ist Befreiung**

Charakter der Einheit

Diskussion – Stille – Meditation

Chancen

- Die Jugendlichen benennen eigene Grenzerfahrungen und erfahren, dass sie sich in der Gruppe den eigenen Grenzen stellen dürfen.
- Sie setzen sich mit der biblischen Botschaft vom befreienden Geist Gottes auseinander.

Biblisch-theologischer Kontext

Der Heilige Geist ist biblisch gesprochen eine Kraft, die Neues schafft, die Gerechtigkeit zum Ziel hat, die in Grenz- und Notsituationen beisteht und frischen Wind in die Welt bringt.

Mögliche Schwierigkeiten/weitere Hinweise

Diese Einheit setzt bei der Gruppe ein gewisses Maß an Vertrauen voraus, da sehr persönliche Aspekte zur Sprache kommen können. Es sollte im Vorfeld daran erinnert werden, dass all das, was in dieser Einheit zur Sprache kommt, nicht nach außen getragen wird!

Social-Media/Internet

Die Jugendlichen können eingeladen werden, besonders aufmerksam für das Wirken des Geistes zu sein. Unter dem Hashtag #geistvoll sollen sie Situationen im Gruppenchat (oder aber auf Twitter, Facebook …) posten, in denen für sie der Geist Gottes spürbar war.

Verlauf der Einheit

Einstieg
Die Gruppe versammelt sich im Kreis – je nach Möglichkeit auf dem Boden. In der Mitte liegt ein kreisförmiger Stacheldraht. Der Katechet teilt der Gruppe mit, dass die heutige Einheit um das Thema „Grenzen erfahren – Grenzen überwinden" kreist. Jeder Jugendliche bekommt einige Zettel, auf die er aufschreiben soll, wo er in seinem Leben Grenzen erfahren hat bzw. erfährt. Dazu lässt der Katechet ruhige, meditative Musik laufen. Wenn alle Jugendlichen mit dem Schreiben fertig sind, werden die Zettel vorgelesen und an dem Stacheldraht befestigt.

Bildbetrachtung
Das Bild **„Untitled"** von Keith Haring wird vom Katecheten an der Wand befestigt. Die Jugendlichen tauschen ihre ersten Eindrücke aus. Anschließend versucht die Gruppe, dem Bild einen Namen zu geben. Besteht eine Verbindung zwischen dem Bild und der als Einstieg gewählten Stacheldrahtaktion? Der Katechet gibt der Gruppe einige Hinweise zum Leben und Werk von Haring (Als Keith Haring 1990 31-jährig starb, hinterließ er ein künstlerisches Erbe, das die 1980er-Jahre nachhaltig prägte. Seine Bilder waren überall zu finden: Auf Nachtclub-Wänden ebenso wie in modernen Bürogebäuden, auf T-Shirts, Postern etc. Haring besaß die Fähigkeit, die Gegenwart in ihrer Vielfalt darzustellen. Mit einer unvorstellbaren Schaffenskraft, Leichtigkeit und Ironie entstanden viele seiner Werke im Angesicht von Aids. Keith Haring, der selbst Opfer dieser Krankheit wurde, ließ die Erträge aus seinen Werken ausschließlich wohltätigen Zwecken zukommen). Daraufhin teilt er der Gruppe mit, dass Haring das Bild mit dem Satz „Nichts ist so erfrischend wie ein beherzter Schritt über die Grenzen" kommentiert hat. Nun soll jeder Jugendliche sich noch einmal seine Grenzen in Erinnerung rufen, die er bei der Einstiegsaktion aufgeschrieben hat. Was sagt ihm das Bild in Bezug auf seine Grenzerfahrungen? Hierüber findet ein kurzer Austausch statt.

Bibelgespräch
Biblisch ist der Geist Gottes eine Kraft, die Menschen immer wieder Grenzen überschreiten lässt. Mit diesem Hinweis verteilt der Katechet die kopierten **Bibelstellen** im Raum und lädt die Jugendlichen ein, in Ruhe diese Stellen zu lesen. Jeder soll dann die Bibelstelle, die ihn im Moment am meisten anspricht, auswählen. Jede Stelle ist mehrmals kopiert, so dass mehrere Jugendliche dieselbe Stelle auswählen können. Wenn jeder eine Bibelstelle ausgesucht hat, versammelt sich die Gruppe wieder im Kreis um den Stacheldraht. Reihum lesen nun die Jugendlichen die von ihnen gewählte Bibelstelle vor und erzählen den anderen, warum sie gerade diese Stelle ausgewählt haben. Die Aussagen der Jugendlichen werden an dieser Stelle so stehen gelassen. Es soll keine Diskussion stattfinden. Die Bibelstellen werden über den Stacheldraht gelegt. Wenn alle Jugendlichen ihre Statements abgegeben haben, kann der Katechet mit folgenden Impulsen die Jugendlichen zu einem Austausch motivieren:

- Ist euch an den Äußerungen der anderen etwas aufgefallen?
- Hat euch etwas besonders angesprochen oder gestört?
- Könnt ihr die Bibelstellen in Verbindung bringen mit den Grenzerfahrungen, die ihr zu Beginn dieser Einheit an den Stacheldraht geheftet habt?

Abschluss
Zum Abschluss der Einheit liest der Katechet oder einer der Jugendlichen den Text **„Was heißt Begeisterung?"** vor. Es können auch die Gebetskarten von Seite 142 eingesetzt werden.

Bibelstellen

Verbirgst du dein Angesicht, sind sie verstört,
nimmst du ihnen den Atem, so schwinden sie hin
und kehren zurück zum Staub.
Du sendest deinen Geist aus: Sie werden erschaffen
und du erneuerst das Angesicht der Erde.
(Ps 104,29–30)

Dann wird die Wüste zum Garten
und der Garten wird zum Wald.
In der Wüste wird wohnen das Recht
und in dem Garten wird die Gerechtigkeit weilen.
Das Werk der Gerechtigkeit wird Friede sein
und der Ertrag der Gerechtigkeit sind Ruhe und
Sicherheit für immer.
(Jes 32,15–17)

Denn so spricht der Hohe und Erhabene,
er wohnt in Ewigkeit, sein Name ist Der Heilige:
Als Heiliger wohne ich in der Höhe,
aber ich bin auch bei dem Zerschlagenen und dem im
Geist Niedrigen,
um den Geist der Niedrigen wieder aufleben zu lassen
und das Herz der Zerschlagenen neu zu beleben.
(Jes 57,15)

Siehe, mein Knecht, den ich erwählt habe,
mein Geliebter, an dem ich Gefallen gefunden habe.
Ich werde meinen Geist auf ihn legen
und er wird den Völkern das Recht verkünden.
(Mt 12,18)

Und wenn man euch abführt und ausliefert, macht euch nicht im Voraus Sorgen, was ihr reden sollt; sondern was euch in jener Stunde eingegeben wird, das sagt! Denn nicht ihr werdet dann reden, sondern der Heilige Geist.
(Mk 13,11)

Der Geist des Herrn ruht auf mir;
denn er hat mich gesalbt.
Er hat mich gesandt,
damit ich den Armen eine frohe Botschaft bringe;
damit ich den Gefangenen die Entlassung verkünde
und den Blinden das Augenlicht;
damit ich die Zerschlagenen in Freiheit setze und ein
Gnadenjahr des Herrn ausrufe.
(Lk 4,18)

Der Wind weht, wo er will; du hörst sein Brausen, weißt aber nicht, woher er kommt und wohin er geht. So ist es mit jedem, der aus dem Geist geboren ist.
(Joh 3,8)

Der Beistand aber, der Heilige Geist, den der Vater in meinem Namen senden wird, der wird euch alles lehren und euch an alles erinnern, was ich euch gesagt habe. Frieden hinterlasse ich euch, meinen Frieden gebe ich euch; nicht, wie die Welt ihn gibt, gebe ich ihn euch. Euer Herz beunruhige sich nicht und verzage nicht.
(Joh 14,26–27)

Da kam plötzlich vom Himmel her ein Brausen, wie wenn ein heftiger Sturm daherfährt, und erfüllte das ganze Haus, in dem sie saßen. Und es erschienen ihnen Zungen wie von Feuer, die sich verteilten; auf jeden von ihnen ließ sich eine nieder. Und alle wurden vom Heiligen Geist erfüllt und begannen, in anderen Sprachen zu reden, wie es der Geist ihnen eingab.
(Apg 2,2–4)

In den letzten Tagen wird es geschehen, so spricht Gott: Ich werde von meinem Geist ausgießen über alles Fleisch. Eure Söhne und eure Töchter werden prophetisch reden, eure jungen Männer werden Visionen haben und eure Alten werden Träume haben.
(Apg 2,17)

Auch über meine Knechte und Mägde werde ich von meinem Geist ausgießen in jenen Tagen und sie werden prophetisch reden.
(Apg 2,18)

Der Herr aber ist der Geist; wo aber der Geist des Herrn ist, da ist Freiheit.
(2 Kor 3,17)

Was heißt Begeisterung?

Im Wort „Begeisterung“ steckt das Wort „Geist“ und dieses Wort gebrauchen wir in verschiedenen Zusammenhängen:

- sich begeistern lassen
- den anderen begeistern
- begeistert sein
- geistesabwesend
- im Geiste von jemandem handeln
- geistreich
- Geistesblitz
- Geistesgaben
- Geistesgegenwart
- Begeisterungssturm
- entgeistert
- mit Geisteszungen reden
- vom Geist ergriffen sein

Woran lag es, dass die Person Jesu so aufgefallen ist in ihrer Zeit? Und dass heute noch sein Wort in uns lebendig ist? Ich denke, es war die Begeisterung, die er ausgestrahlt hat für seine Sache. Er hat die von ihm Angesprochenen zum Nachdenken gebracht. Er hat sie dazu gebracht, an ihn und seine Botschaft zu glauben. Das gab Kraft und Mut zum Weiterleben. In der Begeisterung stecken Geist, Mut, Kraft und Leben. Die Jünger Jesu haben sich begeistern lassen, dadurch ihre Angst und Verzweiflung überwunden und zu den Menschen über ihren Glauben und die Botschaft Jesu vom Reich Gottes gesprochen. Alle konnten verstehen, was die Jünger sagten. Sie waren sich nicht mehr fremd und spürten: Es kommt nicht auf die Sprache an, es kommt nicht darauf an, zu welchem Volk oder zu welcher Rasse einer gehört, denn Menschen, die auf Jesus hören, können einander verstehen. Menschen unterschiedlicher Herkunft mit verschiedenen Fähigkeiten und Zielen werden zu einer Gemeinschaft, die weiß, in wessen Namen und aus wessen Geist sie die Gegenwart verändern und die Zukunft vorbereiten kann.

Keith Haring, Untitled, 1989, Keith Haring artwork, © Keith Haring Foundation

Beten mit Gebetskarten der „Jugendgebete"

geist der freiheit,
hauch des lebens,
lass dich auf mir nieder.
ströme tief in mich hinein
und vertreibe meine angst.
mein mund wird dein mund,
meine hände werden deine hände.
und dein mut wird
meine befreiung sein.

kv

weil gott nicht will,
dass alles so bleibt
wie bisher;

weil gott außer sich gerät,
nicht einsam und allein
für sich bleiben will;

weil gott nicht zulässt,
dass die welt von allen
guten geistern verlassen ist;

weil gott in dir wirken will,
um diese welt zu verändern,
sendet er den heiligen geist.

kv

KIRCHE

Wegstrecke: Wie war es anfangs?

bis zu 15 Personen
2 Stunden

- Bausteine aus Papier in zwei verschiedenen Farben
- Text aus der Apostelgeschichte
- Arbeitsblatt „Was ist daraus geworden?“
- Liedblatt „Herr, erwecke deine Kirche“

Anlässe/Themen
- **Kirche**
- **Das Leben in der Urgemeinde**

Charakter der Einheit
Reflexion

Chancen
- Die Jugendlichen werden mit einer Vision der Kirche aus der Apostelgeschichte konfrontiert.
- Die Jugendlichen lernen, zwischen Anspruch und Wirklichkeit der Kirche zu unterscheiden.

Biblisch-theologischer Kontext
Das Leben in der Jerusalemer Urgemeinde (Apg 2,44-47).

Mögliche Schwierigkeiten/weitere Hinweise
In der Apostelgeschichte wird das Leben in der Jerusalemer Gemeinde beschrieben. Heute ist bekannt, dass es sich bei diesem Text um eine stark idealisierte Darstellung handelt. Auch in der Urgemeinde „menschelte“ es, und es gab neben aller Harmonie natürlich auch Konflikte. Der Text aus der Apostelgeschichte zeigt kein realistisches Abbild der Gemeindesituation, sondern malt eher eine große Vision von christlicher Gemeinschaft.

Social-Media/Internet
Zum Thema „Kirche“ kann (z. B. nach einem Gottesdienst, bei den Eltern, in der Kita, im Altenheim …) eine Umfrage gestartet werden. Menschen werden eingeladen, bis zu drei Adjektive zu benennen, wie eine Kirche sein müsste, die für sie attraktiv ist.
Die Stichworte werden gesammelt und dann in einem „Wordle“ ausgewertet. Das „Wordle“ kann als weiterer Impuls zum Gespräch in dieser Wegstrecke dienen.

Wordle

Verlauf der Einheit

Die Urgemeinde in Jerusalem

Der Katechet erinnert die Jugendlichen an die Pfingsterzählung und erzählt, dass dieses Pfingstereignis die Geburtsstunde der Kirche gewesen ist: In Jerusalem bildete sich damals eine erste christliche Gemeinde. Der Katechet bittet einen Jugendlichen, einen **Text aus der Apostelgeschichte** vorzutragen, in dem das Leben in dieser Gemeinde in idealisierter Form beschrieben wird. In einem ersten Blitzlicht sollen die Jugendlichen sich zu dem Bericht spontan äußern.

Was ist daraus geworden?

Im zweiten Schritt teilt der Katechet das Arbeitsblatt **„Was ist daraus geworden?“** aus. Er bittet die Jugendlichen, sich in Zweierteams zusammenzufinden und im Raster die Spalte „Leben bei uns“ auszufüllen.
Anschließend kommt die gesamte Gruppe wieder zusammen und vergleicht die Ergebnisse, die in den Teams erarbeitet wurden.

Bausteine einer neuen Kirche

Der Katechet erläutert den Jugendlichen, dass die Kirche nie eine ideale Gesellschaft (societas perfecta) gewesen ist und dass es sich auch bei der Schilderung des Gemeindelebens in Jerusalem vermutlich um eine idealisierte Darstellung handelt. Denn schon seit ihren Anfängen ist die Kirche wie jeder Mensch täglich neu auf Umkehr und Erneuerung angewiesen (eccclesia semper reformanda).
Er bittet die Jugendlichen, nun Vorschläge zu einer erneuerten Kirche zu machen. Er hat aus Tonpapier Rechtecke ausgeschnitten und legt sie nun als „Bausteine einer neuen Kirche“ in die Mitte. Die Jugendlichen sollen sich Bausteine nehmen und auf diese je ein Stichwort schreiben mit dem sie ausdrücken, wie sie sich eine neue Kirche wünschen (ehrlich, offen, den Armen zugewandt, lustig, mit guten Angeboten für Jugendliche, ohne Zölibat ...). Natürlich kann es dabei zu Doppelungen kommen, wenn mehrere Jugendliche das gleiche Stichwort auf einen ihrer Bausteine schreiben.

Mein Beitrag zu einer neuen Kirche

Wenn die Jugendlichen ihre Stichworte auf den Bausteinen notiert haben, legt der Katechet nun andersfarbige Bausteine in die Mitte. Er bittet die Jugendlichen, auf diese zu schreiben, was sie selbst dazu beitragen können, dass sich das Gesicht der Kirche verändert. Wenn die Jugendlichen auch auf diesen Bausteinen ihre Gedanken in Stichworten notiert haben, bittet er sie, alle Bausteine zusammenzulegen, gut zu mischen und aus ihnen ein Kirchengebäude auf dem Boden zu legen.
Anschließend sollen alle Bausteine vorgelesen werden. Die Jugendlichen beginnen beim Fundament ihrer gemeinsam entworfenen Kirche, und Baustein für Baustein liest jeder (damit also automatisch abwechselnd) vor, was er notiert hat.

Herr, erwecke deine Kirche

Zum Abschluss der Einheit singt die Gruppe gemeinsam das Lied **„Herr, erwecke deine Kirche“**. Wenn die Jugendlichen nicht zum Singen motiviert werden können, liest einer der Jugendlichen den Text vor.

Das Leben in der Urgemeinde

Und alle, die glaubten, waren an demselben Ort und hatten alles gemeinsam. Sie verkauften Hab und Gut und teilten davon allen zu, jedem so viel, wie er nötig hatte. Tag für Tag verharrten sie einmütig im Tempel, brachen in ihren Häusern das Brot und hielten miteinander Mahl in Freude und Lauterkeit des Herzens. Sie lobten Gott und fanden Gunst beim ganzen Volk. Und der Herr fügte täglich ihrer Gemeinschaft die hinzu, die gerettet werden sollten.
(Apg 2,44–47)

Herr, erwecke deine Kirche

Kanon zu 4 Stimmen

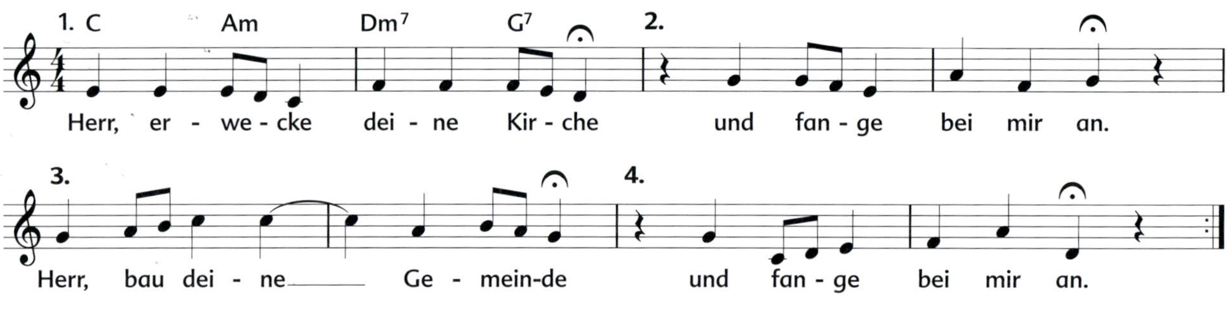

T: Gebet eines chinesischen Christen
M: Chris Herbring
aus: CD 901 menschen leben

Was ist daraus geworden?

Leben in der Urgemeinde	Leben bei uns
Alle bildeten eine Gemeinschaft. Sie verkauften Hab und Gut und gaben davon allen, jedem so viel, wie er nötig hatte.	
Sie verharrten einmütig im Tempel.	
Sie brachen in ihren Häusern das Brot und hielten miteinander Mahl in Freude und Einfalt des Herzens.	
Sie lobten Gott.	
Sie waren beim ganzen Volk beliebt. Der Herr fügte täglich ihrer Gemeinschaft die hinzu, die gerettet werden sollten.	

Wegstrecke: Unser Traum von einer Kirche

bis zu 10 Personen
2 Stunden

- Papier, Stifte
- verschiedene Kirchen-Grafiken, vergrößert auf Format DIN A4

Anlässe/Themen
- **Kirche**

Charakter der Einheit
Bildbetrachtung – Reflexion

Chancen
- Die Jugendlichen werden mit verschiedenen Kirchenbildern konfrontiert.
- Die Jugendlichen formulieren eine eigene Vision von der Kirche.

Biblisch-theologischer Kontext
Das Leben in der Gemeinde (Apg 2,44-47).

Mögliche Schwierigkeiten/weitere Hinweise
Die Jugendlichen machen sich viel Mühe, persönliche Gedanken im Brief zu formulieren. Der Katechet sollte sich überlegen, wer in der Gemeinde (oder im Bistum) in der Lage ist, die Briefe der Jugendlichen aufmerksam zu lesen und einfühlsam und angemessen zu beantworten.

Social-Media/Internet
Im Internet finden sich viele Karikaturen zum Thema „Kirche" (zu finden z. B. mit den Stichworten „Kirche Karikatur" über die Google Bildersuche). Die Jugendlichen suchen im Vorfeld eine Karikatur aus, die sie besonders anspricht. Zu Beginn der Wegstrecke stellen sich die Jugendlichen ihre Karikatur vor und erläutern, warum sie gerade diese Karikatur ausgewählt haben.

Verlauf der Einheit

Kirchenbilder

Der Katechet hat die **verschiedenen Kirchenbilder** vergrößert und hängt sie als Galerie an die Wand. Die Jugendlichen betrachten die Motive und überlegen, welche Titel sie den einzelnen Motiven geben können. Welche Bilder sind ihnen sympathisch und warum?

Ein offener Brief

Nachdem die Jugendlichen sich mit den verschiedenen Kirchenbildern auseinandergesetzt haben, schreiben sie jeweils einen Brief an „ihre Kirche". In diesem Brief erläutern sie zunächst, welches Bild sie persönlich am meisten angesprochen hat. Anschließend sollen sie ihren Traum einer neuen Kirche beschreiben. Wie müsste sie aussehen? Wie sollten sich die Menschen untereinander verhalten? Wie sollten sie miteinander Gottesdienst feiern?
In welchen Bereichen sollte sich die Kirche engagieren? Und in welchem Bereich hätte der Briefschreiber selbst Lust, am Leben der Kirche mitzuwirken, es zu gestalten? Der Brief sollte höflich formuliert sein. Wenn die Jugendlichen ihre Briefe geschrieben haben, lesen sie diese der gesamten Gruppe vor. Anschließend schlägt der Katechet vor, die Briefe an eine kirchliche Institution zu senden. Die Gruppe überlegt, an welche: an das Pastoralteam, an die Firmkatecheten, an den Pfarrer, an den Bischof.
Der Katechet leitet die Briefe weiter und überlegt, in welcher Form die Gruppe eine Rückmeldung erhalten kann.

Ein frischer Impuls

Nachdem die Jugendlichen ihre Kirchenvision niedergeschrieben haben, überlegen sie, welcher Bereich in der Gemeinde ihnen so wichtig ist, dass sie ihn kennenlernen und sich dort evtl. engagieren wollen. Der Katechet hat eine Liste vorbereitet, in der verschiedene Gruppen und Initiativen (bzw. Institutionen) aufgeführt sind. Gemeinsam überlegen die Jugendlichen, zu welcher Gruppe oder Initiative sie Kontakt aufnehmen möchten. Der Katechet wird entweder einen Vertreter dieser Gruppe zum nächsten Treffen im Rahmen der Firmvorbereitung einladen oder mit ihm vereinbaren, wie die Jugendlichen Kontakt mit der Gruppe/Initiative aufnehmen können.

Kirchen-Grafiken

Wegstrecke: St. Vielfalt

bis zu 10 Personen
2 Stunden

- evtl. Vergrößerung des Arbeitsblatts
- Stifte
- Arbeitsblatt „St. Vielfalt"

Anlässe/Themen
- **Kirche**
- **Unsere Gemeinde**

Charakter der Einheit
Gespräch

Chancen
- Die Jugendlichen erfahren, wie vielfältig das Leben in ihrer Gemeinde ist.
- Die Jugendlichen reflektieren, welche Bereiche zu den Kernaufgaben einer christlichen Gemeinde gehören.
- Die Jugendlichen nehmen Kontakt zu einer Gruppe in der Gemeinde auf.

Biblisch-theologischer Kontext
Eine Gemeinde stellt sich heute als Gemeinschaft von Gemeinschaften dar. Dabei setzt jede Gruppe Akzente, mit denen sie das Gemeindeleben liturgisch, diakonisch, katechetisch oder gemeinschaftsstiftend bereichert.

Mögliche Schwierigkeiten/weitere Hinweise
Diese Katechese ist anspruchsvoll. Wenn die Jugendlichen nur wenig Kontakt zu ihrer Gemeinde haben, wird ihnen der erste Schritt schwerfallen. Entweder hilft der Katechet, indem er über die bunten Gruppen und Aktivitäten berichtet, oder er lädt einen Jugendlichen zu dieser Einheit ein, der aktiv am Gemeindeleben teilnimmt, damit er berichten kann.

Social-Media/Internet
In einem kleinen Projekt können Jugendliche wichtige Orte einer Kirchengemeinde (Kirchengebäude, Pfarrbüro, Jugendzentren, Pfarrzentrum ...) in Google Maps erfassen und mit Informationen versehen. Auf diese Weise tragen sie mit dazu bei, dass die Kirchengemeinde auch virtuell präsent ist.

Verlauf der Einheit

Facetten unserer Gemeinde

Der Katechet bittet die Jugendlichen, verschiedene Gruppen, Initiativen, Vereine, Verbände und Gremien zu nennen, die es in ihrer Gemeinde gibt. Besonders anschaulich wird es, wenn sie jeweils Personen benennen können, die in den von ihnen genannten Bereichen mitwirken. Wenn Jugendliche nicht wissen, was sich hinter einem der genannten Begriffe verbirgt, sollen sie es sich von den anderen Jugendlichen oder dem Katecheten erläutern lassen.

Was ist wichtig?

Anschließend bilden die Jugendlichen Zweierteams. Der Katechet teilt das Arbeitsblatt **„St. Vielfalt“** aus. Darauf sind verschiedene Tätigkeitsfelder im Leben einer Kirchengemeinde genannt. In den kleinen Teams sollen die Jugendlichen überlegen, wie wichtig sie das jeweilige Engagement in der Pfarrei St. Vielfalt finden. Anschließend kommen die Teams zusammen und stellen sich gegenseitig ihre Einschätzungen vor. (Eventuell kann der Katechet das Arbeitsblatt „St. Vielfalt“ auf das Format DIN A3 kopieren, aufhängen und die Zweierteams bitten, sich im Gespräch auf eine gemeinsame Einschätzung zu einigen.)

Was will ich näher kennenlernen?

Die Präsentation kann bereits den Abschluss der Einheit bilden. Alternativ kann der Katechet die Jugendlichen jedoch bitten, sich einen Bereich aus dem Gemeindeleben von St. Vielfalt herauszusuchen, der sie persönlich interessiert. Bis zum nächsten Treffen sollen die Jugendlichen herausfinden, was in diesem Bereich in ihrer Pfarrei „läuft“, und dies zu Beginn des nächsten Treffens der Firmgruppe vorstellen.

St. Vielfalt

Bereich	sehr wichtig	wichtig	mittelmäßig	weniger wichtig	unwichtig
Sonntagsmesse					
Werktagsmesse					
Schulgottesdienst					
Kleinkindergottesdienst					
Jugendgottesdienst					
Rosenkranzandacht					
Früh- bzw. Spätschicht					
Kommuniongruppen					
Firmgruppen					
Taufvorbereitung					
Ehevorbereitung					
Krankensalbung					
Jugendgruppen					
Glaubensgespräche für Jugendliche					
offene Jugendarbeit					
Arbeitslosentreff					
Frauenvereinigung					
„Krabbel"-Gruppen					
Ausländerberatung					
Asylbewerberberatung					
Eine-Welt-Kreis					
Ferienfreizeit für Kinder					
Ferienfreizeit für Jugendliche					
Ökumenischer Gesprächskreis					
Bibelkreis					
Familienkreis					
Kirchenchor					
Kinderchor					
Jugendchor					
Krankenbesuchsdienst					
Seniorennachmittage					
Pfarrbriefteam					
Pfarrgemeinderat					
Kirchenvorstand					
Pastoralteam					
AG Öffentlichkeitsarbeit					

Wegstrecke: Kirche geht

Anlässe/Themen
- **Kirche**
- **Evangelisierung**
- **Mission**

bis zu 15 Personen
1,5 Stunden

- Symbolkarten
- Plakat oder Flipchartbogen
- Stifte
- Laptop mit Beamer und Boxen
- Film: „Kirche geht"
- Text „Verbeulte Kirche"
- Liedkopien „Herr, erwecke deine Kirche"

Charakter der Einheit
Film – Gespräch – Diskussion – Reflexion

Chancen
- Die Jugendlichen werden eingeladen, sich selber ihres eigenen „Kirche-Seins" bewusst zu werden.
- Die Jugendlichen entdecken, dass in ihrem Stadtteil an vielen Orten Gottes Segen erlebbar ist.
- Die Jugendlichen hinterfragen ihr eigenes Kirchenbild und setzen sich kritisch damit auseinander.

Biblisch-theologischer Kontext
„Der Weg der Kirche ist der Mensch." (Johannes Paul II.) Entsprechend dem Auftrag Jesu „Geht hinaus in die ganze Welt und verkündet das Evangelium allen Geschöpfen!" (Mt 28, 19-20) hat Kirche einen evangelisierenden, missionarischen Auftrag und muss immer wieder die eigenen Grenzen verlassen und sich in den Dienst aller Menschen stellen.
Gottes Zuwendung gilt jedem Menschen. Als von Gott Gesegnete sind wir eingeladen, selber zum Segen für unsere Mitmenschen zu werden (Gen12,2).
Wo Menschen, vom Evangelium motiviert, miteinander ihren Glauben, das Leben bzw. den Alltag teilen, lebt Kirche.

Mögliche Schwierigkeiten/weitere Hinweise
Das erarbeitete Plakat mit den Segens-Orten eignet sich sehr gut zur Ausstellung in einer Kirche. Auch könnte es in einem Gottesdienst zum Thema Segen genutzt werden.

Social-Media/Internet
Diese Wegstrecke ist inspiriert von der Aktion Segensorte, die im Bistum Hildesheim stattgefunden hat. Mit wenig Know-how kann im Kontext des Firmkurses ein Blog eingerichtet werden, in dem die Jugendlichen eingeladen werden, von ihren Segensorten zu erzählen.

Segensorte

Verlauf der Einheit

Kirche ist für mich wie …

Der Katechet hat die **Symbolkarten** auf dem Tisch oder auf dem Boden ausgebreitet. Die Jugendlichen werden eingeladen, sich eines der Fotos auszusuchen, das sie mit dem Thema „Kirche" in Verbindung bringen.
Wenn jeder ein Foto ausgewählt hat, stellen sich die Jugendlichen reihum ihre Bilder vor und erläutern, warum sie gerade dieses Bild ausgewählt haben.

Kirche geht

Die Jugendlichen schauen gemeinsam den **Kurzfilm „Kirche geht"** an. Anschließend tauschen sie sich über den Film aus:

- Was hat mir gefallen?
- Was fand ich überraschend?
- Wo erlebe ich Kirche als Burg, in der sich die Christen einigeln?
- Wo erlebe ich Kirche, die geschützte Räume verlässt und mitten in der Welt lebt?
- An wen wendet sich der Film?

Ohne Worte

Der Katechet legt einen Flipchart-Bogen in die Mitte und schreibt darauf den folgenden Satz: **„Verkündigt das Evangelium, und wenn es nötig sein sollte, dann auch mit Worten."** Er weist darauf hin, dass dieser Satz von Papst Franziskus stammt. Miteinander überlegen die Jugendlichen, was Papst Franziskus damit ausdrücken wollte. Die Jugendlichen tragen zusammen, wie man das Evangelium auch ohne Worte verkünden kann. Diese Möglichkeiten werden als Stichworte auf das Plakat geschrieben.

Segensorte – wo seid ihr?

Der Katechet hängt einen ausgedruckten Kartenausschnitt an die Wand, der den Stadtteil abbildet, in dem die jeweilige Kirchengemeinde liegt. Der Katechet lädt die Jugendlichen ein, zu überlegen, wo ihnen in diesem Stadtteil Orte bekannt sind, die man als Segensorte bezeichnen könnte. Solche Orte können Orte sein,

- wo Nächstenliebe und Gemeinschaft ganz praktisch erlebbar werden,
- wo Menschen Unterstützung und Hilfe bekommen,
- wo Gottes Segen in unserer Welt spürbar und stärkend erfahrbar wird,
- wo Segen gegeben und empfangen wird.

Die Orte werden mit einer Zahl auf dem Plan markiert. Auf Moderationskarten werden zu den Nummern die Namen des jeweiligen Ortes geschrieben. Die Moderationskarten werden als Legende neben den Plan gehängt. In einem kurzen Austausch kommen die Jugendlichen über das entstandene Bild ins Gespräch:

- Was fällt uns auf?
- Hätten wir damit gerechnet, so wenig/so viele Orte benennen zu können?
- Was motiviert die Menschen an diesen Orten zu ihrem Tun?
- Gibt es auch Orte, an denen nichts oder nur wenig von Gottes Segen spürbar ist?
- Mal angenommen, in unserem Stadtteil würde die Kirche wie in dem Film „Kirche geht" ihre Burg verlassen, an welche Orte würde/müsste sie hingehen?

Herr, erwecke deine Kirche

Der Katechet lädt die Jugendlichen ein, das Lied **„Herr, erwecke deine Kirche und fange bei mir an"** (Kopiervorlage siehe Wegstrecke „Wie war es anfangs?") zu singen. In großen Gruppen kann das Lied auch als vierstimmiger Kanon gesungen werden. Sollten die Jugendlichen ungern singen, dann kann auch einfach nur der Text gelesen werden.
An den Text anknüpfend erläutert der Katechet, dass manches in der Kirche nicht so ist, wie es sein könnte. Es gibt immer wieder Kritik an der Kirche. Der Liedtext weist darauf hin, dass Kirche sich aus den Menschen bildet, die als Christen leben. Insofern tragen alle Menschen eine Mitverantwortung für die Kirche.
Der Katechet lädt die Jugendlichen ein, in einer kurzen Stille über die Frage nachzudenken, wo sie selber segensreich wirken können. Nach der Stille motiviert er die Jugendlichen, sich mitzuteilen, welchen Impuls sie aus dem Treffen mit in ihren Alltag nehmen. Dazwischen kann immer wieder der Liedruf „Herr, erwecke deine Kirche" gesungen werden.
Wenn alle Jugendlichen ihre Gedanken äußern konnten, liest der Katechet zum Abschluss dieser Wegstrecke den Text **„Verbeulte Kirche"** von Papst Franziskus vor.

Mir ist eine „verbeulte“ Kirche, die verletzt und beschmutzt ist, weil sie auf die Straßen hinausgegangen ist, lieber als eine Kirche, die aufgrund ihrer Verschlossenheit und ihrer Bequemlichkeit, sich an die eigenen Sicherheiten zu klammern, krank ist. Ich will keine Kirche, die darum besorgt ist, der Mittelpunkt zu sein, und schließlich in einer Anhäufung von fixen Ideen und Streitigkeiten verstrickt ist.

Papst Franziskus

(Evangelii gaudium 49)

Wegstrecke: Gemeinderallye

bis zu 20 Personen
2 Stunden

- Stifte
- evtl. Getränke und Kuchen
- Fragebogen

Anlässe/Themen

- **Kirche**
- **Gemeinde**

Charakter der Einheit

Spiel

Chancen

- Die Jugendlichen lernen die Geschichte und verschiedene Facetten ihrer Gemeinde kennen.
- Die Jugendlichen lernen Menschen kennen, die sich in ihrer Gemeinde engagieren.

Biblisch-theologischer Kontext

Die Gemeinde als Ort verschiedener Charismen und unterschiedlicher Personen.

Mögliche Schwierigkeiten/weitere Hinweise

Bei der Rallye werden die Jugendlichen in Kleingruppen durch das Pfarrgebiet geschickt. Geklärt werden muss vom Katecheten, ob solch eine Aktion von der Unfallversicherung der Gemeinde abgedeckt ist. Die Fragen auf Seite 159 dienen als Anregung. Sie müssen evtl. an die konkrete Gemeindesituation angepasst werden.
Einige Fragen im Quiz sind auf die Person des Pfarrers bezogen. Es kann sinnvoll sein, diese Fragen auf einen anderen Seelsorger zu beziehen, der in der Gemeinde für die Jugendarbeit zuständig ist.

Social-Media/Internet

Die Gemeinderallye lässt sich auch medial mithilfe der App Actionbound umsetzen. Siehe hierzu auch die Hinweise im Glossar.

App „Actionbound"

Verlauf der Einheit

Start der Rallye

Der Katechet bittet die Jugendlichen, sich in Viererteams (natürlich ist auch eine andere Gruppengröße möglich) zusammenzuschließen. Er teilt den Jugendlichen mit, dass sie heute die Gemeinde erforschen sollen. Ihre Aufgabe ist es, innerhalb eines festgelegten Zeitrahmens (anderthalb Stunden) die Fragen über ihre Kirchengemeinde auf dem **Fragebogen** zu beantworten (ein Fragebogen-Entwurf findet sich auf Seite 159. Doch müssen die Fragen auf die konkrete Situation in der Gemeinde hin ausgewählt bzw. modifiziert werden). Natürlich ist es erlaubt, Leute aus der Gemeinde anzusprechen und sie um Hilfe bei der Beantwortung zu bitten. Gewonnen hat die Gruppe, die am Ende die meisten richtigen Antworten vorweisen kann.

Auswertung

Während die Jugendlichen das Pfarrgebiet erkunden, kann der Katechet eine einfache Mahlzeit für die Rückkehrer vorbereiten (Getränke und Kuchen o.Ä.). Gemeinsam werden die Antworten ausgewertet: Die Gruppen tragen ihre Ergebnisse vor und erhalten für jede richtige Lösung einen Punkt. Gewonnen hat die Gruppe, die die meisten Punkte erringen konnte.

Ein Pfarrbrief-Beitrag

Aus dem Fragebogen über die Kirchengemeinde lässt sich leicht ein Quiz für den Pfarrbrief gestalten.
Die Jugendlichen wählen zehn Fragen aus, die sie als Rätselbeitrag im Pfarrbrief veröffentlichen möchten.
Der Katechet bittet einen der Jugendlichen, diese Fragen sauber niederzuschreiben, jeweils drei Lösungen (zwei falsche und eine richtige Antwort) pro Frage anzugeben und das Quiz dann bei der Pfarrbrief-Redaktion (über das Pfarrbüro) einzureichen.

Das Gemeinde-Quiz

Wann wurde unsere Pfarrgemeinde gegründet?

....

Zu welchem Bistum gehört die Gemeinde?

....

Wie heißt der Bischof?

....

Wie heißt die Pfarrkirche?

....

Wann wurde sie erbaut?

....

Wie lang ist die Kirche?

....

Wie viele Glocken hängen im Kirchturm?

....

Wann wird am Sonntag in der Kirche Gottesdienst gefeiert?

....

Wie viele Katholiken gehören zur Gemeinde?

....

Welche Aufgaben hat der Pfarrgemeinderat?

....

Welche Personen gehören dem Pfarrgemeinderat an?

....

Welche Aufgaben hat der Kirchenvorstand?

....

Wer wurde in den Kirchenvorstand gewählt?

....

Wie heißt der Pfarrer?

....

Seit wann ist der Pfarrer in der Gemeinde tätig?

....

Wo wohnt der Pfarrer?

....

Welche Hobbys hat der Pfarrer?

....

Wie heißt das Informationsblatt der Gemeinde?

....

Wo steht ein Schaukasten mit Informationen über das Gemeindeleben?

....

Wie viele Ministranten gibt es?

....

Welche Jugendgruppen gibt es in der Gemeinde?

....

Wie viele Jugendliche nehmen an der Firmvorbereitung teil?

....

In wie vielen Gruppen treffen sie sich?

....

Wann treffen sich die anderen Gruppen?

....

Welche Angebote für Jugendliche gibt es in der Gemeinde?

....

Wo stehen Wegkreuze im Pfarrgebiet?

....

Wo befindet sich der katholische Kindergarten?

....

Wer leitet ihn?

....

Wie sind die Fenster des Kindergartens derzeit gestaltet?

....

Welche Gruppen sind in der Gemeinde aktiv?

....

Wegstrecke: Kirchen-Consult GmbH

bis zu 10 Personen
2 Stunden

- Papier, Stifte
- 2 Plakate mit Aufschrift „trifft zu" bzw. „trifft nicht zu"
- Arbeitsblatt „Kirchen-Consult GmbH"

Anlässe/Themen
- **Kirche**
- **Gemeinde**

Charakter der Einheit
Reflexion – Spiel

Chancen
- Die Jugendlichen formulieren Vorstellungen, wie eine jugendgemäße Gemeinde aussehen müsste.
- Die Jugendlichen überlegen, wie sie ihre Vorstellungen umsetzen können.

Biblisch-theologischer Kontext
Die Kirche hat längst das Selbstverständnis einer idealen Gemeinschaft (societas perfecta) zugunsten des Bildes einer wandlungsbereiten Gruppe (ecclesia semper reformanda) geändert.

Mögliche Schwierigkeiten/weitere Hinweise
Im letzten Schritt sollen die Jugendlichen überlegen, wie sie ihre Vorstellungen umsetzen können. Wichtig ist, dass der Katechet sie darin bestärkt, sich auf einen ganz konkreten Punkt ihres Anforderungsprofils (ein ganz konkretes und überschaubares Projekt) zu konzentrieren, um einer Selbstüberforderung und damit Frustration vorzubeugen.

Social-Media/Internet
Der Fernsehsender Vox hat das Format „Höhle der Löwen" etabliert. In der Sendung haben Menschen, die ein innovatives Produkt entwickelt haben, die Möglichkeit, mehrere potenzielle Investoren von ihrem Produkt zu überzeugen. Dazu müssen sie in kürzester Zeit die Vorteile ihres Produktes darstellen. Diese Wegstrecke kann dieses Format aufgreifen. Die Jugendlichen entwickeln eine neue Idee für ihre konkrete Gemeinde. Diese stellen sie am Schluss einer Jury vor, die ihnen darauf ein Feedback gibt. Besonders spannend wird es, wenn Vertreter der Gemeindegremien und aus dem Seelsorgeteam tatsächlich in der Jury sitzen.

Sendung „Höhle der Löwen"

Verlauf der Einheit

Das Anforderungsprofil einer Gemeinde

Der Katechet bittet die Jugendlichen, ein Anforderungsprofil für eine Kirchengemeinde zu entwerfen. Dazu sollen sich die Jugendlichen in Zweierteams zusammenfinden und überlegen, was sie von einer Kirchengemeinde erwarten. Der Katechet sollte darauf hinweisen, dass dieses Anforderungsprofil durchaus subjektiv aus der Sicht der Jugendlichen gezeichnet werden darf. Wenn alle Zweierteams ihre Punkte notiert haben, kommt die gesamte Gruppe wieder zusammen. Nun präsentieren die Jugendlichen die Ergebnisse aus den Teams.

Was bei uns zutrifft

Im zweiten Schritt sollen die Jugendlichen sich gleichmäßig im Raum verteilen. Der Katechet hängt an zwei gegenüberliegenden Wänden jeweils das Plakat **„trifft zu"** bzw. **„trifft nicht zu"** auf. Anschließend verliest er nochmals in Stichworten, was die Jugendlichen als Anforderungsprofil einer christlichen Gemeinde angegeben haben. Die Jugendlichen sollen möglichst im Spannungsfeld zwischen den zwei Plakaten den Platz einnehmen, der für sie bei dem vom Katecheten genannten Stichwort zutrifft.

Kirchen-Consult GmbH

Vermutlich werden die Jugendlichen häufig mit ihrer Positionierung ausdrücken, dass die eigene Gemeinde noch vom zuvor formulierten Anforderungsprofil entfernt ist. Der Katechet fordert die Zweierteams deshalb auf, als Beratungsunternehmen „Kirchen-Consult GmbH" für die Gemeinde aktiv zu werden. Das Team soll für die Gemeinde ein **Ziel formulieren** und eine Strategie vorschlagen, wie die Gemeinde sich auf das zuvor von den Jugendlichen genannte Anforderungsprofil zubewegen kann. Bei dieser Strategie ist wichtig, dass sie in ein zeitliches Raster gefasst wird: Was soll im nächsten Vierteljahr/Halbjahr/Jahr von wem in Angriff genommen werden?

Was kann ich dazu beitragen?

Wenn die Teams das Strategiepapier entwickelt haben, stellen sie es sich gegenseitig vor und diskutieren, welches Team die Erfolg versprechendste Strategie vorgeschlagen hat. Zum Abschluss der Einheit überlegt die gesamte Gruppe, was sie unternehmen kann, um zumindest Teile ihrer Ziele umzusetzen und um evtl. der Gemeinde die entwickelte Strategie vorzustellen (Gespräch mit Pfarrer, Pastoralreferenten, Pfarrgemeinderatsmitglied o.Ä.).

Kirchen-Consult GmbH

Ziel unserer Gemeindeentwicklung:

Strategie:

Was ist zu tun	Von wem
Im nächsten Vierteljahr:	
Im nächsten Halbjahr:	
Im nächsten Jahr:	

Wegstrecke: Das Modell einer Kirche

Anlässe/Themen
- **Kirchenbilder**
- **Wie hat Jesus Gemeinde gewollt?**
- **Kirchenträume**

mindestens 8 Personen
2–3 Stunden
variiert je nach Gruppengröße und Vorgabe durch den Katecheten
- Papier, Scheren, Klebstoff, Stifte
- darüber hinaus alles, womit man basteln kann (z. B. Pappe, Klopapierrollen, Korken, Strohhalme ...)
- Kopien der Ausschreibung

Charakter der Einheit
Kreativität – Aktion – Spiel

Chancen
- Die Jugendlichen tauschen sich über ihre Kirchenbilder aus.
- Beim Planen eines Gebäudes merken die Jugendlichen, wie schwer es ist, verschiedene Interessen zu berücksichtigen.

Biblisch-theologischer Kontext
Die Kirche steht ständig neu vor der Aufgabe, sich in der jeweiligen Zeit zu beheimaten. Das setzt eine gute Balance zwischen Tradition und Veränderung voraus. Inkulturation und Aggiornamento sind die Stichworte, die seit dem letzten Konzil für diesen Prozess der Anpassung an eine neue Zeit bzw. an eine neue Kultur benutzt werden.

Mögliche Schwierigkeiten/weitere Hinweise
Es wäre gut, wenn die Gruppen in verschiedenen Räumen arbeiten können, um sich nicht gegenseitig zu beeinflussen. Diese Einheit lässt sich sehr gut in ein Wochenende mit den Jugendlichen integrieren. Die mitfahrenden Katecheten bilden eine Expertenkommission, die die einzelnen Entwürfe der Jugendlichen begutachtet. Die Baupläne bzw. die Modelle können der Gemeinde präsentiert werden. Vielleicht lassen sich die Entwürfe in der Kirche oder aber in einem Raum des Pfarrheims ausstellen.

Social-Media/Internet
Die Modelle, die in dieser Wegstrecke entstehen, werden fotografiert und in den Sozialen Netzwerken, in der die Gemeinde präsent ist, gepostet. Auch könnte ein kleiner (Handy-) Film, der die Modelle zeigt, ins Netz gestellt werden, eventuell verbunden mit einem kurzen Interview mit den Entwicklern der Modelle.

Verlauf der Einheit

Die Ausschreibung bekannt geben

Die Jugendlichen teilen sich in Dreier- bzw. Vierergruppen auf. Jede Gruppe stellt nun ein Architekten- bzw. Bauingenieurteam dar. Alle Teams bewerben sich mit einem Modell bzw. einer Planungsskizze bei der Gemeinde St. Fantasia um den Neubau eines Gemeindezentrums. Daraufhin verliest der Katechet die Ausschreibung der Gemeinde St. Fantasia und zeigt den Gruppen, was an Material zur Herstellung der Modelle vorhanden ist. Zudem gibt er bekannt, wie viel Zeit die Gruppen haben, ihre Entwürfe fertigzustellen. Wenn nur wenig Zeit zur Verfügung steht, ist es sinnvoll, dass die Gruppen ihre Entwürfe lediglich aufzeichnen. Steht viel Zeit zur Verfügung, sollten die Gruppen ein räumliches Modell basteln.
Jede Gruppe bekommt einen kopierten **Text der Ausschreibung** als Arbeitsauftrag mit. Die Gruppen sollten in getrennten Räumen arbeiten können.

Planungsphase

Die Gruppen verteilen sich auf die Räume und konstruieren ihre Modelle für das Gemeindezentrum. Wichtig ist es, dass der Katechet für Fragen der Gruppen zur Verfügung steht. Denn häufig tauchen bei den Jugendlichen erst im konkreten Tun Rückfragen auf.

Präsentation

Nach der vorgegebenen Zeit treffen sich die Gruppen wieder im Plenum. Jede Gruppe hat nun die Möglichkeit, dem Gemeindeausschuss ihre Ideen zu präsentieren und zu erläutern. Der Katechet übernimmt dabei die Rolle des Bauausschusses der Gemeinde, der (durchaus auch kritische) Nachfragen stellt. Nachdem alle Gruppen ihre Modelle und Ideen präsentiert haben, nimmt der Katechet eine kurze Bewertung der Modelle vor. Dabei sollte er jeweils die positiven Elemente der Ideen berücksichtigen („Bei diesem Modell ist toll, dass auch an Menschen mit Behinderungen gedacht wurde", „Die flexible Nutzung der Kirche finde ich gelungen", „Hier ist gut, dass an Menschen aller Generationen gedacht wurde" etc.). Jede Gruppe wird für ihre Mühe mit einem kleinen Preis belohnt.

Auswertung

Zum Ende dieser Einheit sollte noch Zeit für eine Abschlussrunde sein. Hier erzählen sich die Jugendlichen, wie die Arbeit in ihren Gruppen gelaufen ist. Spannend ist ein Vergleich der Modelle mit der Realität. Vielleicht werden (umsetzbare) Ideen geboren, wie das Pfarrzentrum vor Ort besser gestaltet werden könnte. Wichtig wäre es, in dieser Runde deutlich zu machen, wie viele Interessen in einer Gemeinde zu berücksichtigen sind. Vielleicht lassen sich daraufhin auch manche Modelle noch einmal hinterfragen.

Bauingenieure und Architekten aufgepasst:

Bisher haben wir für Gemeindeveranstaltungen keine eigenen Räume zur Verfügung. Selbst ein Gottesdienstraum fehlt uns. Deshalb will die Gemeinde St. Fantasia endlich ein Gemeindezentrum bauen. Noch ist es zwar nur ein Traum, doch schon bald könnte es Wirklichkeit werden – mit Ihrer Hilfe!

Wir schreiben einen Wettbewerb aus und laden Sie ein, uns Ihre Ideen für das Gemeindezentrum zu präsentieren.

Bitte bringen Sie uns einen Bauplan oder (was noch besser wäre) ein Modell zur Präsentation mit. Prämiert werden die besten Ideen!

Der Bauausschuss der Gemeinde St. Fantasia

Wegstrecke: Mein Standort in der Kirche

mindestens 8 Personen
2 Stunden

- große Plakate und Stifte
- meditative Musik

Anlässe/Themen
- **Einstieg in das Thema Kirche**

Charakter der Einheit
Stille – Meditation – Gespräch

Chancen
- Jugendliche für den Kirchenraum und seine Wirkung sensibilisieren.
- Deutlich machen, dass auch andere Gestaltungsmöglichkeiten denkbar (wenn nicht sogar wünschenswert) wären.

Biblisch-theologischer Kontext
Der Gestaltung von Kirchenräumen liegen bestimmte Kirchenbilder zugrunde. Wenn eine Gruppe im Kreis sitzt, entsteht ein anderes Gemeinschaftsgefühl, als wenn sie in Bankreihen sitzt.
Vieles in unseren Kirchen entspricht noch lange nicht dem Kirchenbild, das das Zweite Vatikanische Konzil wieder in Erinnerung gerufen hat. Zu vieles in unseren Kirchen macht (meist unbewusst) klar: Es gibt zwei Klassen in der Kirche: Die da oben, vorne und die da unten, hinten.

Mögliche Schwierigkeiten/weitere Hinweise
Der Katechet sollte vor dieser Stunde selbst die Orte auf sich wirken lassen, die in dieser Einheit eine Rolle spielen.

Social-Media/Internet
Im Verlauf der Einheit können die Jugendlichen zu einem Augenblick der Stille und des Gebetes eingeladen werden. Dazu können sie auf eine der Gebets-Apps hingewiesen werden (z. B. „App2heaven" oder „Gott offen" (siehe Glossar), bei der einige Impulstexte für das persönliche Gebet zu finden sind.

Verlauf der Einheit

Einstimmung

Die Gruppe trifft sich in der Kirche. Der Katechet stimmt die Gruppe mit folgendem Text auf die folgende Einheit ein.

Feste Bankreihen, nach vorne ausgerichtet, hintereinander aufgestellt – so sind wohl noch immer die meisten Kirchenräume eingerichtet. Allein durch die Art und Weise, wie unsere Kirchen gestaltet sind, prägen sie unser Erleben von Kirche.
In den folgenden Minuten lade ich euch ein, diesen Gottesdienstraum auf euch wirken zu lassen. Dazu werden wir verschiedene markante Orte der Kirche aufsuchen und ganz bewusst wahrnehmen. Ich bitte euch, in den nächsten Minuten nicht miteinander zu sprechen. Am Schluss der Einheit werden wir Gelegenheit zum Austausch haben.

Meditativer Einstieg an verschiedenen Orten

Der Katechet lässt nun als Hintergrundmusik meditative Musik laufen. Es ist sinnvoll, dazu die Lautsprecheranlage der Kirche zu nutzen. Je nach Akustik der Kirche kann aber auch darauf verzichtet werden. Wird die Gruppe von zwei Katecheten begleitet, dann können sich die Katecheten den folgenden Text aufteilen. Ansonsten wird er von einem Katecheten alleine gesprochen:

Erste Station: In der Kirchenbank

Erster Sprecher: Bitte suche dir zunächst noch einmal ganz bewusst einen Platz in der Kirche aus. Und zwar den Platz, an den du dich normalerweise setzen würdest, wenn du hier in diese Kirche zum Gottesdienst kommen würdest.
(Pause)
Zweiter Sprecher: Wo hast du dich hingesetzt?
Erster Sprecher: Weit vorne – ganz hinten – ins Seitenschiff – ins Abseits – mittendrin?
Zweiter Sprecher: Was sagt die Wahl des Platzes über dich aus?

Erster Sprecher: Interesse – Angst – Erwartung – erstmal gucken, was kommt – ich möchte alles im Blick haben – möchte mich selbst nicht gerne ins Spiel bringen – mich berieseln lassen – konsumieren.
Zweiter Sprecher: Schau dich einmal um, wohin sich die anderen gesetzt haben. Was sagt diese Sitzordnung über uns aus?
Erster Sprecher: Sind wir eine Gemeinschaft – Einzelkämpfer – haben wir etwas, was uns verbindet – wer gibt bei uns den Ton an – sind wir alle gleichwertig?
Zweiter Sprecher: Versuche einmal, unsere Mitte zu finden.
Erster Sprecher: Gibt es sie? Und wenn ja, wo liegt sie? Was heißt das eigentlich, wenn wir eine Mitte haben oder finden? Was heißt es eigentlich, wenn wir keine Mitte haben oder finden?
(Kurze Stille)
Erster Sprecher: Bitte kommt nun aus euren Bänken und geht nach vorne in den Altarraum und schaut in den Kirchenraum hinein.

Zweite Station: Am Altar

(Kurze Stille)
Erster Sprecher: Vielleicht stehst du zum ersten Mal so in einer Kirche. Vielleicht ist dir dieser Platz aber auch vertraut. Versuche einmal, ganz bewusst wahrzunehmen, was dieser Standort in dir auslöst.
Zweiter Sprecher: Vielleicht Angst: Ich vor all den Leuten, was soll ich ihnen sagen?
Erster Sprecher: Vielleicht aber auch Machtgefühl? Ich sage denen da jetzt mal, wo es langgeht! Ich bestimme, was wichtig ist.
Zweiter Sprecher: Vielleicht Unbehagen: Hier gehöre ich nicht hin, dieser Platz steht mir nicht zu.
Erster Sprecher: Aber wie müsste einer sein, dem dieser Platz zusteht?
Zweiter Sprecher: Vielleicht empfindest du auch Spaß, Freude. Vielleicht hast du schon lange geträumt, einmal an der Stelle zu stehen, die für dich sonst als „Tabuzone" gilt.
Erster Sprecher: Spüre noch einen kleinen Augenblick nach, was du empfindest. Probiere auch einmal eine andere Stelle hier vorne im Altarraum aus. Was ändert sich, wenn sich dein Standort ändert?
(Stille)
Zweiter Sprecher: Unsere nächste Station ist das Taufbecken.

Dritte Station: Am Taufbecken

(Dieser Ort wurde deshalb gewählt, weil er fast automatisch dazu führt, dass sich die Teilnehmer in einem Kreis um das Taufbecken versammeln – und genau darum geht es in dieser Station: Erlebbar machen, dass allein durch die Gestaltung eines Raumes ein anderes Gemeinschaftsgefühl entstehen kann. Je nach Kirche eignet sich vielleicht ein anderer Ort der Kirche besser hierzu: eine Krypta, eine Seitenkapelle ...)
Erster Sprecher: Nimm auch diesen Ort, an dem du jetzt stehst, bewusst wahr. Ist hier etwas anders? Was ist es?
Zweiter Sprecher: Wie erlebst du den Raum? Wirkt er einengend, schützend, bedrückend oder heimelig?
Erster Sprecher: Wo stehe ich jetzt? Am Rand? In der Mitte? Hinten? Vorne?
Zweiter Sprecher: Versuche einmal, hier unsere Mitte zu bestimmen. Ist dies leichter oder schwerer als in der Kirchenbank? Was bedeutet das für uns als Gemeinschaft?
Erster Sprecher: Welches Kirchenbild vermittelt dieser Ort?
(Je nach Kirche können weitere Stationen eingefügt werden. Vielleicht eine Kerzenkapelle, eine Krypta usw.)

Schreibgespräch

Der Katechet legt an die drei Orte, die besucht wurden, jeweils ein Plakat mit einigen dicken Faserschreibern. Die Jugendlichen können nun von Plakat zu Plakat gehen und die Eindrücke, die sie an den entsprechenden Orten hatten, aufschreiben. Sie dürfen auch Anmerkungen der anderen Jugendlichen (ebenfalls schriftlich und still) kommentieren. Wenn der Katechet merkt, dass der Schreibfluss der Gruppe sinkt, sammelt er alle Plakate ein. Er legt sie nebeneinander auf den Boden und fordert die Jugendlichen auf, noch einmal alle Plakate anzuschauen.

Abschlussplenum

Der Katechet lädt zu einem Gespräch über diese Einheit ein. Die Jugendlichen treten in einen Austausch darüber, was ihnen bei den Plakaten oder aber auch beim bewussten Wahrnehmen des Raumes aufgefallen ist. In einer abschließenden Runde kann jeder Jugendliche sagen, welche Erfahrung er mit nach Hause nimmt.

Wegstrecke: Das Gesicht Christi

bis zu 8–10 Personen
1–2 Stunden

- MP3-/CD-Player oder Laptop mit Beamer und Boxen
- Beamer
- Tonpapier
- Stifte
- Bild: Gesicht Christi – Gesicht der Menschen
- Song „Wie schön du bist" von Sarah Connor
- Kopien der Bibelstelle 1 Kor 12,12-31a
- Kopien des Liedtextes „Wie schön du bist"

Anlässe/Themen

- **Auch wir sind Kirche**
- **Welche Kirchenbilder finden sich in der Bibel?**
- **Einheit in der Vielfalt**

Charakter der Einheit

Song – Bildbetrachtung – Gespräch

Chancen

- Die Jugendlichen entdecken ihre Bedeutung für das Gemeindeleben.
- Die Jugendlichen erfahren sich als einen Teil der Kirche.
- Die Jugendlichen werden zum Mitmachen in der Gemeinde motiviert.

Biblisch-theologischer Kontext

Das Kirchenbild vom Leib Christi ist mit dem Zweiten Vatikanum wieder deutlicher in den Blick der Kirche geraten. Jeder Christ ist Teil der Kirche.

Mögliche Schwierigkeiten/weitere Hinweise

Das Bild „Das Gesicht Christi – das Gesicht der Menschen" kann immer wieder neu faszinieren und bietet einen Zugang zum Text von 1 Kor 12,1ff.

Social-Media/Internet

Das Bild „Das Gesicht Christi – das Gesicht der Menschen" findet sich auch im Internet und kann mit Laptop/Beamer eingeblendet werden.

„Das Gesicht Christi – das Gesicht der Menschen"

Verlauf der Einheit

Bildbetrachtung

Die Gruppe betrachtet das Bild **„Das Gesicht Christi – das Gesicht der Menschen"**. Die Jugendlichen teilen sich mit, was sie auf dem Bild erkennen können. Je nach Gruppe wird es einen Moment dauern, bis die Jugendlichen auch das Gesicht Christi erkennen. Die Gesichter des Bildes stammen von den unterschiedlichsten Menschen (alt, jung, reich, arm, weiß, schwarz ...). Der Katechet lenkt den Blick auf diesen Aspekt und klärt mit der Gruppe, wie das Gesicht Christi in diesem Bild erkennbar wird. (Die einzelnen Köpfe des Bildes stehen so in Beziehung zueinander, dass sie die Konturen für das Christusbild ergeben. Jeder der Köpfe muss seinen eigenen Platz einnehmen, damit die Gesamtwirkung zustande kommt.) Die Jugendlichen versuchen zu formulieren, was die Aussage dieses Bildes sein könnte. Dabei kann es hilfreich sein, dass die Gruppe versucht, dem Bild einen Titel zu geben.

Bibelarbeit

Die **Bibelstelle 1 Kor 12,1ff** wird einmal laut vorgelesen. Dann liest jeder die Stelle noch einmal für sich. Dabei markiert jeder Jugendliche Worte bzw. Satzfragmente, die ihn besonders ansprechen. Anschließend werden diese Begriffe (ähnlich wie beim Bibel-Teilen) unkommentiert in die Stille hineingesprochen. Erst in der daran anschließenden Runde kommen die Jugendlichen unter folgenden Fragestellungen ins Gespräch:

- Welcher Gedanke des Textes spricht besonders an?
- Was ist für euch schwer nachzuvollziehen?
- Seht ihr Parallelen zu dem eingangs betrachteten Bild? Welche?
- Was bedeutet es, ein Teil vom Leib Christi zu sein?

„Wie schön du bist"

Die Jugendlichen sehen sich das Video des Songs von Sarah Connor **„Wie schön du bist"** an. Der Katechet teilt dazu den Liedtext aus, den die Jugendlichen noch einmal in Stille alleine lesen. Jeder sucht sich einen (!) Satz aus dem Lied aus, der ihn besonders anspricht. In einer anschließenden Austauschrunde teilen sich die Jugendlichen mit, welchen Satz sie ausgewählt haben und warum sie gerade dieser Satz angesprochen hat. Weitere Impulsfragen können das Gespräch vertiefen:

- Kennt ihr Situationen, in denen es euch oder anderen Menschen in eurem Umfeld ähnlich geht wie dem „Du", an das sich die Sängerin wendet?
- Das Video legt nahe, dass da eine Mutter ihr Kind ermutigen will. Könntet ihr eine solche Ermutigung annehmen?

Unsere Charismen

Anschließend erläutert der Katechet, dass man das Lied auch gut in Beziehung zu dem Bild „Das Gesicht Christi – das Gesicht der Menschen" stellen kann. Mit den Jugendlichen überlegt er, welche Analogien zu entdecken sind:

- Jedes Gesicht „Mit all seinen Farben, all seinen Narben" lässt erst das Christus-Gesicht erscheinen. Jeder wird gebraucht.
- Oft sind wir uns nicht bewusst, wie wertvoll wir sind. Wir wissen gar nicht, „wie schön" wir sind.
- Das Lied könnte man auch Gott in den Mund legen: Einem jedem von uns macht er Mut, sich so wie er ist anzunehmen; sich mit dem, was jeder kann und hat, einzubringen und Teil der Gemeinschaft zu werden, die wir Kirche oder Leib Christi nennen.
- Das, was einem von Gott her als Gabe mitgegeben ist, nennt man theologisch Charisma. Da, wo wir unsere Gaben (Charismen) entdecken und für andere nutzbar werden lassen, erleben wir in einem tiefen Sinn Lebensglück und Erfüllung.
- Wir können einander helfen, uns gegenseitig auf unsere Charismen aufmerksam zu machen.

Zum Abschluss dieser Wegstrecke wird nochmal das Video „Wie schön du bist" angeschaut.

Face of Jesus
© Chrétiens-Médias, Paris

Der eine Leib und die vielen Glieder

Denn wie der Leib einer ist, doch viele Glieder hat, alle Glieder des Leibes aber, obgleich es viele sind, einen einzigen Leib bilden: So ist es auch mit Christus. Durch den einen Geist wurden wir in der Taufe alle in einen einzigen Leib aufgenommen, Juden und Griechen, Sklaven und Freie; und alle wurden wir mit dem einen Geist getränkt. Auch der Leib besteht nicht nur aus einem Glied, sondern aus vielen Gliedern. Wenn der Fuß sagt: Ich bin keine Hand, ich gehöre nicht zum Leib!, so gehört er doch zum Leib. Und wenn das Ohr sagt: Ich bin kein Auge, ich gehöre nicht zum Leib!, so gehört es doch zum Leib. Wenn der ganze Leib nur Auge wäre, wo bliebe dann das Gehör? Wenn er nur Gehör wäre, wo bliebe dann der Geruchssinn? Nun aber hat Gott jedes einzelne Glied so in den Leib eingefügt, wie es seiner Absicht entsprach. Wären alle zusammen nur ein Glied, wo bliebe dann der Leib? So aber gibt es viele Glieder und doch nur einen Leib. Das Auge kann nicht zur Hand sagen: Ich brauche dich nicht. Der Kopf wiederum kann nicht zu den Füßen sagen: Ich brauche euch nicht. Im Gegenteil, gerade die schwächer scheinenden Glieder des Leibes sind unentbehrlich. Denen, die wir für weniger edel ansehen, erweisen wir umso mehr Ehre und unseren weniger anständigen Gliedern begegnen wir mit umso mehr Anstand, während die anständigen das nicht nötig haben. Gott aber hat den Leib so zusammengefügt, dass er dem benachteiligten Glied umso mehr Ehre zukommen ließ, damit im Leib kein Zwiespalt entstehe, sondern alle Glieder einträchtig füreinander sorgen. Wenn darum ein Glied leidet, leiden alle Glieder mit; wenn ein Glied geehrt wird, freuen sich alle Glieder mit. Ihr aber seid der Leib Christi und jeder Einzelne ist ein Glied an ihm.
So hat Gott in der Kirche die einen erstens als Apostel eingesetzt, zweitens als Propheten, drittens als Lehrer; ferner verlieh er die Kraft, Machttaten zu wirken, sodann die Gaben, Krankheiten zu heilen, zu helfen, zu leiten, endlich die verschiedenen Arten von Zungenrede. Sind etwa alle Apostel, alle Propheten, alle Lehrer? Haben alle die Kraft, Machttaten zu wirken? Besitzen alle die Gabe, Krankheiten zu heilen? Reden alle in Zungen? Können alle übersetzen? Strebt aber nach den höheren Gnadengaben!
(1 Kor 12,12–31a)

„Wie schön du bist“

Der Applaus ist längst vorbei
Und dein Herz schwer wie Blei
Jeder redet auf dich ein
Trotzdem bist du so allein
Und du siehst so traurig aus
Komm in mein' Arm, lass es raus
Glaub mir, ich war wo du bist
Und weiß, was es mit dir macht
Doch wenn du lachst
Kann ich es sehn
Ich seh dich

Mit all deinen Farben
Und deinen Narben
Hintern den Mauern
Ja, ich seh dich
Lass dir nichts sagen
Nein, lass dir nichts sagen
Weißt du denn gar nicht
Wie schön du bist?

Ich seh' dein' Stolz und deine Wut
Dein großes Herz, dein Löwenmut
Ich liebe deine Art zu geh'n
Und deine Art, mich anzusehn
Wie du dein' Kopf zur Seite legst
Immer seh ich, wie's mir geht
Du weißt, wo immer wir auch sind
Dass ich dein Zuhause bin
Und was das mit mir macht
Wenn du jetzt lachst
Seh ich

All deine Farben
Und deine Narben
Hinter den Mauern
Ja, ich seh dich
Lass dir nichts sagen
Nein, lass dir nichts sagen
Weißt du denn gar nicht
Wie schön du bist?

Ohhhh, ooohoooo!

Jeder Punkt in deinem Gesicht
Ist so perfekt, rein zufällig
Es gibt nichts Schöneres als dich

Und ich hab das alles so gewollt
Den ganzen Terror und das Gold
Ich habe nie was so gewollt

Wie all deine Farben
Und all deine Narben
Weißt du denn gar nicht
Wie schön du bist?
Mit all deinen Farben
Weißt du noch gar nicht
Wie schön du bist!
Wie schön du bist!
Wie schön du bist!

Sarah Connor

WEGENTSCHEIDUNG

Wegstrecke: Ich trag dich durch die schweren Zeiten

Anlässe/Themen

- **Zuwendung Gottes**
- **Lebenskrisen**
- **Unbedingte Treue Gottes**
- **Musik und Religion**

bis zu 10 Personen
1,5–2 Stunden

- MP3-/CD-Player oder Laptop mit Beamer und Boxen
- Instrumentale meditative Musik
- Stifte, Papierrolle
- Song „Durch die schweren Zeiten" von Udo Lindenberg
- Textkopien: „Durch die schweren Zeiten"
- Textkopien: „Psalm 91"
- Textkopien: „Spuren im Sand"
- Liedkopien: „Geh in deinen Alltag"

Charakter der Einheit

Diskussion – Stille – Meditation

Chancen

- Die Jugendlichen erfahren, dass Gottes „Ja" uneingeschränkt und ohne Begrenzung jedem Menschen gilt.
- Die Jugendlichen reflektieren ihre eigene Glaubensgeschichte.
- Die Jugendlichen tauschen sich darüber aus, wie sie mit Lebenskrisen umgehen.
- Die Jugendlichen werden sich der liebenden Gegenwart Gottes bewusst.
- Die Jugendlichen entdecken, wie biblische Texte auch unsere heutige Alltagskultur prägen.

Biblisch-theologischer Kontext

Kern der biblischen Gotteserfahrung ist, dass Gottes Zuwendung zu uns Menschen unbedingt und bedingungslos ist. Gott schreibt Geschichte mit jedem Menschen. Gerade in Krisenzeiten erweist sich Gott dem Einzelnen, aber auch seinem Volk als Jahwe, als „Ich-bin-der-ich-bin-da" (Ex 4,14). Christus hat diese Nähe Gottes zu uns Menschen wie kein anderer Mensch bezeugt. An seinem Leben lässt sich ablesen, wie gut Gott ist. Deshalb trägt er auch den Namen Imanuel (= Gott mit uns).
Im Psalm 91 kommt dieses Vertrauen auf einen liebenden Gott durch den Beter zum Ausdruck.

Mögliche Schwierigkeiten/weitere Hinweise

In dieser Einheit sind Jugendliche eingeladen, auch über persönliche Krisenzeiten zu reden. Dies setzt bei den Jugendlichen ein hohes Maß an Vertrauen voraus.

Social-Media/Internet

Statt „Geh in deinen Alltag" kann auch das Lied „Sei behütet" gesungen werden. Der Song findet sich auf Youtube in unterschiedlichen Versionen.

Song „Sei behütet"

Verlauf der Einheit

Ich trag dich durch die schweren Zeiten

Die Jugendlichen hören sich den Song **„Durch die schweren Zeiten“** von Udo Lindenberg an. Alternativ schauen sie sich das Musikvideo zu diesem Song an. Der Katechet teilt den kopierten Text aus. Die Jugendlichen lesen nochmals den Text und tauschen sich anschließend über ihre Eindrücke aus. Impulsfragen können dabei sein:

- Wie gefällt mir der Song?
- Was berührt mich an dem Lied besonders?
- Finden wir Beispiele, was „schwere Situationen“ sein können, von denen der Text spricht?

Schreibgespräch

Der Katechet breitet einen großen Bogen Papier aus und schreibt darauf mit einem dicken Stift den Satz **„Was hilft mir in schweren Zeiten?“**. Die Jugendlichen bekommen einen Stift und stellen sich im Kreis um den Papierbogen. Der Katechet bittet die Jugendlichen, schweigend über die Frage nachzudenken und ihre Antwort in Stichworten auf das Plakat zu schreiben. Wenn alle ihre Antworten aufgeschrieben haben, geht jeder im Uhrzeigersinn einen Platz weiter. Wenn er gelesen hat, was sein Nachbar geschrieben hat, kann er dazu Kommentare, Fragen oder Anmerkungen schreiben. Auch dabei wird nicht gesprochen. Dies wird so lange wiederholt, bis jeder wieder auf seinem Platz ist. Nun wird nicht mehr geschrieben, aber jeder bekommt noch einmal die Möglichkeit, um das Plakat zu gehen und wahrzunehmen, was die anderen geschrieben haben.

Nun kommen die Jugendlichen ins Gespräch, bei dem die folgenden Impulsfragen leitend sein können:

- Ist es euch leicht- oder schwergefallen, eine Antwort auf die Frage zu finden?
- Welche Diskussion auf dem Papier findet ihr besonders spannend?
- Hat das Thema für euch etwas mit eurem Glauben zu tun?

Psalm 91

Der Katechet weist darauf hin, dass sich in der Bibel zahlreiche Erzählungen finden, die davon berichten, dass Gott Menschen in ihrer Not Kraft gegeben und geholfen hat. Auch das Buch der Psalmen ist voller Texte, in denen der Beter Gott dafür dankt, dass er sich als naher und beschützender Gott gezeigt hat. Der Psalm 91 ist dafür eines von vielen Beispielen. Dieser Psalm soll nun intensiver kennengelernt werden.

Der Katechet teilt den Text aus. **Der Psalm** wird reihum gelesen, indem jeder Jugendliche eine Doppelzeile liest. Die Jugendlichen werden eingeladen, den Text nochmals in Stille zu lesen und dabei Worte oder Satzteile zu unterstreichen, die sie besonders angesprochen haben – entweder, weil sie sie besonders ansprechend oder aber auch besonders fragwürdig oder sogar ärgerlich finden.
Dann werden die Jugendlichen eingeladen, die von ihnen gefundenen Worte laut auszusprechen. Dabei soll zwischen den einzelnen Worten ruhig eine kleine Pause bleiben, so dass das Wort noch etwas nachklingen kann. Auf diese Weise wird der Text miteinander meditiert. Wenn alle ihre Worte gelesen haben, findet ein Austausch darüber statt, bei dem sich die Jugendlichen mitteilen, warum ihnen ihre Worte so bedeutsam sind.

Abschließend werden die Jugendlichen eingeladen, den Text von Udo Lindenberg mit dem Text des Psalms 91 zu vergleichen.

- Wo sind Parallelen?
- Wo finden sich Unterschiede?
- Könnte man das Lied von Udo Lindenberg als Gebet auffassen? Warum (nicht)?

Spuren im Sand

Oft haben Menschen, die „schwere Zeiten“ durchleben, das Gefühl, von Gott verlassen zu sein. Zu diesem Thema gibt es eine kleine Geschichte, die in vielen Variationen weltweit erzählt wird.
Der Katechet liest die Geschichte **„Spuren im Sand“** bis einschließlich dem Satz „Da antwortete er: Mein liebes Kind …“ vor. Die Jugendlichen überlegen, wie die Geschichte weitergehen könnte, und ergänzen ihre Ideen, was Gott sagen könnte. Schließlich liest der Katechet den Rest der Geschichte vor. Das überraschende Ende dient in der Regel als Impuls für ein weiteres Gespräch mit den Jugendlichen.

Geh in deinen Alltag

Miteinander wird zum Schluss das Lied „Geh in deinen Alltag“ gesungen. Sollten die Jugendlichen nicht gerne singen, kann der Text des Liedes auch als ein diese Wegstrecke abschließendes Segensgebet gesprochen werden.

Durch die schweren Zeiten

Es geht nicht immer geradeaus
Manchmal geht es auch nach unten
Und das wonach du suchst
Hast du noch immer nicht gefunden
Die Jahre ziehen im Flug an dir vorbei
Die Last auf deinen Schultern, schwer wie Blei

Jeden Morgen stehst du auf
Und kippst den Kaffee runter
Deine Träume aufgebraucht
Und du glaubst nicht mehr an Wunder
Mit Vollgas knapp am Glück vorbeigerauscht
Was dich runterzieht
Ey, ich zieh dich wieder rauf

Ich trag dich durch
Die schweren Zeiten
So wie ein Schatten
Werd ich dich begleiten

Ich werd dich begleiten
Denn es ist nie zu spät
Um nochmal durchzustarten
Wo hinter all den schwarzen Wolken
Wieder gute Zeiten warten

Stell die Uhr nochmal auf null
Lass uns neue Lieder singen
So wie zwei Helikopter
Schweben wir über den Dingen
Und was da unten los ist, ist egal
Wir finden einen Weg so wie jedes Mal

Ich trag dich durch
Die schweren Zeiten
So wie ein Schatten
Werd ich dich begleiten

Ich werd dich begleiten
Denn es ist nie zu spät
Um nochmal durchzustarten
Wo hinter all den schwarzen Wolken
Wieder gute Zeiten warten

Wieder geile Zeiten warten
Ey, lass zusammenhalten
Dann kommt die Sonne durch
Wir sind doch Lichtgestalten
Ey, das weißt du doch

Udo Lindenberg

Psalm 91

Wer im Schutz des Höchsten wohnt,
der ruht im Schatten des Allmächtigen.

Ich sage zum HERRN: Du meine Zuflucht und meine Burg,
mein Gott, auf den ich vertraue.

Denn er rettet dich aus der Schlinge des Jägers
und aus der Pest des Verderbens.

Er beschirmt dich mit seinen Flügeln,
unter seinen Schwingen findest du Zuflucht,
Schild und Schutz ist seine Treue.

Du brauchst dich vor dem Schrecken der Nacht nicht zu fürchten,
noch vor dem Pfeil, der am Tag dahinfliegt,

nicht vor der Pest, die im Finstern schleicht,
vor der Seuche, die wütet am Mittag.

Fallen auch tausend an deiner Seite,
dir zur Rechten zehnmal tausend,
so wird es dich nicht treffen.

Mit deinen Augen wirst du es schauen,
wirst sehen, wie den Frevlern vergolten wird.

Ja, du, HERR, bist meine Zuflucht.
Den Höchsten hast du zu deinem Schutz gemacht.

Dir begegnet kein Unheil,
deinem Zelt naht keine Plage.

Denn er befiehlt seinen Engeln,
dich zu behüten auf all deinen Wegen.

Sie tragen dich auf Händen,
damit dein Fuß nicht an einen Stein stößt;

du schreitest über Löwen und Nattern,
trittst auf junge Löwen und Drachen.

Weil er an mir hängt, will ich ihn retten.
Ich will ihn schützen, denn er kennt meinen Namen.

Ruft er zu mir, gebe ich ihm Antwort.
In der Bedrängnis bin ich bei ihm,
ich reiße ihn heraus und bring ihn zu Ehren.

Ich sättige ihn mit langem Leben,
mein Heil lass ich ihn schauen.

Spuren im Sand

Eines Nachts hatte ich einen Traum:
Ich ging am Meer entlang mit meinem Herrn.
Vor dem dunklen Nachthimmel erstrahlten, Streiflichtern gleich,
Bilder aus meinem Leben.
Und jedes Mal sah ich zwei Fußspuren im Sand,
meine eigenen und die meines Herrn.

Als das letzte Bild an meinen Augen vorübergezogen war, blickte ich zurück.
Ich erschrak, als ich entdeckte, dass an vielen Stellen meines Lebensweges
nur eine Spur zu sehen war.
Und das waren gerade die schwersten Zeiten meines Lebens.

Besorgt fragte ich den Herrn:
„Herr, als ich anfing, dir nachzufolgen, da hast du mir versprochen,
auf allen Wegen bei mir zu sein.
Aber jetzt entdecke ich, dass in den schwersten Zeiten meines Lebens nur
eine Spur im Sand zu sehen ist.
Warum hast du mich allein gelassen, als ich dich am meisten brauchte?"

Da antwortete er: „Mein liebes Kind,
ich liebe dich und werde dich nie allein lassen, erst recht nicht in Nöten und
Schwierigkeiten.
Dort, wo du nur eine Spur gesehen hast, da habe ich dich getragen."

Geh in deinen Alltag

T: Frank Reintgen/M: Bernward Hoffmann

2. Spinn an neuen Plänen, geh und misch dich ein.
Sag laut deine Meinung, geh und misch dich ein.
Beachte, was dir zufällt, Gott verlässt dich nie.
Versprüh' neue Ideen, du hast Fantasie.

Wegstrecke: Brief an den Heiligen Geist

8–10 Personen
1 Stunde

- großes braunes Tuch
- Papier
- Stifte
- CD-Player
- CD mit ruhiger Musik
- Kopien der Fußabdrücke (ausgeschnitten)

Anlässe/Themen

- **Vorbereitung auf den Firmgottesdienst**
- **Was erwarte ich von der Firmung**
- **Was ändert sich für mich mit der Firmung**

Charakter der Einheit

Reflexion – Meditation

Chancen

- Die Jugendlichen reflektieren den bisherigen Weg des Firmkurses.
- Sie begründen für sich noch einmal ihre Entscheidung, sich firmen zu lassen.
- Sie halten schriftlich fest, wie die Firmung sich ihrer Meinung nach auf ihr Leben auswirken wird.
- Mit dem Verschicken der Briefe hat die Gemeinde die Chance, die Jugendlichen noch einmal anzusprechen.

Biblisch-theologischer Kontext

Apg 2,44-47

Mögliche Schwierigkeiten/weitere Hinweise

Diese Einheit muss am Ende der Vorbereitungszeit kurz vor dem Firmgottesdienst stehen.
Nach der Firmung (einige Monate später) schickt der Katechet den Jugendlichen einen Brief, den sie in dieser Einheit selbst formulieren.
Gut wäre es, wenn die Jugendlichen mit ihrem eigenen Brief eine Einladung zu einem Nachtreffen, zu einer Fete oder zu einer anderen Gemeindeveranstaltung erhalten würden.

Social-Media/Internet

Die Jugendlichen können im Nachgang zu dieser Wegstrecke eingeladen werden, über mehrere Tage/Wochen hinweg eine Tagesreflexion durchzuführen und darüber nachzudenken, ob es am jeweiligen Tag Situationen gab, bei denen der Geist Gottes spürbar war. Wer mag, schreibt diese Situationen in den Gruppenchat.
Auch denkbar ist es, dass eine Hashtag-Aktion #HeiligerGeist-Kampagne durchgeführt wird. Die Jugendlichen (oder vielleicht auch die ganze Gemeinde) sind für einen bestimmten Zeitraum eingeladen, Situation zu benennen, in denen sie den Heiligen Geist gespürt haben bzw. spüren. Diese Posts werden auf Twitter (oder Facebook) mit dem Hashtag #HeiligerGeist veröffentlicht.

Verlauf der Einheit

Rückblick auf den bisherigen Weg

Der Katechet hat ein braunes Tuch auf den Boden in der Mitte des Raumes gelegt. Die Jugendlichen sitzen im Kreis um das Tuch herum. Der Katechet lädt die Jugendlichen ein, in Gedanken den bisherigen Weg des Firmkurses Revue passieren zu lassen. Dazu teilt er **Papier in der Form von Füßen** aus. Hierauf schreiben die Jugendlichen die Dinge, die ihnen bei der Firmvorbereitung am wichtigsten waren. Sie haben dazu fünf bis zehn Minuten Zeit. Als Hilfe kann der Katechet folgende Leitfragen formulieren:

- An welche Situation kannst du dich noch gut erinnern?
- Welcher Gedanke ist dir auf dem Weg der Firmvorbereitung wichtig geworden?
- Welche Erfahrung hat dich beeindruckt?

Sinnvoll ist es, ruhige Musik laufen zu lassen. Wenn alle Jugendlichen mit dem Schreiben fertig sind, werden die Zettel reihum vorgelesen und auf den Weg gelegt. Der Katechet versucht, die Aussagen der Jugendlichen zu bündeln. Die Erfahrungen, die die Jugendlichen gemacht haben (Gemeinschaft erlebt, neue Impulse im Glauben bekommen, spannende Gespräche geführt, die Gemeinde besser kennengelernt ...), werden in der Firmung gefeiert.

Brief an den Heiligen Geist

Der Katechet lädt die Jugendlichen ein, einen Brief an den Heiligen Geist zu schreiben. In diesem Brief sollen sie mitteilen,

- was sie sich vom Heiligen Geist wünschen,
- welche Bedeutung für sie die Feier der Firmung hat,
- warum sie gefirmt werden möchten,
- was sich für sie als gefirmte Christen ändert.

Der Katechet erläutert, dass diese Briefe nicht vorgelesen werden. Die Jugendlichen stecken die Briefe in ein Briefkuvert, kleben es zu und adressieren es an die eigene Anschrift. Der Katechet wird diese Briefe nach ca. einem halben Jahr an die Jugendlichen schicken.

Geist der Befreiung

Zum Abschluss der Katechese versammelt sich die Gruppe noch einmal im Kreis. Die Briefumschläge werden vom Katecheten eingesammelt. Mit dem Text **„Geist der Befreiung"** beendet der Katechet diese Einheit.

GEIST DER BEFREIUNG

Geist der Freiheit,
Hauch des Lebens,
lass dich auf mir nieder.
Ströme tief in mich hinein
und vertreibe meine Angst.
Mein Mund wird dein Mund,
meine Hände werden deine Hände
und dein Mut wird meine Befreiung sein.

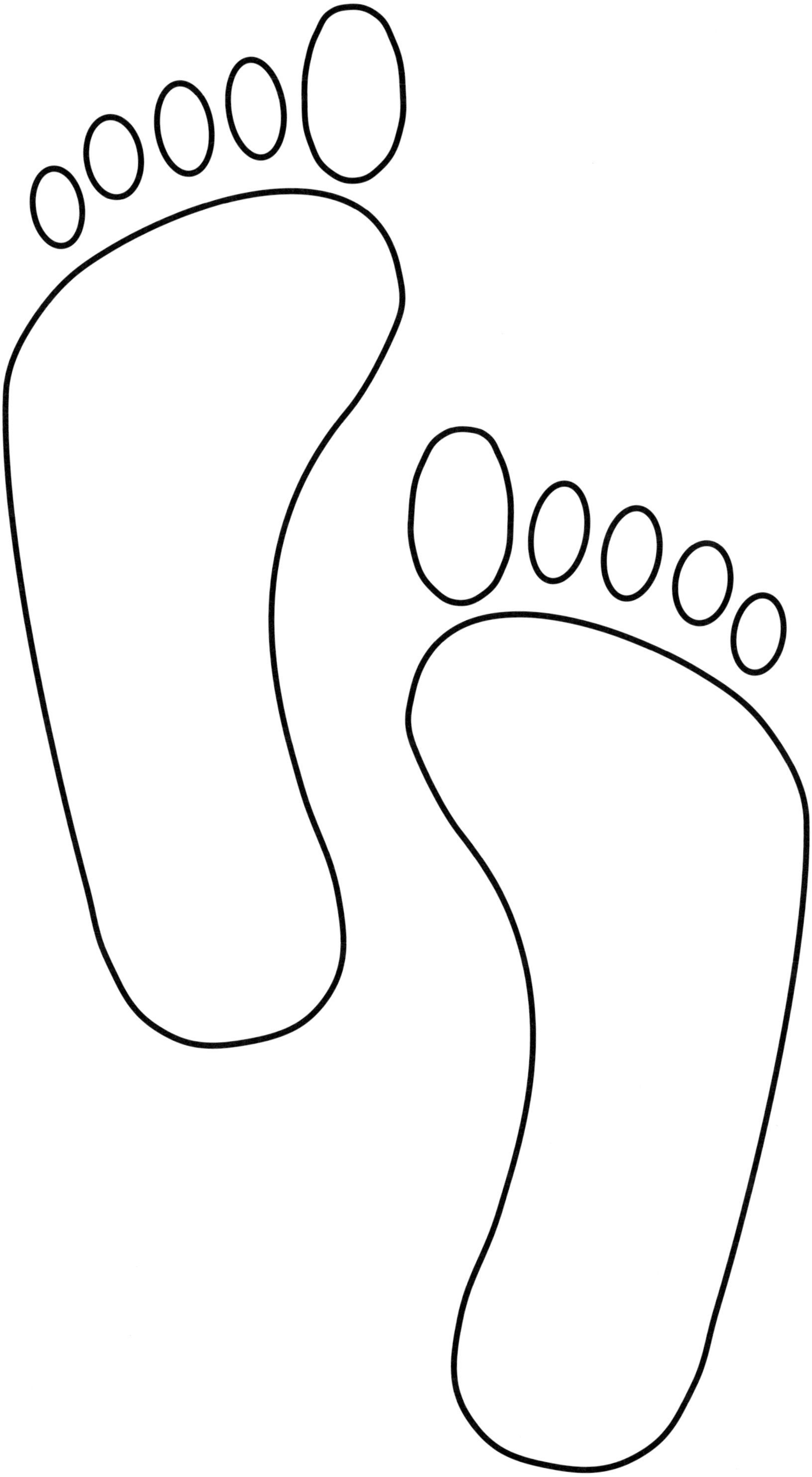

Wegstrecke: Die Zeichen der Firmung

8–10 Personen
1–2 Stunden

- Stifte
- CD-Player (CD mit ruhiger Musik)
- Töpfchen mit Creme
- DIN A3-Blätter
- Kopien mit Ablauf des Firmgottesdienstes
- Plakat mit einer aufgemalten Hand
- Liedblatt

Anlässe/Themen

- **Die Zeichen der Firmliturgie**

Charakter der Einheit

Meditation – Liturgie

Chancen

- Die Jugendlichen werden mit den Symbolhandlungen der Firmliturgie vertraut gemacht.
- Den Jugendlichen wird die Angst vor dem Firmgottesdienst genommen und Sicherheit beim liturgischen Ablauf vermittelt.

Biblisch-theologischer Kontext

Die Feier des Firmsakraments.

Mögliche Schwierigkeiten/weitere Hinweise

Diese Katechese bringt es mit sich, dass sich die Jugendlichen oft berühren. Das mag manchem Jugendlichen schwerfallen. Sollte sich ein Jugendlicher strikt weigern, bei einer Übung mitzumachen, sollte der Katechet dies zulassen. Sinnvoll ist es, nach der Einheit noch einmal in einem persönlichen Gespräch auf das Verhalten zu sprechen zu kommen.

Social-Media/Internet

Auf Youtube finden sich einige Videos rund um das Sakrament der Firmung, die im Rahmen dieser Wegstrecke unterstützend eingesetzt werden können, z. B. Was bedeutet die Firmung?

Film „Was bedeutet die Firmung"

Verlauf der Einheit

Die Feier der Firmung

Die Elemente der Firmliturgie (Eröffnung, Wortfeier ...) werden vom Katecheten auf großformatige Blätter (DIN A3) geschrieben und nebeneinander an die Wand gehängt. Nun erläutert der Katechet den Aufbau des Firmgottesdienstes. So erhalten die Jugendlichen einen groben Überblick über die Firmliturgie. Dabei stellt der Katechet besonders die Zeichenhandlung während der eigentlichen Firmung heraus (Handauflegung, Chrisamsalbung, Friedensgruß).

Das Zeichen der Handauflegung

Der Katechet legt ein großes Plakat in die Mitte, auf das eine **große Hand** gezeichnet ist. Die Jugendlichen schreiben auf das Plakat, was sie alles mit ihren Händen tun können (Hand reichen, streicheln, kitzeln, boxen ...). Dabei soll deutlich werden, wie vielfältig Menschen ihre Hände einsetzen können. Das Plakat wird an der Wand befestigt. Daraufhin bittet der Katechet einen Freiwilligen in die Mitte. Diesem legt er die Hände auf. Er fordert die Gruppe auf, zu überlegen, was diese Geste ausdrückt und wo sie einem im Alltag evtl. begegnet (Zuwendung, Liebe, Schutz, Eltern legen Kind die Hand auf ...). Der Katechet erläutert, dass diese Geste im Firmgottesdienst auftaucht. Dort bekommen die Jugendlichen vom Bischof die Hand aufgelegt. Der Bischof handelt dabei im Auftrag Jesu Christi. Diese Geste soll bedeuten: Gott liebt dich, er schützt dich.

Das Zeichen der Chrisamsalbung

Auf ein Tuch in der Mitte wird eine gut riechende Creme gelegt. Die Gruppe überlegt, wofür im Alltag Cremes gebraucht werden (Hautpflege, Schutz vor dem Austrocknen, Wunden heilen ...). Anschließend lädt der Katechet die Jugendlichen ein, sich zu zweit zusammenzusetzen.
Er erläutert, dass das Bezeichnen mit einem Kreuz ein altes Segenszeichen ist: Eltern bekreuzigen z. B. ihre Kinder zum Abschied. Jeder soll nun seinem Partner mit der Salbe ein Kreuz auf die Stirn schreiben. Damit soll er einen Wunsch verbinden (z. B. Möge Gott dich gut pflegen, Gott bewahre dich vor Leid und Unglück ...), den er laut aussprechen darf, wenn er den Mut dazu findet. Diese Übung erfordert von einigen Jugendlichen Überwindung, vermittelt aber andererseits eine wichtige Erfahrung: Ich bekomme von einem anderen Menschen den Segen zugesprochen. Entlastend kann es sein, wenn der Katechet bei dieser Übung im Hintergrund leise Musik laufen lässt, so dass die Wünsche der Jugendlichen für die anderen nicht zu hören sind. Wenn alle Jugendlichen mit dieser Übung fertig sind, lädt der Katechet zu einer Austauschrunde ein:

- Wie habe ich die Bezeichnung mit dem Kreuz erlebt?
- War es angenehm?
- Ist es schön, von einem anderen einen Segen zugesprochen zu bekommen?

Im Verlauf des Gespräches kann der Katechet darauf hinweisen, dass im Firmgottesdienst zur Salbung Chrisam benutzt wird. Dieses Chrisam wurde in einem Gottesdienst vom Bischof gesegnet. Das frühe Christentum greift mit dem Brauch der Ölung auf eine alte antike Tradition zurück. Ursprünglich wurde der König gesalbt bzw. geölt. So bedeutet das Salben im Firmgottesdienst auch: Für Gott bist du ein König!

Das Zeichen des Friedensgrußes

Nach dieser Austauschrunde nimmt sich die Gruppe an den Händen. Dies sollte so geschehen, dass die rechte Hand nach oben und die linke Hand nach unten weist. Der Katechet erklärt, dass dieses Zeichen im Firmgottesdienst aufgegriffen wird, wenn das Händereichen mit dem Friedensgruß des Bischofs verbunden wird. Der Katechet lädt die Gruppe ein, für eine Minute Stille zu halten und das Gefühl, sich an den Händen zu halten, wirken zu lassen. (Bei Gruppen, die sich mit Elementen der Meditation und Ruhe schwertun, kann dies ausgelassen werden.) Dann spricht der Katechet folgenden Text:

Es tut gut zu wissen,
dass ich nicht alleine bin,
dass da links und rechts jemand ist,
der mich hält,
der mir Halt gibt.
Dass da links und rechts jemand ist,
der mich trägt,
der mich stützt.
So werden wir einander zur Stütze,
zum Halt.
Lasst uns diesen Traum
von einem Leben in Frieden und Harmonie
nie aus unseren Herzen verlieren.

Nun kann die Gruppe das Lied **„Das wünsch ich sehr“** singen. Alternativ dazu ist es auch möglich, gemeinsam das Vaterunser zu beten.

Firmung, wie geht das?

Der Katechet teilt das Blatt **„Ablauf des Firmgottesdienstes“** aus. Zunächst liest jeder Jugendliche das Blatt für sich. Anschließend werden Fragen der Jugendlichen geklärt. Es kann hilfreich sein, in einem Rollenspiel die Firmung durchzuspielen, um die Jugendlichen mit dem liturgischen Ablauf vertraut werden zu lassen. Bei diesem Rollenspiel schlüpft einer der Jugendlichen in die Rolle des Bischofs. Die anderen spielen die Firmlinge, die vor den Bischof treten. (Dieser Schritt kann entfallen, wenn er an einer anderen Stelle der Katechese thematisiert wird).

Ablauf des Firmgottesdienstes

Eröffnung
- Lied
- Liturgische Begrüßung
- (Lied zum) Kyrie
- (Lied zum) Gloria
- Tagesgebet

Wortgottesdienst
- Lesung
- Lied
- Evangelium
- Predigt

Firmung
- Das Glaubensbekenntnis der Firmlinge (Widersagt ihr/Glaubt ihr ...)
- Das Bekenntnis der Gemeinde
- Hochgebet über den Firmkandidaten
- Das Zeichen der Handauflegung
- Das Zeichen der Salbung und die Bezeichnung mit dem Kreuz
- Das Zeichen des Händereichens (Friedensgruß)
- Fürbitten

Eucharistiefeier
- (Lied zur) Gabenbereitung
- Hochgebet (einschl. Sanctus)
- Vaterunser
- Friedensgruß
- Brotbrechung
- Kommunion
- Dank-/Schlussgebet

Entlassung
- Segen
- Lied

Firmung, wie geht das?

Frage nach dem Glaubensbekenntnis:
V.: *Widersagt ihr ...*
A.: *Ich widersage.*
V.: *Glaubt ihr an Gott, den Vater ...*
A.: *Ich glaube.*
V.: *Glaubt ihr an Jesus Christus ...*
A.: *Ich glaube.*
V.: *Glaubt ihr an den Heiligen Geist ...*
A.: *Ich glaube.*

Hochgebet über den Firmlingen
V.: *Allmächtiger Gott, Vater unseres Herrn Jesus Christus, du hast diese Christen in der Taufe von der Schuld Adams befreit, du hast ihnen aus dem Wasser und dem Heiligen Geist neues Leben geschenkt.*
Wir bitten dich, Herr, sende ihnen den Heiligen Geist, den Beistand. Gib ihnen den Geist der Weisheit und der Einsicht, des Rates, der Erkenntnis und der Stärke, den Geist der Frömmigkeit und der Gottesfurcht. Durch Christus, unseren Herrn.
A.: *Amen.*

Handauflegung
Der Bischof legt den zu Firmenden die Hände auf. Dazu legt der Pate seine rechte Hand auf eine Schulter des zu Firmenden.

Salbung mit Chrisam/Bezeichnung mit dem Kreuz
Der Bischof zeichnet mit dem Chrisam ein Kreuz auf deine Stirn. Dazu spricht er:
V.: *(Name), sei besiegelt durch die Gabe Gottes, den Heiligen Geist.*
N.: *Amen.*

Das wünsch ich sehr

Kanon zu 4 Stimmen

Harmoniefolge: B♭ C / F //
oder (in E-dur): A / E //

aus „Detlev Jöckers 40 schönste religiöse Kinderlieder“
Text: Kurt Rose/Musik: Detlev Jöcker

Wegweiser

Als der Firmkurs „Menschen-Leben-Träume" erstmals erschien, wurde im Vorwort das Ziel einer jugendgemäßen Firmvorbereitung beschrieben. Es gehe darum, sich „gemeinsam auf den Weg des Glaubens zu machen. So wie Abraham, der den Ruf Gottes vernahm: Zieh weg in das Land, das ich dir zeigen werde."[1] Nach diesem Aufbruch zur Firmung würden Jugendliche und Katecheten gleichermaßen feststellen, dass ihr Glaube gewachsen und ihr Leben reicher geworden sei. Dieses Bekenntnis zum Aufbruch der Jugend greift Papst Franziskus inhaltlich auf, wenn er in seinem Brief an die Jugendlichen im Vorfeld der Jugendsynode 2018 mit ähnlichen Worten schreibt: „‚Zieh weg aus deinem Land, von deiner Verwandtschaft und aus deinem Vaterhaus in das Land, das ich dir zeigen werde!' (Gen 12,1). Diese Worte sind heute auch an euch gerichtet: Es sind Worte eines Vaters, der euch einlädt, ‚hinauszugehen', um euch einer unbekannten Zukunft entgegenzuwerfen, die aber Träger sicherer Verwirklichungen ist und auf die hin er selbst euch begleiten wird. Ich lade euch ein, auf die Stimme Gottes zu hören, die durch das Wehen des Heiligen Geistes in euren Herzen wiederhallt."[2] Bis heute ist die Firmvorbereitung als eine Einladung an die Jugendlichen zu verstehen, sich selbst und die eigene Welt besser kennenzulernen und dabei zugleich gemeinsam mit anderen Jugendlichen den Aufbruch in das Land des Glaubens zu wagen.

Der Firmkurs „Menschen-Leben-Träume" bietet zahlreiche Wegstrecken an, um Jugendliche auf diesem Aufbruch zu begleiten. Bewusst ist der Firmkurs dabei praxisorientiert konzipiert worden und vermeidet allzu viel „theoretischen Ballast". Doch ist der Kurs selbst inzwischen zum Gegenstand umfangreicher wissenschaftlicher Reflexionen geworden. zuletzt schrieb beispielsweise der Religionspädagoge Jürgen Kroth in seiner Habilitationsschrift zur Sakramentenpastoral mit Blick auch auf den Firmkurs „Menschen-Leben-Träume": „Jugendliche werden mit ihren eigenen Themen ernst genommen, indem versucht wird, ihre biographischen Themen aufzugreifen […]. Insofern kann diesen Materialien am ehesten zugestanden werden, sie versuchten Leben und Glauben in ein wechselseitiges Verhältnis zu bringen und damit das zu erfüllen, was unter einer Korrelationsdidaktik in den religionspädagogischen Diskurs eingewandert ist."[3]

Tatsächlich prägt diese Korrelationsdidaktik den Firmkurs „Menschen-Leben-Träume". Wenn Katecheten sich auf diese Korrelationsdidaktik einlassen, bahnen sie den Jugendlichen neue Wege – unterwegs zur Firmung. Dabei können einige Wegweiser hilfreich sein, um Katecheten im Rahmen ihrer Firmvorbereitung Orientierung zu bieten. Verschiedene Wegweiser geben den Katecheten auf den folgenden Seiten einen Überblick über das Terrain, das sie im Verlauf der Vorbereitung auf die Sakramentenfeier durchwandern werden. Sinnvoll ist es, wenn die Katecheten sich schon vor der Firmvorbereitung mit diesen Orientierungshilfen einen ersten Überblick über das gesamte Gelände verschaffen, das vor ihnen liegt. Neben der Einführung in die Firmvorbereitung sollen die Wegzeichen die Katecheten aber auch im Verlauf der Firmkatechese unterstützen. Sie werden immer dann eine Hilfe bieten, wenn unterwegs Unsicherheit aufkommt und die Katecheten befürchten, die falschen Schritte zu setzen und das eigentliche Ziel ihrer Wanderung aus den Augen zu verlieren.

Mit einer doppelten Unsicherheit starten viele Katecheten in die Firmbegleitung: Wer sind die Jugendlichen, mit denen sie sich auf den Weg machen? Und wohin sollen sie eigentlich mit ihnen gehen? Was ist das (theologische) Ziel der Firmvor bereitung? Auf diese beiden Fragen soll zunächst geantwortet werden, bevor für die Firmvorbereitung ein Routenplan entworfen werden kann.

Wegweiser der Sakramententheologie

Zunächst einmal zur Feier der Firmung selbst. Im Zentrum dieses Sakraments steht die Handauflegung (und Chrisamsalbung) durch den Bischof. Diese zeichenhafte Handlung ist in der Vergangenheit mit verwirrenden Vorstellungen überfrachtet worden. Doch in ihrem Ursprung ist sie eine bis heute verständliche und sinnvolle Zeichenhandlung. Um sie zu verstehen, müssen Menschen lernen, Dinge nicht vordergründig zu betrachten, sondern ihre religiöse Dimension zu entdecken und mit den Augen des Glaubens hinter die Dinge zu schauen.[4] Es wird in der Firmvorbereitung immer wieder darauf ankommen, Jugendliche zu solch einer Sichtweise zu ermutigen und zu befähigen. Sie sollen entdecken: Oft steckt mehr hinter einem Gegenstand, als ein flüchtiger Betrachter mit bloßem Auge sehen kann.[5] Zwar ist es für Menschen, die im Alltag eine sachlich-kühle Sichtweise gewohnt sind, zunächst schwer, einen Bezug zu den kirchlichen Sakramenten und der Sakramentalität der Wirklichkeit zu finden. Doch gerade die Sakramentalität im Alltag kann helfen, die Firmung als Sakrament neu zu verstehen.
Die Rose auf dem Esstisch ist zunächst einmal nur eine stachelige Blume mit einer hübschen roten Blüte. Doch für Verliebte ist sie mehr als eine Pflanze. Für den Mann, der sie seiner Frau mitgebracht hat, ist die Rose eine wortlose Liebeserklärung. Und für die Frau, der die Rose geschenkt wurde, ist die Blume das Zeichen für die unsichtbare Liebe, die ihr gilt. Beim Anblick der Rose denkt die Frau

nicht an ein botanisches Gewächs, sondern an ein tiefes menschliches Gefühl ihres Mannes oder Freundes, von dem die Rose spricht. Die Blume wird zum Symbol, das mehr sagt als der Gegenstand selbst.

In der Kommunikation greifen Menschen oft auf Zeichen und Symbole zurück, um ihre Gedanken und Gefühle auszudrücken. Besonders intensiv drücken dabei symbolhafte Handlungen etwas über die Beziehung zwischen zwei Menschen aus. Eine zärtliche Umarmung bei der Begrüßung sagt mehr aus als viele Worte. Und ein inniger Kuss lässt einen Menschen nicht nur wissen, dass er geliebt wird. Er kann diese Liebe beim Küssen sogar spüren. Die Liebe, die der Kuss zwischen zwei verliebten Menschen ausdrücken soll, wird also in der zeichenhaften Handlung spürbar. Der Kuss bekommt sakramentalen Charakter, weil er automatisch real und spürbar werden lässt, was er ausdrücken will: Die Liebe.

Hier liegt eine wichtige Parallele zum Sakrament der Firmung vor. Auch die Feier der Firmung besteht aus der symbolhaften Handauflegung (und Chrisamsalbung). Diese zeichenhafte Geste drückt aus, dass Christen den Heiligen Geist empfangen haben. Dadurch, dass die Zeichenhandlungen die Männer und Frauen an die Gegenwart des Heiligen Geistes erinnern, wird der Geist Gottes im Rahmen der Firmfeier (und darüber hinaus) für sie spürbar. Insofern ist die zeichenhafte Handlung im Rahmen der Firmfeier nicht „nur“ eine Geste (und erst recht keine magische Handlung), sondern wirksame Symbolhandlung. Theologen haben die Macht der zeichenhaften Handlungen (also den hier geschilderten Zusammenhang) auf eine Kurzformel gebracht: Das Sakrament bewirkt, was es bezeichnet.

Missverständlich war in der Vergangenheit die Formulierung, Christus habe die Firmung ebenso wie die anderen kirchlichen Sakramente „eingesetzt“. Die Sakramente wurden der Kirche nicht vom historischen Jesus verordnet, sondern wurden von der Kirche im Lauf der Zeit entdeckt. Erst auf dem Konzil von Trient (1545 - 1552) hat sich die katholische Kirche auf sieben Sakramente festgelegt, wobei sich mit der Zahl „sieben“ die symbolische Vorstellung von Ganzheit und Fülle verbindet.

In den Anfängen des Christentums war die Firmung noch ein fester Bestandteil eines einzigen Aufnahmeritus in die Kirche, in dessen Zentrum drei Zeichenhandlungen standen: Eintauchen in das Wasser („Taufe“), Handauflegung durch den Bischof („Firmung“) und eucharistisches Mahl („Kommunion“). Diese liturgische Einheit fiel im vierten Jahrhundert auseinander. Zwei Gründe dürften dabei eine entscheidende Rolle gespielt haben: Zum einen ging die Kirche dazu über, nicht Erwachsene, sondern bereits Kinder zu taufen. Zum anderen nahm die Zahl der Christen in diesen Jahren (durch den Übergang zur Volkskirche) sprunghaft zu, und der Bischof konnte nicht mehr bei allen Aufnahmefeiern („Taufen“) selbst anwesend sein. Die Taufe wurde zur Angelegenheit des Priesters.[6] Da man in der Westkirche aber an der Handauflegung durch den Bischof festhielt (er galt als „ordentlicher Spender“ des Firmsakraments), fielen der Wasserritus (Taufe) und die Handauflegung (Firmung) auseinander in zwei getrennte liturgische Feiern.

Eine Aufnahmefeier in die Kirche
- Wasserritus
- Handauflegung
- Eucharistisches Mahl

} **Praxis der frühen Kirche**

▼

<u>Drei</u> Stationen der Aufnahme in die Kirche
- Taufe (mit Wasserritus)
- Kommunion (mit eucharistischem Mahl)
- Firmung (mit Handauflegung)

} **heutige Praxis**

Mit dem Auseinanderfallen der einen Aufnahmefeier in drei „Stationen der Aufnahme“ veränderte sich die Bedeutung der einzelnen Stationen, die jeweils ein eigenes Profil gewannen. Die Firmung wurde immer stärker zum Passageritus. Der französische Religionswissenschaftler Arnold Van Gennep zeigte Anfang des 20. Jahrhunderts in seinem epochalen Werk „Rites de passage“, dass sich in allen Kulturen für die Übergänge Geburt, Reife, Hochzeit und Tod Riten entwickelt haben, die den Übergang symbolisch verdichtet begleiten. Die Firmung wurde immer mehr als das Sakrament der (religiösen) Reife verstanden. Sie begleitet den Jugendlichen auf dem Weg des Erwachsenwerdens und markiert die Station der religiösen Entscheidung, die ein Jugendlicher fällt.

Wegweiser der Jugendsoziologie

„Wer sind die Jugendlichen, denen wir im Rahmen der Firmvorbereitung begegnen?“ Diese Frage stellt sich den Katecheten meist automatisch, wenn sie sich Gedanken über die von ihnen übernommene Aufgabe der Firmvorbereitung machen. Bevor nun die jüngsten Ergebnisse einschlägiger Untersuchungen wiedergegeben werden, müssen jedoch alle diejenigen enttäuscht werden, die gerne die Beschreibung des „Jugendlichen an sich“ erwarten, der ihnen im Rahmen der Firmvorbereitung begegnen wird. Glücklicherweise gibt es diesen Jugendlichen nicht, sondern jeder Jugendliche muss in seiner Individualität wahrgenommen und akzeptiert werden. Dies ist die für die kirchliche Jugendarbeit wichtigste und zugleich banalste Erkenntnis der jüngeren Jugendforschung. Die „Jugend hat sich im Verlauf der fortschreitenden Modernisierungs prozesse derart differenziert, dass eine generalisierende Aussage über sie kaum mehr möglich ist."[7] Selbst die Jugendlichen, die sich in einer Gemeinde engagieren und im Rahmen ihrer Entwicklung eine „religiöse Sozialisation" erfahren haben, werden nur wenige übereinstimmende Eigenschaften aufweisen, die sie von ihren Altersgenossen unterscheiden. So belegte die Shell-Jugendstudie wiederholt: Deutliche konfessionell begründete Konturen prägen selten das Leben Jugendlicher. Unterschiede zwischen katholischer und evangelischer Konfessionszugehörigkeit machen sich höchstens noch bei Praktiken und Einstellungen bemerkbar, die direkt zur kirchlich-religiösen Sphäre gehören.

Auch wenn es den Prototypen eines heutigen Jugendlichen nicht gibt, kann dennoch etwas über den „religiösen Gemütszustand" der Jugend ausgesagt werden – wobei die Aussagen stets nur statistische Angaben sind, die sich auf die Gesamtheit der Jugendlichen in Deutschland zu Beginn des 21. Jahrhun derts beziehen. Zunächst einmal gaben 59 Prozent aller befragten katholischen Jugendlichen an, einen Gesprächspartner für alle Sorgen und Nöte zu haben (ein höherer Prozentsatz als bei den befragten Jugendlichen ohne Religionsgemeinschaft sowie den evangelischen oder muslimischen Jugendlichen). In der Regel sind diese Gesprächspartner übrigens die Eltern, denn auch dies zeigen jüngste Studien: Entgegen den reißerisch vorgetragenen Verlautbarungen vieler Medien wachsen Kinder und Jugendliche in Deutschland meist in einer Atmosphäre auf, in der sie sich behütet und angenommen fühlen. Diese Diagnose ist zunächst einmal beruhigend und belegt, dass Kinder und Jugendliche auch zu Beginn des 21. Jahrhunderts keine verhaltensgestörten, seelenlosen Computer-Zombies sind, die sich von ihrer Umgebung abgeschoben im Internet tummeln oder mutterseelenallein und vaterlos durch die Fernsehprogramme surfen. Gerade die Eltern sind im Vergleich zu früheren Generationen von Jugendlichen wieder zu den wichtigsten Gesprächspartnern geworden – wobei festzustellen ist, dass Freunde mit zunehmendem Alter die Eltern als wichtigste Gesprächspartner ablösen.
Problematisch für die religiöse Erziehung der Jugendlichen ist in diesem Zusammenhang, dass gerade die Glaubenserziehung von den meisten Eltern nicht mitgetragen wird, da sie nicht gelernt haben, über religiöse Fragen (explizit) zu sprechen. Somit fällt der wichtigste Gesprächspartner für viele Jugendliche aus, wenn es um ihre religiöse Erziehung geht. Doch darf bei dieser Analyse nicht übersehen werden, dass viele Mütter und Väter ihren Glauben dennoch implizit (unausgesprochen) an ihre Kinder weitergeben, indem sie ihnen täglich eine von christlichen Werten geprägte Lebenseinstellung vorleben und diese – wiederum implizit – an die Jugendlichen weitergeben.
Ein weiterer Aspekt erschwert den Dialog über Glaubensfragen zwischen Eltern und Jugendlichen: Parallel zur religiösen Sprachlosigkeit der Eltern lässt sich eine religiöse Kommunikationsunlust der Jugendlichen feststellen. Im Rahmen der Jugendstudie gab fast die Hälfte (46 Prozent) der Befragten an, über religiöse Dinge ungern zu reden, nur 14 Prozent bekannten sich dazu, gerne über Fragen der Religion zu sprechen. Und eine empirische Untersuchung von Carsten Wippermann zeigt, dass die religiöse Selbsteinschätzung von Jugendlichen und jungen Erwachsenen zu 75 Prozent durch mangelnde religiöse Kommunikation gekennzeichnet ist. Spekulation wäre es an dieser Stelle, Vermutungen darüber anzustellen, ob zunächst die Sprachnot der Eltern oder die Sprachunlust der Jugendlichen vorlag. Hier scheint die eine Mentalität auf jeden Fall gut mit der anderen zu korrespondieren, sodass das Thema „Religion" im Alltag der Jugendlichen zum Verstummen gebracht wird.

Detaillierte Angaben liefert die Shell-Studie zur Gottesdienstpraxis der Jugendlichen: 83 Prozent aller Befragten besuchten in den letzten Wochen keinen Gottesdienst, 9 Prozent nahmen einmal, 4 Prozent zweimal und 4 Prozent dreimal und öfter an einem Gottesdienst teil. Diese geringen Werte sind zwar signifikant, dürfen jedoch nicht zu vorschnellen Schlüssen verleiten. Die Studie wiederholt, worauf bereits in der früheren Shell-Jugendstudie hingewiesen wurde: Es wäre ein Fehlschluss, den nicht besuchten Gottesdienst mit religiöser Abstinenz der jungen Generation gleichzusetzen.

Immerhin 27 Prozent aller befragten Jugendlichen gaben an, manchmal oder regelmäßig zu beten, 17 Prozent möchten keine Aussage machen, und mehr als die Hälfte aller Jugendlichen, nämlich 56 Prozent, verneint die Frage nach einer Gebetspraxis ganz. Auffällig ist ein Unterschied bei den befragten Mädchen und Jungen. Nach Geschlecht unterschieden beten 20 Prozent der männlichen und 33 Prozent der weiblichen Jugendlichen.

Auf die Frage, ob sie an ein Weiterleben nach dem Tod glauben, antworteten 31 Prozent aller Befragten mit „Ja". Ähnlich viele Jugendliche, nämlich 35 Prozent, lehnen solch eine Vorstellung ab. Ebenso viele Jugendliche sind unentschieden. Mit steigendem Alter nimmt bei den Jugendlichen übrigens dieser Glaube an ein Weiterleben ab.

Mager ist erwartungsgemäß auch der Anteil der Jugendlichen, die im Alten oder Neuen Testament lesen. Nur 1 Prozent aller Befragten gab an, sehr oft in der Bibel zu lesen, 2 Prozent lesen oft, 19 Prozent selten und immerhin 78 Prozent nie im Glaubensbuch ihrer Religionsgemeinschaft.

Noch ein wichtiges Ergebnis der großen Jugendstudie: Immerhin 7 Prozent der Befragten gaben an, einer kirchlich-konfessionellen Jugendgruppe anzugehören. Mit steigendem Alter nimmt die Zugehörigkeit zu solch einer Gruppe ab. Die Mitgliedschaft in einer kirchlichen Jugendgruppe scheint sich positiv auf die Einstellung der Befragten zu ihrer Zukunft auszuwirken. Die Mitglieder dieser Jugendgruppen besitzen im Vergleich mit anderen Jugendlichen die höchste Gewissheit, ihre Zukunft zu gestalten, und rechnen weniger mit schweren Herausforderungen in der Zukunft. Sie strahlen also einen größeren Optimismus aus als Altersgenossen, die nicht in kirchlich-konfessionellen Gruppen engagiert sind. Indirekt ist dies ein Kompliment, das die Shell-Studie der kirchlich-konfessionellen Jugendarbeit macht. Denn offensichtlich besteht ein Zusammenhang zwischen der kirchlichen Jugendarbeit und der optimistischen Lebenseinstellung junger Menschen.

Im Vergleich zu früheren Shell-Jugendstudien lässt sich – wenn die oben genannten Aspekte als Indikatoren anerkannt werden – insgesamt ein Rückgang der Religiosität bei den Jugendlichen feststellen. Aufgrund der Daten aus früheren Jugendstudien ergibt sich ein durchgehender Rückgang beim Glauben an ein Weiterleben nach dem Tod (von 49 auf 32 Prozent), beim Gottesdienstbesuch (von 21 auf 11 Prozent) und beim Beten (von 36 auf 28 Prozent). Diese Niveauverschiebungen nach unten haben sich in einer Zeitspanne von nur anderthalb Jahrzehnten ergeben. Die Jugendstudie bezeichnet sie als „signifikant für die religiös-kulturelle Gestimmtheit der Jugend, für ihre Grundhaltung zur Welt und zum Leben insgesamt“[8].

Wegweiser der Religionssoziologie

Doch auch wenn das Urteil über den Glaubensverlust bei Jugendlichen durch die oben genannten Zahlen und Entwicklungen belegbar scheint, handelt es sich dabei wahrscheinlich um ein vorschnelles Urteil oder zumindest um eine einseitige Betrachtungs weise. Denn die Jugendlichen leben ja nicht als isolierte Wesen losgelöst von der Gesellschaft. Sie sind ein Teil von ihr, und der Verdacht liegt nahe, dass ein gesamtgesellschaftliches Phänomen in verschiedenen Studien an Jugendlichen verifiziert wird. Dies führt dann dazu, dass dieser Trend auf Jugendliche projiziert und an ihnen problematisiert wird.[9] Doch stattdessen könnte eine zutreffendere Diagnose ja auch lauten, dass die Jugendlichen Teil einer Gesellschaft sind, die einen Prozess der Säkularisierung durchmacht, und dadurch in einen gesamtgesellschaftlichen Sog geraten. Fünf Aspekte solch einer Säkula risierung benennt der Religionssoziologie Franz Xaver Kaufmann in seinem Buch „Wie überlebt das Christentum“. Besondere Bedeutung kommt der von Kaufmann festgestellten „Säkularisierung als Entchristlichung und Entkirchlichung der Bevölkerung“ zu. Der Religions soziologe schreibt: „Während sich die vorangehenden Bestimmungen aus soziologischer Sicht im Wesentlichen auf die makrotheoretischen Zusammenhänge von Religion und Kultur bzw. Kirche und Gesellschaft bezogen, steht hier der mikrosoziologische Sachverhalt sinkender kirchlicher Beteiligung und des Schwindens christlicher Orientierung im Wissens- und Verhaltensbereich der Bevölkerung im Vordergrund.“[10] Dieses Phänomen lässt sich übrigens weltweit belegen. So sind die Religionslosen die im 20. Jahrhundert am stärksten wachsende Gruppe der Bevölkerung.

„Die persönliche Religiosität wird (...) immer weniger noch als christlich verstanden, löst sich also nicht nur aus traditionalen kirchlichen Bindungen, Glaubensvorstellungen und -praktiken, sondern sieht sich immer weniger auch in einem überkonfessionellen christlichen Traditionsstrom verankert. Überdurchschnittlich ist bei ihnen auch die Existenzdeutung ausgeprägt, mit Hilfe des Glaubens ein sinnvolles Leben zu führen und im Leben den Willen Gottes zu erfüllen, um am Ende die ewige Seligkeit zu erlangen. Persönlichkeitsentwicklung, viel Freude im Leben zu haben und Lebensgenuss als Lebenszweck gewinnen zwar auch in der Gesamtbevölkerung und unter älteren Menschen, selbst unter kirchennahen Christen, an Bedeutung, erreichen aber die höchsten Stellenwerte insbesondere in der Generation der heute unter 29-Jährigen.“[11]

In der Firmpastoral sammeln sich nun all die Fragen und Herausforderungen, die im Spannungsverhältnis zwischen Jugendlichen und Religion (bzw. Kirche) entstehen. Um so erstaunlicher ist, dass Jugendliche sich heute noch in relativ großer Zahl zur Firmvorbereitung entschließen. Die Frage ist berechtigt: Was motiviert die scheinbar religionsverdrossenen Jugendlichen in einer scheinbar glaubensarmen Gesellschaft dazu, sich für ein solches scheinbar unattraktives Angebot zu entscheiden? Eine erste Antwort gibt eine Untersuchung aus dem Erzbistum Köln: „Der christliche Glaube wie auch die religiöse Erfahrung treten als Einflussgrößen auf die Firmentscheidung in den Hintergrund ... Ob sich einer der mehrheitlich 15- bis 16-jährigen Jugendlichen in diesen Seelsorgebereichen firmen lässt, ist von seiner religiösen Praxis und den Meinungen von Personen abhängig, die dem Jugendlichen nahe stehen. In erster Linie sind dies Eltern und Freunde.“[12]

Auf die unterschiedlichen Motive von Jugendlichen, sich zur Firmvorbereitung anzumelden, wird später noch ausführlich eingegangen werden. Doch auf eines sei in diesem Kontext schon hingewiesen. Wenn die religiös sprachlos gewordenen Eltern in einer religiös sprachlosen Gesellschaft ausschlaggebend dafür sind, dass ihre Kinder sich zur Firmvorbereitung anmelden, dann muss in ihnen wohl eine unerfüllte Sehnsucht sein, die sie nicht in Worte fassen können. Der Kirche trauen sie zu, diese Aufgabe zu übernehmen. Es scheint also eine Verkirchlichung der explizites Religiosität zu geben, die – und davon geht diese Firmkatechese aus – mit einer Verweltlichung der impliziten Religiosität einhergeht.

Wegweiser der Entwicklungspsychologie

Nach diesen religionssoziologischen bzw. pastoralen Überlegungen soll nun kurz auf entwicklungspsychologische Merkmale des Jugendalters eingegangen werden. Natürlich lassen sich die folgenden Angaben nicht auf alle Jugendlichen gleichermaßen übertragen. Doch zeigen sie, welche Entwicklungen das Jugendalter beeinflussen. Ab etwa dem 11.-13. Lebensjahr setzt ein puberaler Wachstumsschub ein. Die physiologischen Veränderungen bedingen beim Jugendlichen zwangsläufig psychische Veränderungen: Die Jugendlichen werden mit ihren körperlichen Veränderungen konfrontiert. Der Körper wird zum Mittelpunkt der eigenen Interessen, das Interesse an der Umwelt geht zurück. Existenzielle Verunsicherung breitet sich aus, denn das Körperbild des Jugendlichen ist eng mit seinem Selbstbild verbunden. Häufig führt die Auseinandersetzung mit der veränderten Physiognomie bei den Jugendlichen zur Unzufriedenheit, beispielsweise wegen der Unausgewogenheit des Körperbaus (Extremitäten) oder wegen auftretender Akne. Erste Schminkversuche werden in diesem Alter häufig unternommen. Kamm, Kosmetik, Klamotten bzw. ihre offensichtliche Ablehnung werden wichtig. Typisch für das Jugendalter ist eine affektive Labilisierung. Die Gefühle sind instabil. Unerwartete, nicht zu steuernde Gefühlsschwankungen treten auf. Tiefe Niedergeschlagenheit wird von überschäumender Ausgelassenheit abgelöst. Der Jugendliche erscheint mal kindlich, mal sprunghaft-dynamisch. In der späteren Jugendzeit stabilisieren sich die Gefühle wieder. Durch die sexuelle Reifung werden Jugendliche in dieser Phase auch mit einer stärkeren Triebdynamik konfrontiert. Das Interesse für das andere Geschlecht erwacht. Es kommt zu ersten intimen Kontakten. Jugendumfragen belegen, dass bis zum 14. Lebensjahr 20 Prozent der Jugendlichen erste sexuelle Erfahrungen gesammelt haben, 20 Prozent haben diese mit 15 Jahren, 36 Prozent mit 16 Jahren und 21 Prozent mit 17 Jahren. Auch kognitiv ist die Jugend eine Phase des Übergangs. Es kommt zur Reflexion über die eigene Person, das eigene Geschlecht und die beruflichen Pläne. Jugendliche lösen sich in dieser Phase vom Wertekanon der Eltern und bauen sich (in Ablehnung bzw. Anlehnung an überlieferte Werte) ein eigenes ethisches System. Dies gilt auch für den neu entdeckten Sexualbereich. Bekanntlich billigt man der Kirche und den Personen, die als ihre Vertreter identifiziert werden, keine große Kompetenz in diesem wichtigen Bereich des menschlichen Lebens zu, und so sollten gerade Aussagen zur Sexualmoral im Rahmen der Firmbegleitung nur sehr vorsichtig gemacht werden. Das heißt aber ausdrücklich nicht, dass das Thema tabuisiert oder an den Rand gedrängt werden soll. Stattdessen soll es mit der größtmöglichen Normalität in die Gespräche mit den Jugendlichen integriert werden. Doch es macht keinen Sinn, alle kirchlichen Normen im Einzelnen aufzuzählen, sondern stattdessen den Horizont deutlich zu machen, in dem Christen sich bewegen, wenn sie im Glauben von Sexualität sprechen, betonte der Osnabrücker Bischof Bode.[13]

Wegweiser gegen die Überforderung

Bislang stellten die jugendsoziologischen, religionssoziologischen und entwicklungspsychologischen Wegweiser eher die Schwierigkeiten dar, mit denen eine Firmvorbereitung heute unweigerlich zu kämpfen hat. Diese Analysen sollen aber nicht entmutigen, sondern dem Katecheten helfen, zunächst eine realistische und damit hilfreiche Einschätzung des vor ihm liegenden Geländes zu gewinnen, in dem er sich bewegen wird. Bevor nun die weiteren Wegweiser stärker auf die Chancen einer gelingenden Firmkatechese eingehen, soll zunächst vor einem heimlichen Motiv vieler Katecheten gewarnt werden: Der Wunsch, Jugendliche zum dauerhaften Engagement in der Gemeinde, zumindest aber zum Besuch des Gottesdienstes zu bewegen. Solch ein unterschwelliges Motiv war lange Zeit sowohl in der Jugendpastoral als auch in der Jugendkatechese weit verbreitet und führte (wie schon im Vorwort angemerkt) schnell zur Überforderung und damit Resignation der Katecheten. Solch ein Motiv eines Katecheten lässt sich historisch gut einordnen. Denn tatsächlich gibt es zwei Grundvorstellungen von kirchlicher Jugendarbeit und Katechese. „Die erste ist nach dem Krieg entstanden und war von der Absicht getragen, wieder ein geschlossenes katholisches Milieu aufzubauen. Der Jugendpastoral und den Jugendverbänden kam dabei eine wichtige Aufgabe zu, nämlich die Integration der Jugendlichen in Milieu und Kirche. Diese Erwartungen hat die kirchliche Jugendarbeit anfangs auch erfüllt. Diesem Modell steht heute eine grundsätzlich anders ausgerichtete Vorstellung von kirchlicher Jugendarbeit gegenüber: Die einer von biblischer Absichtslosigkeit geprägten Zuwendung zu den Jugendlichen.“[14] Auch eine Katechese kann zunächst einmal absichtslos sein. Das einzige Ziel, das sie verfolgt, ist die religiöse Spurensuche im Leben der Jugendlichen. Wenn die Firmvorbereitung Jugendlichen hilft, ihrem Glauben auf die Spur zu kommen und sie religiös kompetent zu machen, werden die Jugendlichen von sich aus danach suchen, wie sie ihre religiöse Sehnsucht beheimaten können.

Die Jugendpastoral und -katechese wird sich in Zukunft noch sehr viel stärker damit auseinander setzen müssen, dass junge Menschen ihre Entscheidungen auf eine überschaubare Zeit hin mit einer gewissen Vorläufigkeit treffen.

Zu einer Lebensentscheidung im Sinn von „ich bin Christ bis zum Tod" kommt es immer weniger, zumal eine wachsende Bereitschaft zum Wechseln und Austauschen von „Glaubensinhalten" – nicht nur – bei Jugendlichen zu beobachten ist. Die noch lange nicht beantwortete, schwierigste Frage dabei ist, wie sich solches Wahlchristentum, dieses Christentum auf Zeit, mit der traditionellen Vorstellung von „Nachfolge" verbinden lässt.[15]

„Heute muss es aber darum gehen, befristetes Engagement möglich zu machen. (...) Die verbindliche Zugehörigkeit zu einer Jugendgruppe über fünf oder acht Jahre, die klassische Jugendverbandskarriere, wird es immer seltener geben. Aber auch wenn sich bestimmte Formen ständig wandeln müssen – der Aussage des Synodenbeschlusses, die Kirche mache den Jugendlichen vorrangig ein personales Angebot, kommt (...) eine entscheidende Bedeutung zu. Treffpunkte und Begegnungsorte müssen geschaffen werden, wo die Jugendlichen Menschen begegnen, die sich in dieser Begeg nung selbst ganz ins Spiel bringen. Jugendliche erwarten persönliche und glaubwürdige Begleitung für ein Stück ihres Weges, wollen nach einer bestimmten Wegstrecke aber auch wieder Abschied nehmen."[16]

Die bereits oben erwähnte Untersuchung aus dem Erzbistum Köln belegt, dass es den Jugendlichen bei der Firmentscheidung nicht darum geht, sich künftig dauerhaft in der Kirchengemeinde zu engagieren. Für nur 16 Prozent der Firmlinge ist es ziemlich oder sehr wichtig, nach der Firmung in der Pfarrei Verantwortung zu übernehmen. Dagegen geben fast zwei Drittel der befragten Jugendlichen ausdrücklich an, dass ihnen dies nicht wichtig ist. Überraschenderweise ist auch nur rund einem Drittel der Jugendlichen der Empfang des Heiligen Geistes wichtig. Dafür nennen 80 Prozent als Erwartung, dass sie während der Firmvorbereitung viel Spaß haben möchten. Und immerhin 42 Prozent erhoffen sich von der Firmvorbereitung, dabei neue Leute kennen zu lernen.[17]

Diese Rückmeldung ist für den Ansatz einer zeitgemäßen Firmkatechese wichtig. Denn genau dieser Wunsch der Jugendlichen kann sich mit dem attraktiven Angebot decken, das eine Gemeinde im Rahmen der Firmvorbereitung unterbreitet. Was die Jugendlichen zum einen suchen, ist die Clique, die ihnen einerseits Rückhalt bietet, andererseits aber auch einen großen Entfaltungsspielraum für ihre Individualität lässt. Zum anderen suchen sie aber auch Menschen, mit denen sie sich offen austauschen können und die sich als Wegbegleiter mit ihnen auf ihrem Weg des Erwachsenwerdens machen.

Wegweiser auf der Straße nach Emmaus

Diese vorübergehende Weggemeinschaft wird zur katechetischen Chance, um Menschen die Augen für das Heil zu öffnen. Übrigens wird uns von solch einer katechetischen Weggemeinschaft bereits in der Bibel berichtet. Es kann an dieser Stelle hilfreich sein, den biblischen Bericht einer erfolgreichen Katechese Revue passieren zu lassen: Die Emmaus-Perikope. Jesus war bereits vom Tod auferstanden, er hatte das Reich des Todes bereits überwunden. Doch selbst seine engsten Freunde wussten nichts davon. Noch waren sie blind für das Heil, das sich ereignet hatte. Ihr Glaube war zerstört, zumindest aber gestört. Zwei von ihnen waren nun unterwegs nach Emmaus, als der Auferstandene ihnen begegnete. Und was machte Christus in dieser Situation? Er tauchte mit den beiden Jüngern in ihre Trauer ein. Er ließ die Jünger einfach erzählen, was sie bewegt, und hörte aufmerksam zu. Anschließend sprach Jesus von den Verheißungen und Hoffnungserzählungen, um den Jüngern die Augen zu öffnen. Scheinbar ohne Erfolg, denn sie erkannten ihn nicht. Erst später, als es schon dunkel wurde, wurde den Jüngern bewusst, dass es Christus selbst war, der sich mit ihnen auf den Weg gemacht hatte. Die Emmaus-Perikope ist ein ermutigendes Beispiel für gelingende Katechese, doch auch in anderen Jesusbegegnungen zeigt sich die urchristliche Erfahrung, dass bei diesen existenziellen Begegnungen stets eine konkrete körperliche oder seelische Not steht und erst am Ende, erst nach den leibhaftigen Erfahrungen heilender und wohltuender Nähe, oft sogar erst im Nachhinein, das Bekenntnis zu Jesus und seinem Gott.[18] Solch ein katechetischer Ansatz sollte Firmkatecheten auch heute ermutigen, die Jugendlichen zunächst einmal auf ihrem Weg zu begleiten.

Wegweisende Katecheten

Viele Katecheten – und zwar oft gerade die Frauen und Männer, die sich später als hervorragende Wegbegleiter herausstellen – zweifeln zu Beginn ihres Engagements, ob sie den Erwartungen gerecht werden können, die ein Katechet erfüllen muss. Doch zunächst einmal muss auch hier vom Bild des „Idealkatecheten" Abschied genommen werden. Genauso wenig wie es den Jugendlichen gibt, gibt es den Katecheten. Und das ist gut, denn die Jugendlichen erfahren so, dass ganz unterschiedliche Frauen und Männer sich auf einen Weg des Glaubens gemacht haben, von dem sie sich Lebens sinn versprechen. Jeder Katechet muss im Lauf der Firmkatechese immer wieder prüfen, welchen Bezug er zu seinem Glauben hat, welche Methoden ihm liegen und was er wie vermitteln kann. Pauschalrezepte nützen wenig. Deshalb bietet die Firmkatechese ganz unterschiedliche Bausteine an, mit denen die einzelnen

Themenbereiche erschlossen werden können. Dennoch gibt es ein verbindliches Moment, dem sich jeder Katechet verpflichtet fühlen sollte.

Aus der Emmaus-Perikope lässt sich etwas über die Rolle der Katecheten ablesen. Während sie im traditionellen Verständnis oft noch diejenigen sind, die den Jugendlichen etwas voraus haben und mit ihrem Informationsvorsprung „hausieren gehen", erzählt die Emmaus-Geschichte zunächst von einem begleitenden, mitgehenden Katecheten. Er bietet sich auf dem Weg des Erwachsenwerdens den Jugendlichen als Gesprächspartner an. Dabei nimmt er seine Position nicht vor den Jugendlichen ein, sondern wie Jesus neben seinen Gesprächspartnern.

„Die Seelsorge und damit auch die Firmbegleitung muss beachten, dass Menschen heute einen großen Wert auf ihre Individualität legen und eine religiöse Wahrheit selbst erkennen wollen. Ein kirchliches Umfeld muss sich nicht dadurch auszeichnen, dass es eine eng formulierte Wahrheit mit Verbindlichkeitsanspruch verkündet, sondern dass sie zum Ort der lebendigen Wahrheitssuche wird."[19]

Solch ein katechetisches Verständnis sagt etwas darüber aus, wie Katecheten mit Jugendlichen unterwegs sein sollten. Sicherlich sollten sie sich in ihrem Leben bereits mit ihrem Glauben offen auseinander gesetzt haben. Denn auch bei Katecheten gilt gewissermaßen die Regel, die für Therapeuten anerkannt ist: Niemand kann über sich hinaus therapieren oder katechetisieren. Vor allem müssen diese Frauen und Männer aber kompetente Kommunikationspartner sein, die nicht nur für, sondern mit Jugendlichen etwas tun wollen – und dabei von jungen Menschen lernen möchten. Bernd Jochen Hilberath und Matthias Scharer weisen darauf hin, dass gerade jene Frauen und Männer als Firmbegleiter besonders gut geeignet sind, die mit Jugendlichen ungezwungen kommunizieren können. Dabei geht es nicht darum, rhetorisch zu brillieren oder ein besonderes didaktisches Geschick an den Tag zu legen. Wichtig ist es, eine Dialogbereitschaft an den Tag zu legen. Häufig besitzen gerade die Christen solch eine kommunikative Fähigkeit, die selbst nicht in einem kirchlichen Milieu aufgewachsen sind. Ihnen fällt es aufgrund der eigenen Lebensgeschichte mitunter leichter, mit den (meist kirchenfernen) Jugendlichen über das Leben und den Glauben ins Gespräch zu kommen.

Natürlich darf der Katechet mit dieser anspruchsvollen Aufgabe nicht allein gelassen werden. Wichtig ist, dass Katecheten im Rahmen ihrer Begleitung ausreichend Möglichkeit haben, sich über ihren eigenen Glauben klar zu werden und eine Beziehung zu finden zu den Themen Identität, Gott, Jesus, Heiliger Geist, Kirche und Firmung, die im Zentrum dieser Firmkatechese stehen. Ziel der Begleitung wird es dabei sein, den Katecheten selbst einen persönlichen Zugang zu den Themen zu ermöglichen, und nicht, ihnen ein fest geschnürtes, katechismustaugliches Glaubenspaket mit auf den Weg zu geben. Solch ein „Glaubenspaket" würde auf solch einer abenteuerlichen Wanderung mit jungen Menschen schnell ein zu schwerer Ballast werden, der beim zügigen Tempo, das Jugendliche an den Tag legen, am Mitgehen hindert. Außerdem würde es den Katecheten unterwegs zu schnell dazu verführen, die fertigen Antworten zu liefern, anstatt zunächst genau zuzuhören – wie damals auf dem Weg nach Emmaus.

In solch einem katechetisch-kommunikativen Prozess verwischen übrigens die früher deutlich vorgezeichneten Konturen von Lehrer und Schüler hin zu dem, was man heute als „Lerngemeinschaft" bezeichnet. Solch ein Änderungsprozess ist ein „Erkennen der Zeichen der Zeit", denn aufgrund der sich immer rasanter beschleunigenden Modernisierung hat die ältere Generation in vielen Bereichen nicht mehr wie früher einen Wissensvorsprung gegenüber der jüngeren Generation in Bezug auf das, was auf sie zukommt. Die Suche nach einem gemeinsamen Leben auf die Zukunft hin ist zu einer Aufgabe geworden, der sich die Menschen verschiedener Generationen stellen müssen. Dabei bleiben die Erwachsenen authentische und solidarische Partner.

„In der Firmpastoral bündeln sich Fragen und Herausforderungen, die sich angesichts zahlreicher Veränderungen und beschleunigter Entwicklungen in Kirche und Gesellschaft stellen. Immer drängender wird dabei die Frage nach dem stimmigen Zusammenhang zwischen Glaubensbekenntnis und Glaubenspraxis, von Glaube und Leben unter den Bedingungen einer weltanschaulich pluralistischen Gesellschaft sowie nach den Möglichkeiten der Glaubensvermittlung heute."[20]

„Was haben wir den Jugendlichen denn inhaltlich zu bieten?", mag jetzt vielleicht mancher denken, der sich als Gesprächspartner ganz ohne Katechismuswisssen auf den unbekannten Weg machen soll. Und vielleicht stellt sich an dieser Stelle das unbehagliche Gefühl ein, den Jugendlichen ohne die „Glaubenswahrheiten" nicht viel bieten zu können. Doch Christen müssen sich nicht schwer beladen, wenn sie sich auf den Weg machen. Das Wichtigste sind die offenen Augen, Ohren, Herzen sowie die eigene Gewissheit, dass der Glaube dem eigenen Leben gut tut und entscheidend zum gelingenden Leben beiträgt (siehe „Die Jugendlichen werden zum Wegweiser"). Solch ein Wissen prägt ein gesundes Glaubens-Selbstbewusstsein. Und es ist übrigens auch statistisch belegbar. In den Vereinigten Staaten, in Kanada und in Deutschland haben gut drei Duzend Untersuchungen eindeutig gezeigt:
Zwischen einem persönlich bedeutsamen Glauben einerseits und Lebenszufriedenheit, Glücklichsein, positiver Gestimmtheit und Sinnorientierung andererseits besteht ein Zusammenhang. Diese Verbindung zeigt sich vor

allem bei Menschen, deren (intrinsischer) Glaube tief in der eigenen Psyche verwurzelt ist. Bernhard Grom zitiert das Ergebnis der von Emnid im Auftrag der Zeitschrift „Spiegel“ durchgeführten Untersuchung „Was glauben die Deutschen“? Die Erhebung kommt zu dem Ergebnis, dass beispielsweise Gottesdienst besucher sich deutlich positiver über ihre Lebenszufriedenheit äußern als Personen, die keinen Bezug zu ihrer Gemeinde haben. Als Katechet darf man sich also mit dem Selbstbewusstsein „Glauben tut gut“ auf den Weg machen.

Dieses Selbstbewusstsein sollte die Kraft geben, sich mit jungen und suchenden Menschen auf eine lebenswichtige Suche zu machen. Und dabei das eigene Leben auf den Prüfstand zu stellen. In jeder Begegnung mit den Jugendlichen muss der Katechet damit rechnen, dass er von den Jugendlichen nicht nur herausgefordert, sondern evtl. sogar „bekehrt“ wird. Gerade diese Fähigkeit, sich trotz des meist vorhandenen Altersunterschieds mit den Jugendlichen auf den Weg zu machen, zeichnet Katecheten als kompetente und tiefgläubige Menschen aus, die wie Abraham den Ruf vernommen haben, in ein unbekanntes Land aufzubrechen, und die diesem Ruf gefolgt sind, weil ihr Gottvertrauen stark genug für solch ein Wagnis ist.[21]

Am wichtigsten auf diesem Weg sind die stets wachsamen Augen und offenen Ohren. Denn oft werden die Jugendlichen vorgeben, auf welches Terrain man sich im Rahmen der Firmvorbereitung begibt. Gerade bei dem hier vorgestellten Modell einer Firmvorbereitung geht es nicht darum, dem Glauben der Jugendlichen einen „Kirchenglauben“ überzustülpen, der lebensgeschichtlich nicht inkulturiert ist. Dies wird immer dann schnell geschehen, wenn Jugendliche im Rahmen der Firmbegleitung zu einer kirchlichen Praxis verpflichtet werden, die ihnen aufgrund ihrer bisherigen Lebenspraxis fremd ist. Damit Kirchlichkeit Jugendlichen nicht künstlich aufgesetzt wird und somit keine Wurzeln im eigenen Leben schlägt, muss die Religiosität Jugendlicher in ihrer individuellen Gestalt, wie sie sich lebensgeschichtlich entwickelt hat, ernst genommen werden. Dabei geht es nicht darum, die Impulse der Jugendlichen auf sozialpsychologische oder institutionelle Prozesse zu reduzieren. Vielmehr sollen innere Vollzüge „als ein Beziehungsgeschehen mit einer transzendenten, den Menschen und seine ihm selbstständig zur Verfügung stehenden Möglichkeit identifiziert werden“.[22]

Die Jugendlichen werden zum Wegweiser

Die Religiosität Jugendlicher (und natürlich der Katecheten) ist der eigentliche Proviant auf dem Weg der Firmvorbereitung. Insofern ist es eine mystagogische Firmvorbereitung, zu der dieser Firmkurs den Katecheten und die Jugendlichen ermutigen möchte. Solch eine mystagogische Wegbegleitung geht davon aus, dass Gott sich im Leben eines jeden Menschen finden lässt. Katechese ist – wie damals auf dem Weg nach Emmaus – zunächst Lebensbegleitung. Absichtslos ist sie insofern, weil sie nicht auf die Rekrutierung der Jugendlichen für die Kirche oder Gemeinde abzielt. Dennoch ist sie zugleich zielgerichtet, weil sie die Jugendlichen ermutigt, ihr Leben mit den Augen eines Christen zu betrachten. Solch ein christlicher Blickwinkel zeichnet sich dadurch aus, dass Menschen sensibel für die Spuren Gottes werden. Mystagogische Firmvorbereitung ist also Begleitung und erschließende Hinführung zu jener ursprünglichen Gottesbeziehung, die das Leben jedes Menschen geheimnisvoll bereichert. Katechese verlässt dabei den religiösen Bereich im engeren Sinn und öffnet sich für den gesamten Lebensvollzug der Jugendlichen, der aus dem Glauben gedeutet und gestaltet werden soll.[23]

Als roter Faden zieht sich das mystagogische Anliegen durch die einzelnen katechetischen Elemente, dass die religiöse Dimension in der Kultur der Jugendlichen entdeckt wird. Denn auch der Zeitgeist ist eine Mischung aus Heiligem Geist und Ungeist. Aufgabe des Katecheten ist es, die Webfäden voneinander zu trennen und den Faden des Geistes Gottes weiterzuführen.

Mit diesem Verständnis von mystagogischer Katechese greift die Firmmappe den Gedanken von Karl Rahner auf, dass das Christentum nur dann zukunftsfähig wird, wenn im Leben der Christen statt einer äußerlichen Religiosität die innere religiöse Erfahrung zum Motor des Glaubens wird. Der große Theologe schrieb der Kirche ins Tagebuch, was heute beinahe prophetisch klingt: „Der Fromme von morgen wird ein ‚Mystiker‘ sein, einer, der etwas erfahren hat, oder er wird nicht mehr sein, weil die Frömmigkeit von morgen nicht mehr durch die im Voraus zu einer personalen Erfahrung und Entscheidung einstimmige, selbstverständliche, öffentliche Überzeugung und religiöse Erziehung also nur noch eine sehr sekundäre Dressur für das Religiös-Institutionelle sein kann.“[24]

Solch ein Verständnis von Katechese bedeutet, dass es vor allem der Katechet ist, der sich auf ungewohntes Terrain einlässt. Er wagt es, den von den Jugendlichen eingeschlagenen Weg mitzugehen und auf deren Pfaden zu wandern. Im Leben der Jugendlichen, vor allem in der Jugendkultur und in der Gesellschaft, muss er Glaubenszeichen suchen, die er zum Ort religiöser Erfahrung werden lässt. Einige dieser religiösen Elemente aus der Jugendkultur sind bereits in den einzelnen „Wegstrecken“ aufgenommen und können so aufgegriffen werden. Da die Jugendkultur jedoch extrem schnelllebig ist, kommt es vor allem auf die Wachheit des Katecheten an, im Gespräch mit den Jugendlichen solche religiöse Wegzeichen zu entdecken. Er wird überrascht sein, an welch unvermuteten Orten (z. B. in der Popmusik oder in den Sozialen Medien) er fündig wird. Denn es gibt vielfältige Belege dafür, „dass sich manche Formen nicht-traditionaler Spiritualität gerade in Auseinandersetzung, Abgrenzung und im Gegenüber zu erwachsenen Pädagogen und Jugendarbeitern entwickeln. Insofern jedoch Kirche und kirchliche Jugendarbeit ein Interesse an Spiritualität von Jugendlichen haben, kann dieses nur in der Weise eines Angebotes zur Begleitung bei den entsprechenden Suchbewegungen zur Geltung gebracht werden“[25].

„In den Jugendkulturen lassen sich durchaus Elemente des Ekstatischen finden – der Sehnsucht, in eine andere Welt einzutauchen, vielleicht auch, ein Stück zu flüchten aus der Wirklichkeit. Es ist entscheidend, die Suche, die sich in solchen Musikformen ausdrückt, wahrzunehmen und auch in der Jugendarbeit solche Erlebnisse mitzuschaffen – aber gleichzeitig sie und die dahinter liegenden Sehnsüchte zu beleuchten, um auch behutsam Antworten zu geben.“[26]

Fündig wird der Katechet außerdem werden, wenn er mit den Jugendlichen Orte aufsucht, an denen Menschen religiöse Erfahrung machen und an denen es zu signifikanten Begegnungen kommen kann. Dies können unter anderem sein:

- Begegnung mit der Natur und Schöpfung Gottes
- Begegnung mit geschichtlichen Personen, deren christlicher Lebensstil auf Gott hinweist
- Spurensuche in der eigenen Biografie
- Blick auf eigene Gaben und das, was einen selbst begeistert
- Begegnung mit geliebten Menschen
- Begegnung mit Menschen, die sich füreinander und für die Bewahrung der Schöpfung einsetzen
- Begegnung mit Menschen, die sich für Kranke und Hungernde einsetzen
- Begegnung mit und Kennenlernen der Pfarrgemeinde
- Feier des christlichen Glaubens in der Liturgie

Die Forderung nach solch einer Offenheit für die Lebenswelt der Jugendlichen in der Firmvorbereitung wird manchen Katecheten überraschen, vielleicht auch erschrecken. Deshalb muss an dieser Stelle nochmals betont werden: Es geht nicht darum, den christlichen Glauben aufzuweichen und in einem diffusen „irgendwie überall“ zu platzieren. Im Gegenteil, der Ansatz dieser Katechese geht davon aus, dass sich die Religion nicht in einen für das kirchlich-religiöse Leben reservierten Winkel des Lebens abschieben lässt, sondern dass das Leben der Jugendlichen an sich religiös ist. Aufgabe des Katecheten ist es deshalb, gemeinsam mit den Jugendlichen in deren eigenem Leben auf die religiöse Spurensuche zu gehen.

Diese Offenheit der christlichen Religion ist übrigens nichts Neues. Sie war schon in der Vergangenheit wichtig dafür, dass das Christentum in unterschiedlichen geschichtlichen Epochen und Kulturen überleben konnte – und auch in der Zukunft Bestand haben wird. In seinem Buch „Wie überlebt das Christentum“ schreibt der Soziologe Franz Xaver Kaufmann: „Das Christentum verdankt seinen geschichtlichen Erfolg der Fähigkeit, seine Botschaft stets erneut im Lichte unterschiedlicher Kulturen auszulegen. Trotz seiner Traditionsgebundenheit hat es dabei eine erstaunliche historische Komplexität erreicht, d.h. es bewahrt in seinen Traditionen eine Vielfalt der Auslegungen auf, die uns heute, in einer angesichts der ungewissen Zukunft besonders geschichtssensiblen Zeit, als eine Ressource erscheinen mögen. In einer Epoche fortgesetzten Wandels wird auch das Christentum zu neuen Auslegungen seiner Botschaft und zur Entwicklung zeitgemäßer Formen der Vergemeinschaftung herausgefordert.“[27] Dies schließt ein, sich im Gespräch mit jungen Menschen auch für ihre Lebenswelten zu öffnen, damit es im Rahmen der Firmvorbereitung zu einer „Inkulturation in den heutigen jugendlichen Lebenswelten“ kommen kann.

„Wir sollten nicht zuerst fragen: Wie kommt unser Gegenstand, nämlich Religion, in der Theologie vor, sondern zunächst einmal: Wo und wie kommt Religion in der Welt heutiger Kinder und Jugendlicher vor? Wo und wie wird Religion für Heranwachsende wichtig?“[28]

- **Ehrfurcht und Staunen:** Bei Jugendlichen gibt es ein „korrigierendes Verlangen“, die Wirklichkeit von Schöpfung und Mensch nicht nur mit dem „Kopf“, sondern auch mit dem „Herzen“ wahrzunehmen und so Zugang zur „Tiefe im Leben“ zu haben.

- **Mitleid und Fürsorge:** Bei Jugendlichen gibt es Minderheiten, „die den Gewinn an individuell verfügbaren Lebensmöglichkeiten zugleich als bedrohlichen Verlust geteilter Freude und Not erfahren. Sie suchen nach neuen Gemeinschaftsformen, in denen sie wieder mit anderen fühlen und sich untereinander sorgen können“.

- **Selbstbegrenzung und Maß:** Bei sensiblen Jugendlichen gibt es „das Suchen nach Alternativen, in denen gezügelte Ansprüche, ja sogar ein betont einfaches Leben als inhaltsreicher erfahren wird“.

- **Verlässliche Beheimatung:** Heilig ist „vielen Heranwachsenden, dass sie wenigstens bei einem Menschen ein verlässliches Zuhause haben und auch für einen anderen Menschen dieses Zuhause sein wollen“.

- **Gewaltlosigkeit und Versöhnung:** „Minderheiten von Jugendlichen reagieren auf die Gefahr der Selbstzerstörung der Menschheit damit, dass ihnen gewaltlose Konfliktlösungen ganz wichtig sind und Versöhnung zum höchsten Anliegen ihres Handelns wird."[29]

Die Wegstrecken für die Routenplanung

Um den Katecheten bei dieser schwierigen Wegbegleitung zu helfen, zeichnet diese Firmkatechese einzelne Wegstrecken vor. Der Aufbau der Wegstrecken in dieser Firmmappe orientiert sich am Apostolischen Glaubensbekenntnis und seinen fünf tragenden Säulen:

1. Identität: Der Glaube daran, dass sich hinter dem eigenen Leben und der eigenen Identität ein Geheimnis verbirgt, das größer ist als das Leben selbst. Um dieses Geheimnis zu erahnen, müssen Jugendliche die Möglichkeit erhalten, zunächst dem eigenen Leben auf die Spur zu kommen.

2. Gott: Der Glaube an Gott, dem Anfang und Ende allen Seins. Dieser christliche Gott ist nicht der strafende Buchhaltergott, sondern ein liebevoller Vater, eine zärtliche Mutter. Ein Gott, der alles zum Guten wenden will und das verletzte Leben heilt.

3. Jesus Christus: Der Glaube an Jesus, der den Menschen den liebenden und väterlichen Gott verkündet hat. In seinem Leben kann man bis heute ablesen, wozu Menschen fähig sind, die auf einen liebenden Vatergott vertrauen.

4. Heiliger Geist: Der Glaube an den Geist Gottes, der die Menschen mit Gott und untereinander als Kirche verbindet. Wenn Menschen diese Verbindung in ihrem Leben erfahren, ermatten sie nicht in ihrer Isolation, sondern werden in der Gemeinschaft für das Leben gestärkt.

5. Kirche: Ein weiteres Kapitel umfasst Bausteine zum Themenbereich „Kirche", da die Firmkatechese die Jugendlichen darauf vorbereiten wird, sich für oder gegen die endgültige Aufnahme in die Kirche zu entscheiden.

Diese fünf Themenbereiche sind also die Stationen des Weges, zu denen die einzelnen Wegstrecken führen.
Im Kontext dieser Themen kommt es nun darauf an, im Rahmen der Katechese ein Gleichgewicht herzustellen zwischen Glaubenswissen, Glaubenserfahrung und Gemeinschaftserfahrung. Schematisch kann dies in Form eines Dreiecks angedeutet werden:

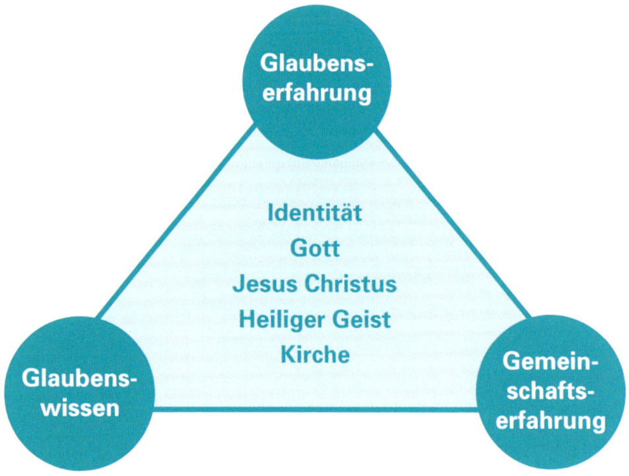

Solch eine zunächst einmal recht übersichtliche Skizze verführt zu der Annahme, nachdem die einzelnen Eckpunkte fixiert und die Themen festgelegt wurden, könnte die Firmvorbereitung die Fixpunkte der Reihe nach abarbeiten. Doch darum geht es nicht. Denn was in der Skizze so eindeutig benannt ist, steht zum einen in permanenter Interaktion untereinander. Glaubenserfahrung wird im Rahmen der Katechese oft in Verbindung mit Gemeinschaftserfahrung spürbar werden. Und Glaubenswissen bleibt blutleer und arm, solange sich dahinter nicht eine Glaubenserfahrung nachvollziehen oder zumindest erahnen lässt. Das Ziel der Firmvorbereitung ist es, die verschiedenen Eckpunkte miteinander in eine lebendige (und damit diffus erscheinende) Verbindung zu bringen, um den Jugendlichen eine lebendige religiöse Dimension ihres Lebens zu vermitteln. Wo dies gelingt, kommt die Firmkatechese (oft unterwegs und unvermittelt) an ihr eigentliches Ziel: Es berühren sich Himmel und Erde.
Damit es im Rahmen der Firmvorbereitung zu solch einer lebendigen Begegnung mit Glaubenserfahrung, Glaubenswissen und Gemeinschaftserfahrung kommt, beinhaltet das Firmkonzept zahlreiche thematisch orientierte Wegstrecken. Darüber hinaus enthält es aber auch liturgische Elemente als Rastplätze der religiösen Erfahrung und Projektideen als Anregungen, wie die Jugendlichen auf eigenen Pfaden losziehen können und dabei die Kirche einmal aus einer anderen Perspektive erleben.

Etappenziel Glaubenserfahrung

Ein wesentlicher Ansatz dieser Firmkatechese besteht darin, den Jugendlichen zunächst einmal einen Zugang zu religiösen Erfahrungen zu ermöglichen. Denn Jugendliche haben heute immer noch „Neigung zur Suche nach dem ganz Anderen. Das ist noch nicht deckungsgleich mit einem christlichen Gottesglauben, aber in den meisten Fällen gibt es bei ihnen eine Sehnsucht nach dem Größeren und eine Fragehaltung, die auf Sinn und auf das ganz Andere zielt."[30] Dieser religiösen Sehnsucht steht häufig ein religiöses Erfahrungsvakuum gegenüber. Nachdem sich die religiösen Milieus weitestgehend aufgelöst haben und die lebensweltlichen Stützen abhanden gekommen sind, wachsen junge Menschen heute heran, denen schon grundlegende Voraussetzungen religiöser Erfahrung fehlen wie z. B. die Meditationsfähigkeit. Deshalb beinhalten viele katechetische Wegstrecken dieser Mappe meditative Einheiten. Der fehlenden liturgischen Praxis stellt sich in besonderer Weise das Begleitbuch „Jugendgottesdienste", welches für diesen Firmkurs erarbeitet wurde. Zu jedem der fünf thematischen Wegstrecken werden hier Gottesdienstmodelle vorgeschlagen. Bei diesen teilweise ungewöhnlichen liturgischen Formen (z. B. multimedialer Gang durch die Kirche) geht es ebenfalls darum, alternative Gottesdienstformen zu schaffen, um „Jugendliche, die eine große Offenheit für Musik, für Symbolik und ein gutes Gespür für Atmosphäre und Klima im Gottesdienst haben, auf andere Weise anzusprechen"[31].

Wichtig sind die liturgischen Elemente im Rahmen der Firmvorbereitung auch, um Jugendliche mit der Symbol-, Gebets- und Gebärdensprache der Gemeinde zumindest in Ansätzen vertraut zu machen. Denn nur so wird für sie nachvollziehbar, welche religiöse Aussagekraft bzw. Dimension das liturgische Geschehen besitzt, dem sie im Gemeindegottesdienst (und spätestens in der Firmliturgie) begegnen werden. Darüber hinaus ist die Liturgie eine Möglichkeit, den Jugendlichen ein Gemeinschaftsgefühl zu vermitteln. Diese Erfahrung von Gemeinschaft ist grundlegend, damit Jugendliche am Ende der Firmvorbereitung bewusst ein „Ja" zu dieser Gemeinschaft sprechen können.

Etappenziel Glaubensgemeinschaft

Glaubenserfahrung und Glaubenswissen sind beides unabdingbare Voraussetzungen, damit sich Jugendliche bewusst für die Glaubensgemeinschaft der Kirche entscheiden können. Dennoch scheinen die Vorzeichen für solch eine Zustimmung zur Kirche zunächst negativ zu sein. Doch die viel beklagte Abkehr der Jugendlichen von Großorganisationen bedeutet nicht, dass sie generell desinteressiert sind oder dass die Bereitschaft zum Engagement fehlt. So zeigt die amerikanische Studie „Generation on the Crossroad", dass Jugendliche und junge Erwachsene sich zwar von der großen gesellschaftlichen Bühne abwenden, sich parallel dazu aber konkreten und lokalen Projekten widmen, sei es im Bereich der Umwelt, des Tierschutzes, der Verkehrspolitik oder im sozialen Bereich. Dies bedeutet für die Jugendarbeit ebenso wie für eine zeitgemäße Firmkatechese, dass sie selbst projektorientiert konzipiert sein muss (dies ist in der Regel bereits der Fall) und zusätzlich projektorientierte Angebote schaffen sollte.
Die Jugendlichen müssen Gelegenheit erhalten, sich über einen begrenzten Zeitraum hinweg in einer Gruppe mit einem Thema auseinander zu setzen, das ihnen am Herzen liegt.

Etappenziel Glaubenswissen

Das religiöse Wissen ist heute deutlich geringer geworden als in früheren Jahrzehnten. Dies hängt zum einen mit dem Bedeutungsverlust des explizit Religiösen in unserer Gesellschaft zusammen, zum anderen mit der damit einhergehenden Traditionskrise des Religiösen. Ein Verlust an abstraktem Glaubenswissen ist nicht identisch mit einem Verlust der religiösen Dimension in der Gesellschaft. Doch er ist einerseits das Resultat der Säkularisierung und andererseits Ursache weiteren Religionsverlustes. Denn Religion ist auf Kommunikation angewiesen. Und solange der Glaube nicht im Wissen verankert ist, entzieht er sich der Kommunikation.

Die deutlichsten Spuren vom fehlenden Glaubenswissen lassen sich in den östlichen Bundesländern ausmachen, in denen die Christen in einer deutlichen Minderheitensituation leben. Dort hat es die Kirche besonders schwer, sich in der Gesellschaft zu artikulieren, nachdem über mehr als eine Generation hinweg der Glaube verschwiegen wurde und das Glaubenswissen verkümmern konnte.
Natürlich ist die Grundlegung bzw. Erweiterung des Glaubenswissens nicht das primäre Ziel einer Firmkatechese. Und es geht bestimmt nicht darum, im Rahmen der Firmvorbereitung Katechismuswahrheiten zu lehren. Doch

müssen den Jugendlichen heute wie bei einer Erstevangelisierung grundlegende Zusammenhänge deutlich gemacht werden, damit sie überhaupt befähigt werden, über ihren Glauben zu reden und sich über den Glauben der Kirche ein Urteil zu bilden. Es wäre gegenüber den Jugendlichen unverantwortlich, auf solch eine positiv verstandene Glaubensunterweisung verzichten zu wollen. Angesichts des fehlenden Wissens würde man die Jugendlichen nicht zur begründeten Beurteilung befähigen, sondern in einem diffusen Chaos der Glaubensvermutungen zurücklassen. Doch aus einer Aneinanderreihung von Fakten und Wissensbeständen ergibt sich keine Annäherung an das, was die Firmkatechese den Jugendlichen wirklich erschließen will: Die religiöse Dimension, die ihr ganzes Leben durchzieht und die aus dem Glauben heraus sinnvoll gedeutet werden kann. „Weder die Vermittlung substanzieller Theologie allein (back to the basics) noch die Unterlegung von lebenspraktischen Fragen mit religiös aufgeladenen Symbolen allein vermag Entscheidungen aus dem Glauben heraus zu stützen."[32]

Wegweiser zur Elternarbeit

Vermissen wird vielleicht mancher Katechet in diesem Firmkurs ein ausführliches Kapitel zum Thema „Elternarbeit". Bewusst wurde jedoch darauf verzichtet, in diesem Firmkurs einen besonderen Akzent auf diesen pastoralen Bereich zu setzen. Damit soll betont werden, dass eine Firmvorbereitung direkt mit den Jugendlichen kommunizieren muss und nicht der scheinbar so verlockenden Verführung erliegen darf, sich an die Eltern zu wenden, um bei den Jugendlichen etwas zu bewirken. Dieser Weg würde in die Sackgasse führen, wie bereits zu sehen war:

Die Wegweiser der Jugendsoziologie haben gezeigt, dass der religiöse Tradierungsprozess in den Familien zum Stillstand gekommen ist. Die Eltern fühlen sich überfordert, mit ihren Kindern über religiöse Themen zu sprechen. Zeitgleich geben die Jugendlichen an, nur sehr ungern über Religion zu sprechen. Wie zwei Puzzlestücke passen diese Befindlichkeiten zusammen: Die einen fühlen sich mit der Thematik überfordert, die anderen sprechen ungern darüber. Und schon wird die Religion verschwiegen.

Angesichts dieser Situation scheinen die Familien keine stabilen Säulen einer gelingenden Katechese zu sein. Dem entgegnen Theologen und Religionspädagogen zwar mit Recht, dass man die Familien als religiösen Lernort nicht aus der Pflicht entlassen darf.

Dennoch wird eine Firmvorbereitung nicht übersehen dürfen, die Eltern in geeigneter Form mit einzubeziehen. Neben den Treffen, bei denen organisatorische Absprachen getroffen werden, können auch Angebote gemacht werden, damit sich die Eltern anlässlich der Firmung ihrer Kinder mit ihrem Verhältnis zur Firmung und zu ihrem eigenen Glauben auseinander setzen. Auch für solche Elterneinheiten sind einzelne Wegstrecken in diesem Firmkurs geeignet. Wichtig ist jedoch, dass neben den methodisch ausgearbeiteten Einheiten genug Gesprächszeit bleibt, in der die Eltern mit ihren eigenen Fragen vorkommen können. Für ein realistisches Firmkonzept muss in jedem Fall zur Kenntnis genommen werden, dass die Eltern bei religiösen Themen als Gesprächspartner ihrer Kinder meist ausfallen.

Deshalb wendet sich dieser Firmkurs zunächst und entschieden an die Jugendlichen. Ihnen gilt bei der Wegbegleitung im Rahmen der Firmvorbereitung die Aufmerksamkeit der Katecheten. Mit ihrem Leben und ihren Träumen sollen die jungen Menschen auf dem Weg der Firmvorbereitung erleben dürfen, dass sie in der Kirche eine neue Heimat finden können.

Soziale Medien als Wegweiser

Ein zeitgemäßer Firmkurs lebt davon, dass er die Online-Welt mit der Offline-Welt verbindet und dass er in beiden Welten beheimatet ist. Jugendliche integrieren – oft viel selbstverständlicher als Erwachsene – die Online- und Offline-Welten miteinander. Gerade den Soziale Medien kommt in ihrem Leben eine besondere Bedeutung zu, da sie diese nicht nur zur Information nutzen, sondern insbesondere auch Prozesse der Gemeinschaftsbildung einerseits und Abgrenzung andererseits über Soziale Medien realisieren. Da der Firmkurs „Menschen-Leben-Träume" an der Lebensrealität Jugendlicher anknüpft, werden von den einzelnen Wegstrecken oft auch Bezüge zu den Sozialen Medien hergestellt. Zahlreiche Bausteine des Firmkurses „Menschen-Leben-Träume" verweisen dabei auf unterschiedliche Soziale Medien, in denen die Jugendlichen ihre Gedanken bzw. Arbeitsergebnisse präsentieren können. Dadurch tauchen evtl. Begriffe auf, die nicht alle Katecheten vertraut sind. Aber keine Sorge – alle diese Begriffe aus der Medien-, Methoden- und Alltagswelt junger Menschen werden in einem Glossar (auf den Seiten 204 bis 206) erläutert. Die Tatsache, dass den Jugendlichen als „Digital Nativs" manche Begriffe geläufiger sind als den Katecheten, weist aber auch auf eine andere Chance hin. Für die Jugendlichen ist es längst zur Selbstverständlichkeit geworden, online zu sein, im Netz zu surfen, Kontakte über das Internet zu pflegen, Teile ihres Lebens „online" zu genießen und ihren digitalen Fingerabdruck in den für sie faszinierenden, unendlichen Weiten des Internet zu hinterlassen. Die Jugendlichen können eingeladen werden, im Rahmen der Firmvorbereitung immer wieder das Tor in die Online-Welt weit zu öffnen und dabei eigene Wege in die Welt der Soziale Medien zu bahnen.

Einzelne Pfade

Projektideen

Projektarbeit spielt in der Jugendarbeit eine immer größer werdende Rolle. Projektarbeit heißt:

- Über einen begrenzten Zeitraum
- arbeitet eine Gruppe
- an einem selbst gewählten Thema.

Diese Arbeitsform kommt der heutigen Ausgangslage von Jugendlichen und jungen Erwachsenen entgegen. Ein Projekt geht über einen begrenzten Zeitraum und erfordert keine Lebensentscheidung, sondern eine überschaubare Verpflichtung. Die Jugendlichen selbst suchen sich das Thema aus. Das fördert die Motivation zur Mitarbeit. Auch im Rahmen einer Firmvorbereitung sollten Projekte angeboten werden, die auf die Interessen der Jugendlichen (und die Möglichkeiten der Pfarrei vor Ort) eingehen. Einige Projektideen werden hier kurz skizziert, die sich in verschiedenen Gemeinden bewährt haben. Da die Rahmenbedingungen für die Projekte in jeder Gemeinde anders aussehen, werden sie nicht detaillierter dargestellt. Die folgenden Ideen sollen anregen, eigene Projekte zu entwickeln oder die vorgestellten Projektideen möglichst kreativ auf die Situation der eigenen Gemeinde zu übertragen.

Das Gemeindepraktikum

Die Jugendlichen werden eingeladen, in bestimmten Bereichen der Gemeinde über einen festgelegten Zeitraum mitzuarbeiten (Pfarrbücherei, Jugendchor, Altenheim, Kindergarten, Leiterrunde ...). Immer wieder treffen sich die Jugendlichen zu Reflexionsgesprächen entweder in einer größeren Gruppe oder aber in Einzelgesprächen mit dem Seelsorger bzw. den Katecheten.

Voraussetzungen:
Vor Ort muss es interessante Gruppen geben, die darüber hinaus für eine vorübergehende Zeit einen Mitarbeiter gebrauchen können. Zudem braucht es Seelsorger und Katecheten, die Zeit und Erfahrung in der Begleitung von Menschen mitbringen.

Chancen:
Durch ein gut begleitetes Gemeindepraktikum erleben Jugendliche ihre Gemeinde und die Kirche als kompetenten Wegbegleiter. Sie können ggf. sogar Hilfen zur anstehenden Berufswahl bekommen. Manchmal gelingt es, Jugendliche über das Gemeindepraktikum hinaus zur Mitarbeit in der Gemeinde zu gewinnen. Doch sollte dieser Aspekt nicht im Vordergrund des Praktikums stehen. Noch ein positiver Nebeneffekt eines solchen Angebots: Durch die Suche nach geeigneten Praktikumsstellen muss sich eine Gemeinde mit der Frage auseinander setzen, wie offen und einladend sie für Jugendliche ist.

Experimenteller Gottesdienst

Eine Gruppe versucht, einen Gottesdienst so vorzubereiten, dass er Jugendliche anspricht. Musik, die Jugendliche hören, Texte, die Jugendlichen gefallen, Aktion und Ruhe, die Gestaltung ist ihnen frei überlassen. Zu diesem Gottesdienst werden nicht nur Jugendliche, sondern alle Gemeindemitglieder eingeladen. Anschließend sollte es Raum zur Diskussion geben.

Voraussetzungen:
Es braucht vor Ort eine Gemeinde, die auch Experimenten in ihren Kirchenräumen gegenüber offen ist. Je mehr Talente in der Gemeinde schlummern (Bandmitglieder, Musiker, Schauspieler ...), desto eher gelingt dieses Projekt. Es sollte einen gewissen Stamm an Jugendlichen geben, der diesem Projekt offen gegenübersteht.

Chancen:
Die Jugendlichen merken, wie schwer es ist, einen Gottesdienst zu gestalten, der ankommt. Die Jugendlichen klären für sich die Frage, was ist ein Gottesdienst, welche Elemente muss er beinhalten. Die Gemeinde bekommt die Möglichkeit, das Lebensgefühl von Jugendlichen und ihre Wünsche an eine lebendige Liturgie kennen zu lernen.

Brennpunkte der Gemeinde aufsuchen

In den meisten Gemeinden wird es Orte geben, an dem besonders deutlich spürbar ist, dass sich Menschen aus ihrem Glauben heraus für andere Menschen engagieren (Krankenhaus, Altenheim, Mädchenhaus, Schwangerenkonfliktberatung, Obdachlosenheime ...). Die Projektgruppe besucht einen oder mehrere solcher Brennpunkte. Sie bereitet diese Besuche vor und reflektiert anschließend, was sie in den Brennpunkten erlebt hat.

Voraussetzungen:
Der Kontakt zu sozialen Einrichtungen muss hergestellt werden. In der Regel freuen sich diese Institutionen darüber, dass sie von der Kirchengemeinde wahrgenommen werden, und sind gerne bereit zu einem Gespräch mit Jugendlichen.

Chancen:
Die Jugendlichen bekommen einen Einblick in die caritative Arbeit ihrer Gemeinde. Sie verlieren die Scheu und Berührungsängste vor marginalisierten Personengruppen und Problemen. Sie lernen zugleich Ansprechpartner kennen, die sie ggf. bei bestimmten Problemen ansprechen können.

Solidaritätsmarsch

Bei einem Solidaritätsmarsch geht es darum, für einen guten Zweck auf ungewöhnliche Art und Weise Geld zu sammeln. Die Teilnehmer werben Spender, die ihnen für jeden gelaufenen Kilometer einen bestimmten Geldbetrag bezahlen. Dabei erklären sie anderen Menschen den Ablauf des Soldaritätsmarsches und informieren über das Projekt, für das sie Geld sammeln. Die Teilnehmer gehen (oder laufen) eine vorgegebene Stecke ab. Ihnen wird auf vorbereiteten Formularen bestätigt, dass sie am Solidaritätsmarsch teilgenommen haben. Nach dem Marsch suchen die Teilnehmer ihre Sponsoren auf, die ihnen nun den vereinbarten Betrag als Spende (für Projekte in der so genannten Dritten Welt, Jugendkasse, Caritaskasse der Gemeinde ...) zur Verfügung stellen.

Voraussetzungen:
Ein recht aufwändiges Projekt, für das mindestens zehn Personen im Organisationsteam benötigt werden. Möglichst viele Teilnehmer sollten sich auf den Weg machen, damit der Aufwand sich lohnt und ein finanzieller Erfolg sichtbar wird. Von der Organisation her ist der Marsch recht einfach durchzuführen. Zunächst wird ein Weg festgelegt, der möglichst wenig Verkehr aufweist. Auf diesem Weg werden mehrere Stationen vorbereitet, die sich inhaltlich mit dem Solidaritätsprojekt beschäftigen. Je nach örtlicher Gegebenheit muss der Marsch bei der Polizei angemeldet werden.

Chancen:
Die Jugendlichen erleben, dass sie mit ihrem konkreten Einsatz etwas bewirken können. Politisches Handeln ist möglich. Dieses Projekt kann auf großes Interesse in der Öffentlichkeit stoßen, wenn die örtlichen Medien eingeladen werden. Jugendliche erleben, dass Glaube und tätige Nächstenliebe eng zusammengehören.

Fotoausstellung

Eine Gruppe Jugendlicher versucht, Bilder aus der Gemeinde zu einem bestimmten Thema („Ausländer in unserer Gemeinde", „Hier weht Gottes Geist", „Armut – Reichtum" ...) zu fotografieren, was anschließend in einer Ausstellung in der Kirche oder im Gemeindezentrum (im Rahmen einer Vernissage) präsentiert wird.

Voraussetzungen:
Schon mit wenig Aufwand lässt sich solch eine Ausstellung auf die Beine stellen. Auch mit Handys lassen sich durchaus passable Ergebnisse erzielen.

Chancen:
Die Jugendlichen (und auch die Gemeinde) werden für ein bestimmtes Thema sensibilisiert. Bei einer etwaigen Fotoausstellung kann ein Austausch zwischen Jugendlichen und Erwachsenen angeregt werden (in einer Vernissage Raum zur Diskussion geben, ein Buch auslegen, in das die Ausstellungsbesucher ihre Eindrücke schreiben können ...). Je nach Thema und Ergebnis sollten die lokalen Medien auf die Ausstellung aufmerksam gemacht werden (Pressemitteilung an Zeitung und Lokalradio ...).

Drehen eines Videofilms

Gute Videokameras sind in den meisten Handys integriert, und auch Schneideprogramme sind in einer Gemeinde oft verfügbar. So können die Jugendlichen zu Drehbuchautoren und Filmproduzenten werden. Spannend kann es z. B. sein, Bibelstellen als Film umzusetzen oder Straßenbefragungen zu einem bestimmten Thema durchzuführen („Glauben Sie an Gott?", „Was halten Sie von Jesus?" ...). Manche gemeindebezogenen Themen bieten sich vielerorts an: Das (fehlende) Freizeitangebot für Jugendliche, Gewalt an der örtlichen Schule, Ausbildungssituation ... Und natürlich lassen sich auch biblische Erzählungen in Szene setzen. Mit Youtube, Vimeo oder auch andere Plattformen bieten die Möglichkeit Filme kostenlos ins Internet zu stellen.

Voraussetzungen:
Es ist gut, wenn die Projektgruppe über einen längeren Zeitraum intensiv zusammenarbeiten kann. Ideal ist es, wenn die Gruppe für ein Wochenende oder vielleicht sogar eine ganze Woche wegfährt, um den Film zu drehen und ggf. zu schneiden.

Chancen:
Die Jugendlichen werden bei diesem Projekt herausgefordert, sich mit einem bestimmten Thema auseinander zu setzen. Sie bringen dazu verschiedene Fähigkeiten mit ein, die sie vielleicht vorher noch nicht an sich entdeckt haben (Schauspieltalent, Kameraführung ...). Sie erleben, dass es Spaß machen kann, sich mit seinem Glauben auseinander zu setzen.

Produzieren einer Radiosendung

Im lokalen Rundfunk können Bürgergruppen eine selbst produzierte Radiosendung ausstrahlen lassen. Das ist viel einfacher, als es zunächst scheint. Warum also nicht mit einer Gruppe Jugendlicher einen Radiobeitrag produzieren? In vielen Bistümern gibt es Referenten, die nötige Kontakte herstellen und die technische Hilfe geben. An interessanten Themen mangelt es den Jugendlichen in der Regel nicht: Ein Portrait der Gemeinde. Welche Menschen arbeiten in der Gemeinde? Wer trifft sich hier? Interview mit Vertreterinnen und Vertretern der kirchlichen Gremien ... Oder die Jugendlichen entscheiden sich für ein lokales politisches Thema (Die Umgehungsstraße durchs Naturschutzgebiet, Gewalt an der örtlichen Schule, Situation der Spielplätze im Viertel, Armut im Viertel/Ort ...). Interessant ist es auch, Menschen vorzustellen, die eine besondere Ausstrahlung besitzen: Die Frau, die schon seit Jahren die Kleiderkammer betreut; der Vater, der den Kinder- und Jugendchor leitet; das Team der Pfarrbücherei; die Ordensschwestern des Altenheims ...

Voraussetzungen:
Eine Einführung in das Radio-Know-how bieten viele Mitarbeiter regionaler Bildungswerke an. Das technische Material (Aufnahmegeräte und Schneideprogramme) lässt sich meist bei ihnen ausleihen bzw. nutzen. Da die Radioarbeit in den einzelnen Diözesen unterschiedlich gefördert wird, sollten sich interessierte Katecheten in den Ordinariaten informieren, welche Hilfestellungen von entsprechenden Abteilungen angeboten werden.

Chancen:
Durch das Medium „Radio“ wird die Motivation der Jugendlichen gefördert, sich mit einem Thema auseinander zu setzen. Dieses Projekt kann für eine Pfarrei besonders interessant sein, da die Gemeinde so ihre eigenen Grenzen sprengt und im Lokalfunk Menschen erreicht, zu denen der Kontakt längst abgebrochen ist. Jugendliche nähern sich Themen oft sehr unbefangen und bringen so vielfach auch für die Gemeinde überraschende Aspekte mit ein. Den Jugendlichen wird ein Stück Medienkompetenz vermittelt. Sie erfahren, welche Möglichkeiten das Medium Radio bietet.

Gestalten eines Firmblogs

Das Internet übt auf Jugendliche eine enorme Faszination aus und lässt sich kreativ nutzen. Warum also nicht mit einer Firmgruppe einen eigenen Firmblog gestalten? Mit Wordpress oder einem ähnlichen Content-Mangement-System (siehe Glossar) lässt sich dies sehr einfach realisieren. Verschiedene Anbieter bietet das kostenlose Betreiben einer solchen Seite an. In manchen Bistümern unterstützt das Bistum Gemeinden bei der Erstellung von Homepages. Manchmal wird auch Speicherplatz kostenlos von den Ordinariaten zur Verfügung gestellt.

Voraussetzungen:
An diesem Projekt sollte eine Person federführend beteiligt sein, die mit der Erstellung eines Blogs vertraut ist. Oft sind Jugendliche selbst Vorreiter auf diesem Gebiet.

Chancen:
Mit einem Firmblog gibt es ein Kommunikationsmedium, dass dem jugendlichen Nutzerverhalten entspricht. Einzelne Beiträge können auf Facebook, Twitter oder in anderen Social-Media-Kanälen beworben werden. So wird der Firmkurs auch online präsent.
Wer einen Blog betreibt, muss sich mit der Frage auseinandersetzen, welche Inhalte veröffentlicht werden sollen. So entstehen spannende Diskussionen darüber, was für die Jugendlichen in der Gemeinde wirklich wichtig ist.
Die Jugendlichen erleben bei diesem Projekt, dass die Kirche die modernen Kommunikationsmittel nutzt. Zudem wird ihnen Medienkompetenz vermittelt. Mit solch einem Projekt wird gleichzeitig Öffentlichkeitsarbeit betrieben. Ohne große Probleme lassen sich Teile des Firmblogs auch für den örtlichen Pfarrbrief oder für einen Zeitungsbericht verwenden. Übrigens: Aus einem solchen Firmprojekt kann leicht eine Gruppe werden, die sich auch nach der Firmung darum kümmert, dass die Gemeinde in den Sozialen Medien Präsenz zeigt.

Aktionen der Kirchlichen Hilfswerke aufgreifen

Die Mitgliedverbände des BDKJ und einige große kirchliche Hilfswerke bieten in regelmäßigen Abständen Mitmachaktionen für Jugendliche an:

Misereor	https://fastenaktion.misereor.de/mitmachen-misereor/
BDKJ	http://jugendaktion.de
Missio Aachen	https://www.missio-hilft.de/de/aktion/
Missio Österreich	https://www.jugendaktion.at/
Renovabis	https://www.renovabis.de/material/uebersicht/

Voraussetzungen:
Im Zeitraum des Firmkurses muss tatsächlich eine Jugendaktion laufen. Dies ist besonders in den kirchlich geprägten Zeiten der Fall (Advent, Fastenzeit, Pfingsten).

Chancen:
Angesichts von gut aufbereiteten Materialien bieten sich diese Aktionen geradezu an, um als Projekte im Kontext eines Firmkurses umgesetzt zu werden. Der Kontext dieser Aktionen öffnet in der Regel auch den Blick über das gemeindliche Leben vor Ort. Jugendliche erleben, dass es viele Jugendliche an vielen unterschiedlichen Orten gibt, die sich um ein christliches Leben bemühen. In der Regel thematisieren diese Projekte soziale Fragestellungen. Damit erleben die Jugendlichen, dass Christsein sich auch in politisches Handeln niederschlagen kann.

Kurzfilmnacht

Es gibt zahlreiche Kurzfilme, die sich religiös deuten lassen. Oft sind sie einfach über Youtube erreichbar. Im Rahmen einer Kurzfilmnacht wird eine Auswahl an Filmen gezeigt. Entweder gibt es ein Vorbereitungsteam, das die Filme auswählt, oder alle Jugendliche werden eingeladen Vorschläge zu machen. Dies bietet den Vorteil, dass die Jugendlichen bei der Filmnacht „ihren“ Film anmoderieren können. Nach jedem Film wird mit unterschiedlichen Methoden ein Gespräch über die Inhalte des Films angestoßen. Dazu kann sich ein Vorbereitungsteam gründen, dass sich sowohl um die technische Realisierung, um das Catering als auch um die inhaltliche Vorbereitung kümmert.

Voraussetzungen
An technischen Equipment braucht es lediglich einen Raum, eine Leinwand, einen Beamer, ein Laptop, eine Verstärkeranlage mit Boxen. Die Youtube-Kurzfilme lassen sich lokal auf einen Rechner downloaden, so dass keine Interverbindung erforderlich ist.

Chancen
Filme gehören in die mediale Alltagskultur von Jugendlichen. Sie sind ein hervorragender Türöffner für intensive inhaltliche Gespräche. Zudem können die Filmnächte als Event mit Übernachtung organisiert werden. Auf diese Weise wird das Gemeinschaftsgefühl gestärkt.

Mitwohnwoche

Die Jugendlichen ziehen für eine Woche mit den Katecheten ins Pfarrheim. Der Tag beginnt mit einem gemeinsamen spirituellen Impuls und anschließendem Frühstück. Tagsüber gehen die Jugendlichen in die Schule. Die Abende sind inhaltlich mit Elementen aus dem Fiirmkurs Menschen-Leben-Träume gestaltet. Um Verpflegung, Kochen, Spül kümmern sich die Jugendlichen gemeinsam.

Voraussetzungen
Diese Aktion setzt voraus, dass es vor Ort ein Pfarrzentrum mit der nötigen Logistik gibt und dass für eine solche Aktion die Erlaubnis der verantwortlichen Gremien vorliegt. Auch braucht es Katecheten, die bereit sind, sich an der Mitwohnwoche zu beteiligen.

Chancen
In vielen Gemeinden werden Mitwohnwochen mit großem Erfolg durchgeführt. Die Jugendlichen erleben, das Glauben und Leben/Alltag etwas miteinander zu tun haben. Sie sind motiviert, weil das Format sie als Erwachsene ernst nimmt. Die Jugendlichen erleben intensiv die Gemeinschaft mit den anderen Jugendlichen.

Aufeinander zugehen

Die Projektideen zielen darauf ab, dass die Jugendlichen in der Projektgruppe – wie auch schon in der Firmgruppe – Gemeinschaft erleben. In dieser Gemeinschaft realisiert sich schon Kirche, denn fast jede Gemeinde ist heute in ihrer Gesamtheit relativ unübersichtlich und setzt sich aus überschaubaren kleineren Gemeinschaften (Jugendgruppen, Frauenverbände, Familienkreise ...) zusammen. Besondere Bedeutung kommt in diesem Zusammenhang dem Gemeindepraktikum zu, denn es ermöglicht den Jugendlichen über einen längeren Zeitraum hinweg einen intensiven Kontakt mit Menschen, die sich gerne in der Kirche engagieren.

Glossar

Im Rahmen der Neuauflage des Firmkurses „Menschen-Leben-Träume" wurden Begriffe aus dem Bereich der Social Media bzw. der digitalen Kommunikation eingeführt, die im Folgenden kurz erläutert werden.

App

Als App wird eine Anwendungssoftware bezeichnet. Im deutschen Sprachraum wird der Begriff oft mit Anwendungssoftware für Smartphones und Tablets gleichgesetzt.

App2heaven

Diese App möchte ein Begleiter für die persönlichen Vollzüge des geistlichen Lebens sein (stilles Gebet, Schriftlesung, Besinnung auf das eigene Leben). Außerdem macht App2Heaven es möglich, sich mit anderen zu vernetzen und sich so gegenseitig zu ermutigen. Die App2Heaven wird als Projekt getragen von der Gemeinschaft Emmanuel e.V.

Bibel Apps

Biblische Texte gibt es auch aufbereitet als kostenlose Apps für das Smartphone/Tablet. Die App „Evangelizo" bietet die biblischen Texte des Tages entsprechend der kirchlichen Leseordnung.
(http://www.evangelizo.org/evangelizo.php)
Die App „Stundenbuch"bietet das „Große Stundenbuch" in authentischer Form, zusätzlich mit den liturgischen Lesungen vom Tage. Für Android, ios, und Windwos erhältlich

Bibel im Netz

Das Internet hält unterschiedliche Bibelübersetzungen vor. Die Einheitsübersetzung finden Sie mit einer Suchfunktion nach Bibelstellen bzw. nach einem Wort auf der Website des Katholischen Bibelwerkes (www.bibelwerk.de). Diverse andere Übersetzungen finden sie auf der Bibelserver-Website (https://www.bibleserver.com). Interessant im Kontext der Bibelarbeit mit Jugendlichen könnte auch die Seite der Volksbibel sein (https://itunes.apple.com/de/app/volxbibel/id370982320?mt=8)

Blog

Ein Blog (zusammengesetzt aus engl. Web - und Log für Logbuch) ist ein öffentlich einsehbares Tagebuch oder Journal, in dem Aufzeichnungen veröffentlicht, Sachverhalte protokolliert („postet") oder Gedanken niedergeschrieben werden. Im Internet finden sich Plattformen, die kostenlos die Infrastruktur für einen Blog zur Verfügung stellen: WordPress, Tumblr oder Blogger.com

Content-Management-System

Ein Content-Management-System (CMS) stellt eine einfache Möglichkeit dar, einen Datenbank gestützten Internetauftritte wie beispielsweise einen Blog ohne große Programmierkenntnisse zu erstellen und zu pflegen. In der Regel können mehrere Autoren entsprechend ihren spezifischen Schreib- bzw. Leserechten auf die grafische Benutzeroberfläche, das sogenannte Backend, zugreifen, mit der der jeweilige Internetauftritt administriert wird bzw. Inhalte organisiert und bearbeitet werden. Bei einem CMS werden Layout und Inhalt getrennt organisiert.
Die jeweils aufgerufenen Seiten werden aktuell aus einer Datenbank generiert. Zu den bekanntesten und am weitesten verbreiteten Open-Source-CMS gehören Wordpress, Drupal und Joomla. Insbesondere Wordpress dürfte bei einigen Jugendlichen bereits bekannt sein.

Datenschutz

Auch wenn viele Jugendliche mit dem Datenschutz sehr unbefangen umgehen, so ist das Thema Datenschutz im Firmkurs unbedingt zu beachten. Das betrifft die Veröffentlichung von Bildmaterial ebenso wie die Nutzung von Facebook, WhatsApp usw.

Desktop-Publishing

Desktop-Publishing (Abkürzung DTP; englisch für „Publizieren vom Schreibtisch aus") bezeichnet den digitalen Satz von Dokumenten. Dabei werden Text- und Bildelemente miteinander kombiniert. Die gestalteten Dokumente können später als Bücher, Broschüren, Magazine oder Kataloge ebenso wie in digitaler Form publiziert werden. Schnell erstellt ist mit einem Desktop Publishing-Programm beispielsweise eine Firmzeitung. Mit scribus liegt ein leistungsfähiges und kostenfreies Programm vor.

Geocaching

Geocaching (auf Deutsch auch GPS-Schnitzeljagd) ist eine digitale Schatzsuche oder Schnitzeljagd. Die Verstecke werden mitHilfe geographischer Koordinaten im Internet veröffentlicht und können anschließend mit einem GPS-Empfänger gesucht werden. Beim Cache handelt es sich meist um einen kleinen, wasserdichten Behälter, in dem sich neben kleinen Tauschgegenständen ein Logbuch befindet. Darin können Finder, die den Cache gefunden haben, ihren Namen eintragen.

Google Forms

Google Forms ist ein kostenloses, webbasierte Software von Google zur Erstellung von Online-Fragebögen. Dieser Dienst kann genutzt werden, um Onlineumfragen durchzuführen. Nach der Umfrage werden automatisch Tortediagramme generiert, die die Auswertung einer Befragung erleichtern.

Google Maps

Google Maps ist der am weitesten verbreitete Online-Kartendienst. Unter anderem können Standorte von Institutionen oder bekannte Objekte angezeigt werden. Im Kontext des Firmkurses lassen sich so wichtige Orte der Kirchengemeinde oder andere relevante Orte für Jugendliche im Rahmen eines kleinen Projektes in Google Map erstellen. Beispielsweise können Jugendliche in einem kleinen Projekt wichtige Orte einer Kirchengemeinde (Kirchengebäude, Pfarrbüro, Jugendzentren, Pfarrzentrum usw.) in Google Map erfassen und mit Informationen versehen Auf diese Weise tragen sie mit dazu bei, dass die Kirchengemeinde auch virtuell präsent ist.

Gott offen

Das Erzbistum Köln hat eine App (entwickelt, die Menschen unterstützt, sich in die Betriebsamkeit des Alltags an Gott zu wenden. Die App bietet hilfreiche Gebete und Impulstexte sowohl klassisch als auch unverbrauchte neue Texte (Itunes: https://itunes.apple.com/de/app/gott-offen/id1114886963?l=de&ls=1&mt=8 | Google Play: https://play.google.com/store/apps/details?id=de.dicendum.gottoffen)

Gruppenchat

WhatsApp und Facebook gehören zu den bei Jugendlichen am meisten genutzten Social Media. Beide bieten die Möglichkeit, dass sich Menschen als (virtuelle) Gruppe vernetzen. Inhalte werden nur in dieser Gruppe getauscht und sind für Nutzer, die nicht der Gruppe angehören nicht sichtbar.

Solche Gruppenchats eigenen sich gut, um organisatorische Fragen abzuklären und Informationen weiterzugeben. Darüber hinaus kann der Chat aber auch genutzt werden, um zwischen den einzelnen Gruppentreffen Impulse an die Jugendlichen zu verschicken. Insbesondere wenn diese interaktiv gestaltet – also auf Rückmeldung bzw. Diskussion angelegt – sind, können sich auch virtuell spannende Diskussionen entwickeln. Selbst eine virtuelle Gebetszeit ist so realisierbar.

Hashtag

Ein Hashtag (Neutrum, zusammengesetzt aus engl. hash für das Schriftzeichen „Doppelkreuz“ und engl. tag für „Markierung“) ist ein mit Doppelkreuz [„#“] versehenes Schlagwort. Es dient dazu, Nachrichten bestimmten Themen zuzuordnen und in sozialen Netzwerken auffindbar zu machen. Plattformen wie beispielsweise Pinterest, Facebook und Mikroblogging-Dienste wie Twitter nutzen Hashtags zur Suche von verschlagworteten Begriffen.

Präsentationsprogramm

Präsentationsprogramme unterstützen die Erarbeitung und Präsentation eines Vortrages oder Referates. Die Folien der Präsentationsprogramme kombinieren Texte, Bilder, Grafiken. Videoclips, Diagramme, Tabellen und Musikdateien. Bekannte Software in diesem Segment sind Impress, Prezi und PowerPoint.

Prezi

Prezi ist ein plattformunabhängiges, cloud-abhängiges Präsentationsprogramm. Mit Prezi gelingen Präsentationen, die sich durch die ungewohnten Animationseffekte insbesondere von Powerpoint unterscheiden.

Sacred space

Deutschsprachige Fassung der Online-Gebetsseite der irischen Jesuiten (http://de.sacredspace.ie). Für jeden Tag finden sich hier Gebetsimpulse, die durch die ignatianische Spiritualität geprägt sind.

Scribus

Scribus ist eine leistungsstarke Desktop-Publishing-Software auf Open-Source-Basis. Die Anwendung bietet neue Ansätzen im Seitenlayout und liefert druckfertige Ergebnisse.

Text und Bildern werden in Rahmen frei auf den einzelnen Seiten platziert. Mit Scribus lassen sich Zeitungen, Flyer und ähnliche Produkte layouten. Musterseiten und übereinander liegende Ebenen können dabei erstellt werden. Das Programm liegt für verschiedene Betriebssystem vor und kann kostenlos genutzt werden (Windows, Linux, I-OS). Scribus bietet sich an, wenn im Kontext des Firmkurses eine Firmzeitung entstehen oder wenn aufwändigere Flyer für eine Veranstaltung erstellt werden sollen. (https://www.scribus.net)

Skype

Skype ist ein im Jahr 2003 eingeführter, kostenloser Instant-Messaging-Dienst. Unterstützt werden Videokonferenzen, IP-Telefonie, Instant-Messaging, Dateiübertragung und Screen-Sharing.

Snapchat

Snapchat ist ein kostenloser Instant-Messaging-Dienst, dessen Gebrauch keine „ewigen Spuren“ in der digitalen Welt hinterlässt. Snapchat veröffentlicht Fotos und andere Medien nur vorübergehend, bevor die Daten sich selbst „zerstören“.

Soziale Medien

Hierbei handelt es sich um Netzwerke, bei denen die Benutzer gemeinsam eigene Inhalte erstellen. Entsprechende Webportale bieten ihren Nutzern die Möglichkeit, ein persönliches Profil anzulegen, eine Kontaktliste oder ein Adressbuch zu verwalten, Nachrichten an andere Mitglieder zu senden, Benachrichtigungen von anderen Mitgliedern zu empfangen und einen Blog anzulegen.

Spotify

Spotify ist ein digitaler Musikdienst, der über Handy, Computer, Tablet und anderen Geräten den Zugriff auf unzählige Musikstücke ermöglicht. Musiksammlungen von Freunden, Künstlern und Celebrities können durchstöbert werden. Eigene Radiosender können erstellt werden. Die Dienste von Spotify können per Abo oder gratis mit Werbeeinblendungen genutzt werden. https://open.spotify.com/

Twitter

Twitter (englisch für Gezwitscher) ist ein Mikroblogging-dienst des Unternehmens Twitter Inc. Auf Twitter können angemeldete Nutzer telegrammartige Kurznachrichten verbreiten. Die Nachrichten werden „Tweets“ (von englisch tweet „zwitschern“) genannt.

Twomplet

Ein Projekt, bei dem sich bereits seit einigen Jahren Menschen im Internet verabreden, um miteinander ein Abendgebet (angelehnt an die Komplett zu feiern). Mehr Informationen unter https://twitter.com/twomplet

Vimeo

Vimeo ist eine Online Videoplattform, die schon sehr früh das Hochladen von HD-Videos in höchster Qualität ermöglichte und dadurch bei (semi-) professionellen Filmern Beliebtheit erlangte. Wie andere Anbieter stellt auch Vimeo eigene Apps für Apple iOS und Android Betriebssysteme zur Verfügung, mit denen man eigene Videos bearbeiten und hochladen kann.

WhatsApp

WhatsApp ist ein 2009 gegründeter Instant-Messaging-Dienst, der seit 2014 Teil der Facebook Inc. ist. Benutzer können über WhatsApp Textnachrichten, Bild-, Video- und Ton-Dateien sowie Standortinformationen, Dokumente und Kontaktdaten zwischen zwei Personen oder in Gruppen austauschen.

Youtube

Das im Jahr 2005 gegründete Videoportal YouTube bietet den Nutzern die Möglichkeit, kostenlos Videos anzusehen, zu bewerten, zu kommentieren und eigene Videoclips hochzuladen. Auf YouTube gibt es alle Arten von Videos, u.a. Film- und Fernsehausschnitte, Musikvideos, Trailer sowie selbstgedrehte Filme und Slideshows. Im so genannten „Kanal" findet man alle öffentlichen Videos und Playlists eines bestimmten Users. Im Kontext eines Firmkurses ist es wichtig zu wissen, dass sich Youtube-Videos auch lokal speichern lassen. Dazu bieten die unterschiedlichen Browser wie Firefox, Chromium oder Internet Explorer kleine Zusatztools an, die den Download der Videodatei ermöglichen. So können Videos auch abgespielt werden, wenn keine Internetverbindung besteht.

Verwendete Literatur

1) Frank Reintgen/Klaus Vellguth, Menschen-Leben-Träume. Der Firmkurs. Begleitbuch für die Katecheten, Freiburg 2001, 5.
2) Papst Franziskus, Schreiben des Heiligen Vaters an die Jugendlichen zur Vorstellung des Vorbereitungsdokuments der XV. Ordentlichen Generalversammlung der Bischofssynode vom 13. Januar 2017, http://w2.vatican.va/content/francesco/de/letters/2017/documents/papa-francesco_20170113_lettera-giovani-doc-sinodo.html
3) Kroth, Jürgen, Dein Reich komme. Studien zu einer politischen Theologie sakramentaler Theorie und Praxis, Würzburg 2018, 413.
4) Vgl. Blanc, Jan, Sehen, um zu glauben, in: Ottinger, Dedier (Hg.), Magritte. Der Verrat der Bilder, Frankfurt a.M. 2017, 94-101, 96.
5) Vgl. Fuchs, Ottmar, „Ihr aber seid ein priesterliches Volk". Ein pastoraltheologischer Zwischenruf zu Firmung und Ordination, Ostfildern 2017, 57.
6) Vgl. Fuchs, Ottmar, „Ihr aber seid ein priesterliches Volk". Ein pastoraltheologischer Zwischenruf zu Firmung und Ordination, Ostfildern 2017, 87.
7) Vgl. Werner Tzscheetzsch, Kein Konsens über die Jugendarbeit; Herder Korrespondenz 7/1997. Verlag Herder, Freiburg 1997, S. 345.
8) Jugend 2000. 13. Shell-Jugendstudie. Leske + Budrich, Opladen 2000, S. 162.
9) Vgl. Hermann Steinkamp, Begleitung Jugendlicher bei ihrer Suche nach Spiritualität; in: Katechetische Blätter 121 (1996), Kösel Verlag, München, S. 42.
10) Franz Xaver Kaufmann, Wie überlebt das Christentum. Verlag Herder, Freiburg 2000, S. 85.
11) Michael N. Ebertz, Kirche im Gegenwind. Zum Umbruch der religiösen Landschaft. Verlag Herder, Freiburg 1997, S. 56.
12) Stefan Schiel, Die Firmentscheidung. Ergebnisse einer empirischen Studie; in: Pastoralblatt für die Diözesen Aachen, Berlin, Essen, Hamburg, Hildesheim, Köln, Osnabrück 5/1989, Bachem Verlag, Köln 1999, S. 8.
13) Vgl. Franz-Josef Bode, Jugendkulturen ernster nehmen; in: Herder Korrespondenz 12/1999. Verlag Herder, Freiburg 1999, S. 614.
14) Werner Tzscheetzsch, Kein Konsens über die Jugendarbeit; in: Herder Korrespondenz 7/1997. Verlag Herder, Freiburg 1997, S. 348.
15) Werner Tzscheetzsch, Kein Konsens über die Jugendarbeit; in: Herder Korrespondenz 7/1997. Verlag Herder, Freiburg 1997, S. 347.
16) Werner Tzscheetzsch, Kein Konsens über die Jugendarbeit; in: Herder Korrespondenz 7/1997. Verlag Herder, Freiburg 1997, S. 349.
17) Vgl. Stefan Schiel, Die Firmentscheidung. Ergebnisse einer empirischen Studie; in: Pastoralblatt für die Diözesen Aachen, Berlin, Essen, Hamburg, Hildesheim, Köln, Osnabrück 5/1989, Bachem Verlag, Köln 1999, S. 12
18) Franz-Josef Nocke, Sakramenten-Theologie. Ein Handbuch. Patmos Verlag, Düsseldorf 1997, S. 35.
19) Susanne Heine, Nicht Gott retten, sondern die Menschen. Vierzehn Thesen zu einem Perspektivenwechsel; in: Publik Forum 7/2000, S. 46ff.
20) Paul Wehrle, Firmpastoral. Ein exemplarisches Lernfeld; in: Lebendige Seelsorge 2-3/1997, S. 107.
21) Bernd Jochen Hilberath/Matthias Scharer, Firmung – Wider den feierlichen Kirchenaustritt. Matthias-Grünewald-Verlag, Mainz, und Tyrolia Verlag, Innsbruck-Wien 1998, S. 66.
22) Joachim Windolph, Eine gottlose Firmung? Nachdenkliches zur empirischen Studie von Stefan Schiel; in: Pastoralblatt für die Diözesen Aachen, Berlin, Essen, Hamburg, Hildesheim, Köln, Osnabrück 5/1989, Bachem Verlag, Köln 1999, S. 17.
23) Zitiert nach F. Schmid, Grundlagentexte zur kath. Jugendarbeit. Verlag Herder, Freiburg 1986, S. 246.
24) Karl Rahner, Frömmigkeit früher und heute; in: ders.: Schriften zur Theologie. Bd. 7, Einsiedeln und Zürich 1971, S. 22.
25) Hermann Steinkamp, Begleitung Jugendlicher bei ihrer Suche nach Spiritualität; in: Katechetische Blätter 121 (1996), Kösel Verlag, München, S. 39ff.
26) Franz-Josef Bode, Jugendkulturen ernster nehmen; in: Herder Korrespondenz 12/1999. Verlag Herder, Freiburg 1999, S. 613.

27) Franz Xaver Kaufmann, Wie überlebt das Christentum. Verlag Herder, Freiburg 2000, S. 109.
28) Rudolf Englert, Individualisierung und Religionsunterricht. Analysen, Ansatz, Option; in: Katechetische Blätter 121 (1996), Kösel Verlag, München, S. 19.
29) Dieter Emeis, Individualisierte Religiosität Jugendlicher und Gemeindekatechese; in: Katechetische Blätter 121 (1996), Kösel Verlag, München, S. 27f.
30) Franz-Josef Bode, Jugendkulturen ernster nehmen; in: Herder Korrespondenz 12/1999. Verlag Herder, Freiburg 1999, S. 611.
31) Franz-Josef Bode, Jugendkulturen ernster nehmen; in: Herder Korrespondenz 12/1999. Verlag Herder, Freiburg 1999, S. 611.
32) Dietlind Fischer, Albrecht Schöll, Glauben Jugendliche anders? Zur Bedeutung von Religion in der Lebenspraxis Jugendlicher; in: Katechetische Blätter 121 (1996), Kösel Verlag, München, S. 13f.

Quellenverzeichnis

Texte

S. 17 Bonhoeffer, Dietrich: Wer bin ich, aus: Ders., Widerstand und Ergebung, Gütersloher Verlagshaus 1998

S. 23 ff. Magier des 21. Jahrhunderts, aus: U. Schnabel (Hg.), Das hätt' ich nicht gedacht. Ein Werkstattbuch, Verlag Herder Freiburg 1994

S. 33 Wenn ich nur noch 1 Tag zu leben hätte, Musik: Thorsten Brötzmann, Text: Mika Holthaus, © by SMV Schacht Musikverlage GmbH & Co KG

S. 34 Papst Franziskus: Bitte, Vigilfeier mit den Jugendlichen beim Weltjugendtag 2013, 27.07.2013, © Libreria Editrice Vaticana, 2018

S. 38 Wilkinson, Gertrude: Ein zweites Mal, Quelle unbekannt

S. 41 Worauf sollen wir hören, Text: Lothar Zenetti, © Strube Verlag, München

S. 49 Die Ärzte: Deine Schuld, Text: Farin Urlaub, Verlag: Edition Fuhuru/PMS Musikverlag GmbH, © HotAction Records GmbH

S. 57 Die Toten Hosen: Ich bin die Sehnsucht in dir, Musik: von Holst, Text: Frege, Weitholz, © Copyright 2004 Edition HKM (weltweit)

S. 75 Osborne, Joan: One Of Us, Text & Musik: Eric Bazilian, © by Human Boy Music - für D/A/CH by Edition Intro Meisel GmbH

S. 82 Oosterhuis, Huub: Neunundzwanzig Namen für Jesus von Nazareth, © Verlag Herder Freiburg

S. 85 Handke, Peter: „Lebensbeschreibung", aus: Ders., Prosa – Gedichte – Theaterstücke – Hörspiel – Aufsätze, © Suhrkamp Verlag Frankfurt am Main 1969. Alle Rechte bei und vorbehalten durch Suhrkamp Verlag Berlin.

S. 96 Silbermond: Leichtes Gepäck, von Stefanie Kloß, Andreas Nowak, Thomas Stolle, Johannes Stolle, © Verschwende deine Zeit GmbH. Mit freundlicher Genehmigung von BMG Rights Management GmbH.

S. 105 Pater Zezinho: Dieser Jesus provoziert mich, Brasilien, Quelle unbekannt

S. 106 Guthrie, Woody: Jesus Christ, © Ludlow Music Inc., Rechte für Deutschland, Österreich, Schweiz, Griechenland, Türkei & Osteuropa, Essex Musikvertrieb GmbH

S. 107 Kraska, Wolfgang: Es gibt einen Punkt, da hilft Reden nicht weiter, Quelle unbekannt

S. 110 Pethke, Siegmund: Elfer, aus: Stefan Herok, Agnes Molzberger-Stich (Hg.), AusLeseBuch des 20. Jahrhunderts, Deutscher Katecheten-Verein e.V., München 2000

S. 116 Klever, Peter: Soll alles wirklich so bleiben? Aus: Ders, Uns umgibt Wärme, © Verlag Ernst Kaufmann, Lahr

S. 119 Alles brennt, M&T: Johannes Oerding, Martin Jungck, © Edition Johannes Oerding/Martin Jungck. Mit freundlicher Genehmigung der EMI Music Publishing Germany GmbH/ Martin Jungck

S. 120 Papst Franziskus: Um es klar zu sagen, zitiert nach: http://kath.net/news/40936, © Libreria Editrice Vaticana, 2018

S. 131 Neri, Filipo: Der Narr Gottes, aus: W. Christmann, Exemplarische Christen. Materialdienst 1–90, © Verlag Beate Christmann, Ilsede

S. 132 von Avila, Teresa: Die meditierende Emanze, aus: W. Christmann, Exemplarische Christen. Materialdienst 1–90, © Verlag Beate Christmann, Ilsede

S. 133 Romero, Oscar Arnolfo: Die Stimme der Gerechtigkeit, aus: W. Christmann, Exemplarische Christen. Materialdienst 1–90, © Verlag Beate Christmann, Ilsede

S. 156 Papst Franziskus: Mir ist eine „verbeulte" Kirche, Evangelii gaudium 49, © Libreria Editrice Vaticana, 2018

S. 172 Connor, Sarah: Wie schön du bist, Musik: Sarah Connor, Daniel Faust, Peter Plate, Ulf Leo Sommer, Text: Sarah Connor, Peter Plate, Ulf Leo Sommer, © Partitur Musikverlag bei BMG Rights Management GmbH und Miss Cee Publishing GmbH/Sony/ ATV Music Publishing Allegro (Germany) GmbH. Mit freundlicher Genehmigung.

S. 176 „DURCH DIE SCHWEREN ZEITEN", Music & Lyrics: Udo Lindenberg, Simon Triebel, Alexander Zuckowski, © Budde Music Publishing/Universal Music Publishing GmbH

S. 178 Fishback Powers, Margaret: Spuren im Sand, aus: Dies., Spuren im Sand, Copyright © 1964 Margaret Fishback Powers, übersetzt von Eva-Maria Busch, Copyright © der deutschen Übersetzung 1996 Brunnen Verlag Gießen. www.brunnen-verlag.de

Lieder

S. 17 Einsam bist du klein, Text: Friedrich Karl Barth, Peter Horst, Musik: Peter Janssens, aus: Ich liebe das Leben, 1981. Alle Rechte im Peter Janssens Musik Verlag, Telgte – Westfalen

S. 146 Herr, erwecke deine Kirche, Text: Gebet eines chinesischen Christen, Musik: Chris Herbring, aus: CD 901 menschen leben, © Christian Herbring Erben

S. 179 Geh in deinen Alltag, Text: Frank Reintgen, Musik: Bernward Hoffmann

S. 187 Das wünsch ich sehr, aus „Detlev Jöckers 40 schönste religiöse Kinderlieder", Text: Kurt Rose/Musik: Detlev Jöcker, © Menschenkinder Verlag und Vertrieb GmbH, Münster c/o Melodie der Welt GmbH & Co. KG, Frankfurt am Main Abdruck erfolgt mit freundlicher Genehmigung von Menschenkinder Verlag und Vertrieb GmbH, Münster c/o Melodie der Welt GmbH & Co. KG, Frankfurt am Main

Bilder

S. 2, 8, 164 aldomurillo - iStock
S. 6, 152 filadendron - iStock
S. 7 Klaus Vellguth, Frank Reintgen
S. 11, 12, 15, 18, 23, 27, 31, 35, 39, 44, 47 PeopleImages - iStock
Seite 11, 48 Juanmonino - iStock
S. 13 GiorgioMagini - iStock
S. 14 v.o. caracterdesign - iStock, AIMSTOCK - iStock
S. 15 v.o. martin-dm - iStock, ajr_images - iStock
S. 19 Fontshop Berlin
S. 24 aluxum - iStock
S. 28, 34 drbimages - iStock
S. 33 Clausen - Bavaria Bildagentur
S. 34 v.o. KNA, drbimages - iStock
S. 36 swissmediavision - iStock
S. 38 NKS_Imagery - iStock
S. 40 Fontshop Berlin
S. 41 littlehenrabi - iStock
S. 45 Fontshop Berlin
S. 49 Frédéric Cirou/PhotoAlto
S. 51, 52, 55, 60, 63, 70, 73, 76, caracterdesign - iStock
S. 53 Die Männer und die Kirche, © Dietrich Dorenbeck, Düsseldorf
S. 56, 57 Fontshop Berlin
S. 59 yanyong - iStock
S. 60 KNA
S. 64 gilaxia - iStock
S. 72 aldomurillo - iStock
S. 74 Kosamtu - iStock
S. 77 KNA
S. 78 aniaostudio- iStock
S. 79, 80, 83, 87, 90, 94, 99, 102, 108, 111 RyanJLane - iStock
S. 82 PeopleImages - iStock
S. 84 bestdesigns - iStock
S. 85 eyematrix - Fotolia
S. 89 Leonardo da Vinci, Das letzte Abendmahl („Cenacolo Vinciano"), Refektorium der Kirche Santa Maria delle Grazie, Mailand, ca. 1495 bis 1497/1498, in Öl und Tempera auf Mauerwerk, Harz und Pech als Grundierung, 9,04 x 4,22 Meter

S. 91 Fontshop Berlin
S. 95 gilaxia - iStock
S. 98 KarenHBlack - shutterstock
S. 100 filadendron - iStock
S. 101 oben links: Christus vor Pilatus, Roland Peter Litzenburger, 1955 Feder und Tusche, © VG Bild-Kunst, Bonn 2018
oben rechts: Le Bon Dieu, zwischen 1220 und 1230, Steinplastik an einem Portal der Kathedrale von Amiens, Foto: Martin Hürlimann, © Fotostiftung Schweiz/VG Bild-Kunst, Bonn 2018
Mitte links: Maul halten und weiter dienen, George Grosz, 1935/36 Fotolithografie, © Estate of George Grosz, Princeton, N.J./VG Bild-Kunst, Bonn 2018
Mitte rechts: Spottkruzifix, 3. Jh., von römischen Legionären in die Wand eines Wachlokals geritzt. Inschrift: „Alexamenos betet seinen Gott an"
unten links: Christus zerbricht das Gewehr, Otto Pankok, 1950, Holzschnitt, © Otto Pankok Stiftung, Hünxe-Drevenack
unten rechts: Christus in Gethsemane, Ernst Barlach, 1919, Holzschnitt, © Ernst Barlach Lizenzverwaltung Ratzeburg
S. 103 Eun - shutterstock
S. 104 M.C. Escher's „Relativity", © 2018 The M.C. Escher Company – The Netherlands. All rights reserved. www.mcescher.com
S. 107 Oleh_Slobodeniuk - iStock
S. 109 Fontshop Berlin
S. 113, 129 studiovespa - iStock (Junge und Mädchen)
S. 113, 114, 117, 122, 125, 128, 135, 137 PaulCalbar - iStock
S. 115 Fontshop Berlin
S. 119 oneclearvision - iStock
S. 120 KNA
S. 123 Fontshop Berlin
S. 126 SeanShot - iStock
S. 134 Fontshop Berlin
S. 140 Rawpixel.com- Fotolia
S. 141 Keith Haring, Untitled, 1989, Silkscreen, 30 x 20 3/4 inches, Keith Haring artwork, © Keith Haring Foundation
S. 143, 144, 148, 151, 154, 157, 160, 163, 166, 169 franckreporter - iStock
S. 145 manun - photocase
S. 149 kallejipp - photocase
S. 150 unten: Menschen tanzen um die Kirche, © Dietrich Dorenbeck, Düsseldorf
Mitte rechts: Kirche mit Glühbirne im Turm, © Reiner Seibold, Kierspe
S. 156 v.o. KNA, oneinchpunch - Fotolia, inthevisual - iStock
S. 158 Style-Photography - Fotolia
S. 161 F8studio - Fotolia
S. 164 arthobbit - iStock
S. 167 links: Kirchgang, Apostelkirche, Münster, © Thomasz Samek, Münster
rechts: Werner J. Hannappel, Altarraum, Pax Christi, © VG Bild-Kunst, Bonn 2018
S. 168 Taufbecken, St. Heribert Köln, © Bildarchiv, Verlag Herder, Freiburg
S. 171 Face of Jesus, © Chrétiens-Médias, Paris
S. 172 AnastasiaRasstrigina - iStock
S. 173, 174, 180, 183 DusanManic - iStock
S. 176 AlexLinch - iStock
S. 178 Eyematrix - Fotolia
S. 181 Fontshop Berlin
S. 187 aldomurillo - iStock

Wir danken den Verlagen und Rechteinhabern für die Erteilung der Abdruckgenehmigungen. Trotz gründlicher Recherchen war es nicht in allen Fällen möglich, die genaue Quelle ausfindig zu machen. Honoraransprüche bleiben bestehen.

Die Bibelverse sind entnommen aus:
Einheitsübersetzung der Heiligen Schrift, vollständig durchgesehene und überarbeitete Ausgabe

Downloadmaterialien

Die Inhalte dieses Buches erhalten Sie als Downloads für die Vorbereitung:

- **Identität**
- **Gott**
- **Jesus Christus**
- **Heiliger Geist**
- **Kirche**
- **Wegentscheidung**

Sie finden diese Texte unter: www.herder.de/extras
Geben Sie dort die ISBN 978-3-451-38112-6 und Ihre E-Mail-Adresse ein.

Zu den Downloads gelangen Sie auch über den QR-Code:

Geben Sie dort die ISBN 978-3-451-38112-6 und Ihre E-Mail-Adresse ein.

Wenn Sie Fragen haben, wenden Sie sich an:
kundenservice@herder.de